Friedhelm Kühn, Wolfgang Lück, Jochen Rahe

Kulturelle Mitte Darmstadt

Ein kritischer Stadtführer

jovis

Titelseite: Friedensplatz | Baustelle | 2017

Friedhelm Kühn, Wolfgang Lück, Jochen Rahe

Kulturelle Mitte Darmstadt

Ein kritischer Stadtführer

mit Fotografien der 11. Darmstädter Stadtfotografin
Anna Lehmann-Brauns

Werkbundakademie Darmstadt in Kooperation mit Lokale Agenda21 Darmstadt Themengruppe StadtGestalt (Hg.)

jovis

7	Grußwort – Jochen Partsch
10	Editorisches Vorwort

Teil I: Kulturelle Mitte Darmstadt

16	Die Gestaltung der Mitte
36	Kulturelle Mitte Darmstadt – eine kritische Topografie
61	Darmstädter Lektionen
75	Kulturelle Mitte Darmstadt – die Orte

Teil II: Der Blick von außen

93	Stadterkundung
95	Fotografien der 11. Darmstädter Stadtfotografin Anna Lehmann-Brauns
119	Vita Anna Lehmann-Brauns
120	Jurymitglieder

Teil III: Luft nach oben – Arbeiten aus dem Sommersemester 2016

122	Luft nach oben. Entwürfe für die zentralen öffentlichen Freiräume der Darmstädter Innenstadt – Inga Bolik, Constanze A. Petrow, Jörg Dettmar und Martin Biedermann
148	Stadtgestaltung für eine inklusive Stadtmitte Darmstadt – Martin Knöll, Sabine Hopp, Marianne Halblaub Miranda

Anhang

158	Vorschläge zur Stadterkundung
190	Dank
192	Autoren
194	Werkbundakademie Darmstadt/Bibliografie, Themengruppe StadtGestalt
196	Impressum

Oberbürgermeister Jochen Partsch

Grußwort

Kritik wie der Philosoph Immanuel Kant sie verstand, bedeutete keineswegs, sich aus einer sicheren Distanz in einer Art besserwisserischem Gestus über eine Angelegenheit zu erheben, um diese dann möglichst vernichtend zu beurteilen. Kritik im kantschen Sinne hatte den Anspruch, sich systematisch, analytisch und synthetisch mit einem Thema zu befassen. Es sich auf profunde Art intensiv und von innen heraus zu erschließen, um ihm letztlich eine neue, sinnvollere Struktur zu geben, war das hochgesteckte Ziel.

Der hier vorliegende kritische Stadtführer „Kulturelle Mitte Darmstadt" ist im besten Sinne genau das. Hier haben sich Experten, von denen die meisten seit vielen Jahren aus unterschiedlichen Positionen das Thema Stadtentwicklung und Stadtgestaltung in Darmstadt begleiten, zusammengetan, um einen systematischen und analytischen Blick auf unsere Stadt zu werfen. Viele von ihnen engagieren sich bereits seit langem in Gruppen zur Bürgerbeteiligung, wie der Lokalen Agenda21. Zur Seite stehen ihnen dabei zudem die Werkbundakademie Darmstadt und Professoren und Studierende der Technishcen Universität Darmstadt. Die daraus entwickelten Ideen und Vorschläge zu einer neuen Struktur der Kulturellen Mitte passen perfekt in die Diskussion, die wir seitens der Stadt mit dem Projekt Masterplan 2030 angestoßen haben.

Mit der Konzentration auf das Thema Kulturelle Mitte ist es ihnen zudem gelungen, sich auf eines der wichtigsten Nachkriegsthemen unserer Stadt zu fokussieren: der Frage, wie aus der vollkommen zerstörten Innenstadt, die in den Nachkriegsjahren nur der Not und den aktuellen Anforderungen gehorchend wieder aufgebaut wurde, heute eine lebens- und liebenswerte Urbanität entwickelt werden könnte. Die Autoren greifen dabei auf ihre profunde Kenntnis der städtischen Gegebenheiten und deren Geschichte zurück, was das Buch auch für Ortskundige zu einem echten Gewinn macht. Ortsfremden Leserinnen und Lesern ergibt sich bei Lektüre und Gebrauch ein tiefer Einblick in das städtische Geschehen, für den manch ein Neu-Darmstädter, eine Neu-Darmstädterin sonst meist Jahre braucht.

Aus diesem Buch spricht auch die Liebe zu unserer Stadt ebenso wie das Bedauern über die in der Brandnacht vom 11. September 1944 komplett zerstörte attraktive vormalige Residenz- und Landeshauptstadt. Dabei fallen die Autoren nicht in einen romantisierenden Historizismus, sondern entwickeln entlang der in Darmstadt ohnehin seit Gründung der Künstlerkolonie enthaltenen Idee der Moderne weitergehende Gedanken zu einer bürgernahen Urbanität.

Der kritische Stadtführer „Kulturelle Mitte Darmstadt" stellt uns als Stadtregierung letztlich nicht nur vor die Aufgabe, die in vielen Punkten mit unseren politischen Ideen übereinstimmenden Vorschläge innerhalb des angestoßenen Diskurses in die öffentliche und parlamentarische Diskussion zu tragen. Es fällt uns auch zu, die jeweiligen Ideen und Anregungen auf Machbarkeit und vor allem auf ihre Finanzierbarkeit hin zu prüfen.

Wer als Leserin oder Leser dieses Bandes Darmstadt (neu) entdecken und den Blickachsen und Vorschlägen der Autoren gedanklich folgen möchte, um sie vielleicht wiederum selbst einer kritischen Betrachtung zu unterziehen, sei an dieser Stelle herzlich eingeladen, sich auch in die vielen Bürgerbeteiligungsprojekte aktiv einzubringen.

So schaffen wir am Ende als Stadtgesellschaft gemeinsam eine im besten kantschen Sinne kritische Betrachtung und Gestaltung unserer Stadt hin zu einer noch lebenswerteren Urbanität der Zukunft. Den Autoren sei an dieser Stelle herzlich gedankt dafür, dass sie uns an ihren Erkenntnissen und Ideen teilhaben lassen und für die unglaubliche Mühe, die sie sich mit diesem Projekt gemacht haben. Dieser Stadtführer ist eine ganz besondere Bereicherung und ein wichtiger Beitrag zur künftigen Stadtentwicklung. Allen Leserinnen und Lesern wünsche ich viele gute Ein- und Ausblicke in unsere lebens- und liebenswerte Wissenschaftsstadt Darmstadt.

Editorisches Vorwort

Das Projekt Kulturelle Mitte Darmstadt hat seinen Ausgang genommen bei der Beobachtung, dass im Zuge des Wiederaufbaus der Darmstädter Innenstadt nach der Zerstörung 1944 zwar eine ökonomisch funktionsfähige Innenstadt mit Einkaufszonen, Parkhäusern und großzügigen Straßen entstanden ist, aber die kulturellen Einrichtungen der Stadt weitgehend an den Rand gedrängt worden sind.

Es strebt demgegenüber eine Stadtmitte an, in der die verschiedenen Funktionen der Innenstadt in einer urbanen gesamthaften Mischung ausgeglichen und attraktiv sind. Unter Urbanität verstehen wir die besondere Atmosphäre einer Stadt, wie sie durch Vielfalt, Dichte und städtebauliche Qualität entsteht. Mit urban ist im Allgemeinen typisch städtisch im Gegensatz zu vorstädtisch oder ländlich gemeint.

In einer ersten Broschüre und in Arbeitsgruppen wurde anfangs der Bereich „Rund ums Schloss" betrachtet. Mit der Benennung von fünfzehn möglichen Leitprojekten, veröffentlicht auf einem Faltblattstadtplan (Konzept und Gestaltung: Dipl.-Ing. Hans-Henning Heinz und Prof. Anke Mensing) und in einer großen Diskussionsveranstaltung öffentlich vorgestellt, rückte die gesamte Innenstadt in den Fokus. Es ging jetzt nicht mehr allein darum, die kulturellen Einrichtungen einzubeziehen, sondern auch um Möglichkeiten, die Innenstadt architektonisch und städtebaulich aufzuwerten. Damit richtete sich der Blick auf die städtebauliche Prägung zentraler Bereiche der vorhandenen Stadt. Das Projekt Kulturelle Mitte Darmstadt betrifft im Wesentlichen die Altstadt, die alte Vorstadt und die neue Vorstadt (Mollerstadt).

Im Kern geht es darum, den Verlust an Urbanität, der durch die einseitig gewerbliche Ausrichtung der Innenstadt entstanden ist, auszugleichen. Die Arbeitsgruppe Kulturelle Mitte Darmstadt, eine gemeinsame Initiative der Lokalen Agenda21 Themengruppe StadtGestalt, der Werkbundakademie Darmstadt und engagierter Bürgerinnen und Bürger möchte einen dauerhaften Verbesserungsprozess anregen.

Die vorliegende Schrift versucht, in Spaziergängen durch die verschiedenen Bereiche der Innenstadt eine Bestandsaufnahme zu erarbeiten. Sie beinhaltet Vorschläge für Veränderungen und kann als kritischer Stadtführer verstanden werden. Sie versteht sich auch als Diskussionsbeitrag zum Vorhaben der Wissenschaftsstadt Darmstadt, einen Masterplan 2030+ zu erstellen. Vor allem aber ist sie für die Hand von Bürgerinnen und Bürgern gedacht, denen die historische wie die gegenwärtige Darmstädter Innenstadt am Herzen liegt und die sich Verbesserungen wünschen. Dass es solche Wünsche gibt, machte eine Befragung deutlich, von der das Darmstädter Echo am 6. Februar 2017 berichtete. Es ging um die Bewertung der Innenstadt. Als nur mittelmäßig beurteilt wurden Gebäude und Fassaden, Plätze und Grünflächen, Ausstattung mit Sitzgelegenheiten und Sauberkeit. Gut dagegen wurden u.a. Sehenswürdigkeiten, Gastronomie und Lebendigkeit der Innenstadt bewertet.

Unsere Überlegungen werden begleitet von der Ende 2016 durch eine Jury der Werkbundakademie ausgewählten 11. Darmstädter Stadtfotografin Anna Lehmann-Brauns aus Berlin. Ihre Fotoarbeiten aus dem Jahr 2017 zum Thema Kulturelle Mitte Darmstadt finden sich an verschiedenen Stellen dieses Bandes. Außerdem haben wir als Herausgeber Beiträge von Verantwortlichen für die Stadtplanung und an der Prägung der Innenstadt Beteiligten erbeten: **Stadtplanungsamt** (zum Masterplan 2030+), **City Marketing** (zum Zusammenhang von Einzelhandel, Gewerbe und Kultur in der Innenstadt), **Technische Universität Darmstadt** (zum Anteil der Technischen Universität an der Kulturellen Mitte Darmstadt) und **Regierungspräsident** (zum Kollegiengebäude am Luisenplatz).

Andere Kapitel beschäftigen sich mit besonderen Fragen, etwa der Kunst im öffentlichen Raum oder dem neuen städtebaulichen Element der Arkaden. In der Summe wird das reiche kulturelle Potenzial der Stadt gerade im Innenstadtbereich sichtbar, aber auch die Notwendigkeit, den Zusammenhang als urbane Mitte durch Baumaßnahmen, Ausstattung des öffentlichen Raumes wie durch Information ständig zu verbessern.

Es ist uns eine besondere Freude, dass Studenten der Technischen Universität Darmstadt TUD und der Fachhochschule Geisenheim FHG unter der Leitung von Prof. Dr. Jörg Dettmar und Prof. Dr. Constanze Petrow ihre Entwürfe aus dem Sommersemester 2016 den Leitprojekten der Kulturellen Mitte Darmstadt gewidmet haben. Für deren Vorbereitung haben sie nicht nur die Innenstadt mit dem neugierigen Blick von Architekten und Landschaftsarchitekten genau erkundet, sondern auch viele Gespräche mit Bürgerinnen und Bürgern, Passantinnen und Passanten im öffentlichen Raum der Innenstadt geführt. Einige der Ergebnisse werden hier vorgestellt. Sie verbinden sich sehr gut mit einem Projekt zum Thema Bewegung und Gesundheit auf dem Luisenplatz, das Prof. Dr. Martin Knöll von der TUD aufgrund neuer Erhebungsmethoden mit seinen Studenten durchgeführt hat.

Was verstehen wir unter einseitiger Entwicklung der Innenstadt?

Der Wiederaufbau des so brutal zerbombten Darmstadt hat im Grunde eine neue Innenstadt entstehen lassen. Die kleine Altstadt östlich vom Stadtschloss wie die westlich gelegene ehemals wohlproportionierte klassizistische Mollerstadt – es gibt sie nicht mehr. Aus heutiger Sicht sind aber nicht nur die Kriegszerstörungen schuld daran. Die kurzsichtige Modernisierungseuphorie der Nachkriegsjahrzehnte brachte die Überbauung der bei vielen noch emotional tief verwurzelten Altstadt mit der Technischen Hochschule und die Überbauung weiter Teile der Mollerstadt als Fußgängereinkaufszonen mit sich. Besonders die Änderung des historischen Straßengrundrisses durch ein weitmaschiges Netz von überdimensionierten Straßen und Untertunnelungen, die die Innenstadt für den ständig wachsenden Autoverkehr weit öffnete, haben den Charakter der historischen Stadtmitte stark verändert. Die Moderne mit ihren Leitbildern der autogerechten Stadt und der ökonomisierten City hat sich durchgesetzt. Der Preis dafür ist der weitgehende Mangel an dem, was Städte auszeichnet und lebens- und konkurrenzfähig macht: urbane Schönheit, einladende, gepflegte Plätze, grüne Einrahmung – eine ruhige, ausgeglichene Balance von öffentlichen Freiräumen, Kommerz und Kultur in einem überschaubaren Zentrum.

Unbestritten ist die Darmstädter Innenstadt mit Angeboten des Einzelhandels, des Gewerbes, der Dienstleistungen, der Verwaltungen gut und differenziert ausgebaut, ein beachtliches Ergebnis des Wiederaufbaus nach 1945. Sie bilden die Grundlage der städtischen Ausstattung des Zentrums. Sie nehmen aber auch recht einseitig einen fast übergroßen und damit dominierenden Teil der Innenstadt ein. Andere Bereiche des urbanen Spektrums – Wohnen, öffentlicher Raum in Form von ruhigen Straßen- und Platzbereichen, Grünanlagen, Gastronomie, Kunst und Kultur sind bei weitem weniger prominent entwickelt oder zweitrangig über das Innenstadtgebiet verstreut. Für die Bildung einer attraktiven urbanen Atmosphäre aber sind gerade sie unverzichtbar.

Das gilt besonders für die kulturellen Einrichtungen und Angebote, die, obwohl reichlich vorhanden, insgesamt keinen stadtbildprägenden Einfluss auf die Innenstadt haben. Sie sind über das Innenstadtgebiet weiträumig und damit ungünstig verteilt oder durch breite Verkehrsschneisen an den Rand gedrängt. Das gilt selbst für das Stadtschloss, das, von der Technischen Universität und einigen kulturellen Einrichtungen genutzt, faktisch ein Kulturzentrum geworden ist, im Stadtbild vor allem von Osten und Norden aus gesehen aber eher wie eine unzugängliche Insel wirkt.

Die kulturellen Einrichtungen sind auch im Bewusstsein vieler Bürgerinnen und Bürger nicht in der ihnen gebührenden Gewichtigkeit präsent. Sie werden besonders in dem Zusammenhang, zu dem sie sich im Laufe der Stadtgeschichte gebildet haben, kaum wahrgenommen. Geschichtlich gehen die größeren Einrichtungen wie Landesmuseum, Universitäts- und Landesbibliothek, Staatsarchiv, Staatstheater usw. auf Gründungen des landgräflichen bzw. großherzoglichen Hauses zurück. Weder für diese Einrichtungen insgesamt, noch für Teile von ihnen gibt es einen Führer bzw. Prospekt oder einen anderweitigen Auftritt. Ein Stadtplan, in dem alle kulturellen Einrichtungen verzeichnet sind, ist vorerst noch ein Wunsch.

Der von uns eingeführte Ausdruck Kulturelle Mitte Darmstadt hat sich wie ein Slogan rasch in der öffentlichen Diskussion durchgesetzt. Das deutet darauf hin, dass es offenbar ein Gefühl in der Bürgerschaft gibt, kulturelle Einrichtungen haben eine besondere Bedeutung. Die Einrichtungen sind nicht nur ein Angebot für kulturell besonders Interessierte, sondern haben allgemein auch das Potenzial und die Aufgabe, das Stadtbild, den öffentlichen Raum und damit die urbane Atmosphäre zu bereichern und zu intensivieren.

Wie kann man Verbesserungen schaffen?

Nun gibt es aber eine, mit der heftigen Städtebaukritik seit den 1970er Jahren beginnende, sensible Fortschreibung der Moderne, die vor allem eine ästhetisch und kulturell erfahrbare Urbanität fordert und dabei die historische Dimension einbezieht. Darum geht es uns in dieser Schrift: um den Beginn einer selbstkritischen Überprüfung des Erreichten und um Ideen und Vorschläge, die geeignet sind, Architektur, öffentliche Räume und zusammenhängende Grünbereiche der menschlichen Erlebnisfähigkeit anzupassen. Sie sollen einladend und schön, dabei sicher und gesund sein. Den kulturellen Einrichtungen der Stadt, in ihrer eindrucksvollen Vielzahl über die Innenstadt allzu verstreut und marginalisiert, sollte dabei eine besonders förderliche Rolle zukommen.

Vorausgesetzt diese Qualitätsverbesserung der Innenstadt ist ein mehrheitlicher Wunsch der Bürgerschaft, so stellt sich die Frage: Wie kann man eine solche Verbesserung schaffen, wo doch fast alles schon gebaut und festgelegt ist, die Straßen unentbehrlich erscheinen und für neue und großzügig zusammenhängende Grünräume der Platz fehlt? Die Antwort könnte lauten: Man kann das mit einem längerfristigen Rahmenplan schaffen, der die Ziele formuliert, aufzeichnet und eine Vielzahl von konkreten Verbesserungen im Detail benennt, die in der Summe und im Laufe der Zeit eine spürbare atmosphärische Verdichtung ergeben. Ein solches Projekt könnte von einer gut informierten, kritischen, aber auch wohlwollenden stadtbürgerlichen Öffentlichkeit begleitet werden.

Wer ist für eine solche Veränderung konkret anzusprechen? Sicher sind es die politischen Gremien, die sie tragenden Parteien und die Verwaltung der Stadt mit ihren planenden Ämtern. Es sind aber auch Bürgerinnen und Bürger als Geschäftsleute und Besitzende von Grundstücken und Gebäuden. Außer dem Einzelhandel ist zu denken an Banken, Versicherungen und andere Gewerbetreibende in der Innenstadt. Zusammenschlüsse wie die Industrie- und Handelskammer gehören dazu. Nicht zu vergessen sind die Kirchen. In Darmstadt ist aber aufgrund der Geschichte als Landeshauptstadt insbesondere auch das Land Hessen anzusprechen. Der Anteil an Flächen sowie Gebäuden und kulturellen Einrichtungen unter Einfluss und Planung des Landes Hessen im Gebiet der Kulturellen Mitte Darmstadt ist beachtlich. Bedenkt man, dass sowohl das Schloss, der Universitätscampus Innenstadt, das Landesmuseum, das Kollegiengebäude am Luisenplatz mit dem Regierungspräsidium, das Gebäude des alten Marstalls an der Zeughausstraße mit dem Hessischen Baumanagement, das Staatstheater einschließlich Georg-Büchner-Platz, das Lange Bäuchen, das Porzellanschlösschen und zahlreiche Justizgebäude zu den Liegenschaften des Landes gehören, wird sofort klar, dass das Land Hessen als starker Partner die Entwicklung der Innenstadt mit beeinflusst.

Im Falle der Sanierung und Neugestaltung des Staatstheaters mit Georg-Büchner-Platz hat die Abstimmung von Land und Stadt zu einem sehr guten Ergebnis geführt. Im Falle des unangemessenen Übergangs vom Landesmuseum (Land) zum Friedensplatz (Stadt), der der Bedeutung der städtebaulichen Situation nicht gerecht wird, ist bisher noch gar nichts geschehen. Dabei spielt sicher eine Rolle, dass die dazwischenliegende Zeughausstraße eine Bundesstraße ist, die von der Bundesstraßenbauverwaltung betreut wird. Wer allerdings in den Landesministerien jeweils für Planung und Investitionen zuständig ist und wer sich mit der Stadt Darmstadt abstimmt, ist – bis auf das Universitätsbauamt – in der Öffentlichkeit wenig bekannt. Auch nicht, wie und bei welchen Gelegenheiten zwischen Land und Stadt Pläne für die Weiterentwicklung die Kulturelle Mitte Darmstadt betreffend abgestimmt oder gemeinsam erstellt werden. Das wäre ein eigenes, wohl sehr umfangreiches Kapitel, das einmal im Sinne demokratischer Transparenz geschrieben werden sollte. Derweil drängt sich der Eindruck auf, dass sich die Stadt, mit Ausnahme von Centralstation, Literaturhaus, Stadtbibliothek, Volkshochschule u.a. allenfalls als ein Partner unter vielen versteht. In dem aus Anlass des Prozesses Masterplan 2030+ im November 2017 herausgegebenen „Darmstadtatlas" erscheint dieser Bereich jedenfalls nicht. Hier überlässt die Stadt offenbar anderen, wie dem Land, den Vereinen und Privatleuten, die Initiative für die kulturellen Einrichtungen.

Teil I:
Kulturelle Mitte Darmstadt

Die Gestaltung der Mitte

Der Bereich rund um das Schloss wird meist als die Mitte Darmstadts bezeichnet. Auch der Luisenplatz kann in diesem Zusammenhang genannt werden. Politisch gesehen könnte auch der Standort des Rathauses als die Mitte bezeichnet werden. Das Schloss als Mitte nimmt Bezug auf die ehemalige landgräfliche bzw. großherzogliche Residenz. Der Luisenplatz war das Zentrum der Landeshauptstadt. Das Rathaus als Mitte bezieht sich auf die Kommune Darmstadt. Wenn von der Innenstadt gesprochen wird, ist der Bereich der Einkaufszone im Blick. Für den Verkehr ist die Stadtmitte wiederum anders definiert. Die eine Mitte gibt es im Grunde nicht. Wie die Mitte gestaltet wurde und gestaltet werden sollte, ist immer wieder neu diskutiert worden. In diesem kritischen Stadtführer wird ein weiterer Aspekt von Stadtmitte vorgestellt, der der Kulturellen Mitte Darmstadt.

Veröffentlichungen und Studien zur Darmstädter Innenstadt

Seit den 70er Jahren des vergangenen Jahrhunderts lässt sich eine lange Liste erstellen von städtebaulichen Studien zur Gestaltung der Mitte Darmstadts. Beteiligt waren sowohl das Stadtplanungsamt, als auch die Technische Universität, Einzelplanende oder die Werkbundakademie. Der Stadtplaner und Architekt Carsten Schaber hat für einen Vortrag, den er am 20. November 2014 im Arbeitskreis Kulturelle Mitte Darmstadt gehalten hat, eine solche Liste zusammengestellt. Umfangreicher ist die Liste in der Broschüre „Perspektiven für die Kulturelle Mitte Darmstadt", die von der Themengruppe StadtGestalt Lokale Agenda21 und der Werkbundakademie Darmstadt im Oktober 2011 veröffentlicht wurde. An dieser Stelle sollen nicht die einzelnen Studien und Vorschläge vorgestellt und besprochen werden. Vielmehr geht es darum, die Anzahl und die Vielfalt der Arbeiten vor Augen zu führen, die sich mit der Innenstadt in den letzten mehr als vierzig Jahren beschäftigt haben.

> 1972 wird vom Stadtplanungsamt ein Innenstadtkonzept vorgestellt.
> 1978 bzw. 1979 erarbeitet Prof. Thomas Sieverts zusammen mit Andreas Volwahsen, beide Architekten und Stadtplaner an der Technischen Hochschule Darmstadt, ein Gestaltungskonzept für den Fußgängerbereich der Innenstadt.
> 1988 erarbeitet Wolfgang Christ, zu der Zeit wissenschaftlicher Mitarbeiter bei Thomas Sieverts, Überlegungen zur städtebaulichen Integration der Technischen Hochschule in der Stadtmitte.
> 1993 wird daraus ein Rahmenplan TH Darmstadt Mitte.
> 2000 organisiert das Stadtplanungsamt eine Planungswerkstatt Östliche Innenstadt, die Leitlinien erarbeitet.
> 2000 beginnt die Werkbundakademie eine Veranstaltung „Die Zukunft der Rheinstraße", der eine weitere Veranstaltung 2004 folgt mit dem Titel „Die Rheinstraße – eine Kultur- und Wissenschaftsmeile? Ideen, Erwartungen, Diskussion".
> 2003 veranstaltet das Stadtplanungsamt ein 4. Städtebauliches Kolloquium „Perspektiven für die Innenstadt". Dazu erscheint eine Dokumentation. Im gleichen Jahr gibt es eine Planungswerkstatt zum Thema City-Ring.
> 2004 Beiträge von Karl-Theodor Kanka vom Stadtplanungsamt für ein Innenstadt konzept Darmstadts und ein Gutachten von Professor Julian Wékel (Fachbereich Entwerfen und Stadtplanung an der TU Darmstadt)
> 2005 City-Werkstatt I und II (Stadtplanungsamt)
> 2005 Dr. Inge Lorenz, Leiterin des Kulturamts, schreibt einen Entwurf für ein Symposion: „Von der historischen zur kulturellen Mitte Darmstadts."
> 2007 veröffentlicht das Stadtplanungsamt einen „Vorentwurf mit Erläuterungsbericht" zur Neugestaltung des Friedensplatzes.
> 2008 erscheint ein Sachstandsbericht des Stadtplanungsamts „Rund ums Schloss" – d.h. das Schloss und die angrenzenden Freiräume.
> 2011 erscheint die Broschüre „Perspektiven für die Kulturelle Mitte Darmstadt. Ein Beitrag zur Diskussion" (Autor Jochen Rahe, herausgegeben von der Themengruppe StadtGestalt der Lokalen Agenda21 und der Werkbundakademie Darmstadt). Es bildet sich ein Arbeitskreis Kulturelle Mitte Darmstadt, der u.a. mit einem Faltplan „DA+" (2014) und zwei Veranstaltungen (in den Jahren 2012 und 2014) an die Öffentlichkeit tritt.

Außer der Vielzahl der Aktivitäten und Veröffentlichungen zur Darmstädter Innenstadt ist interessant, wer jeweils die Autorinnen und Autoren bzw. Beteiligten waren. Begonnen hat es mit Angehörigen der Technischen Hochschule aus dem Fachbereich Architektur. Dann schaltete sich das Stadtplanungsamt ein. Ihm folgte als Fachverband die Werkbundakademie. Schließlich hat sich eine Bürgergruppe gebildet und die Diskussion weiter getrieben.

Das Rathaus als mögliche Mitte

In einer Vortragsankündigung (29. April 2014 im Offenen Haus in der Rheinstraße 31 in Darmstadt) von Prof. Michael Groblewski und Dr. Angelica Gernert heißt es: „Rathäuser sind zentrale, integrative und materiell fassbare Bestandteile städtischer Repräsentation. Sie bieten Raum für politische Entscheidungsprozesse und für Festlichkeiten des Magistrats und der Bürgerschaft. Darüber hinaus sind sie sichtbare Dokumente der rechtlichen Autonomie, der kulturellen Tradition und Historizität einer Stadtgesellschaft und bilden damit die Basis für die Entwicklung ihrer individuellen Identität und Mentalität." In dieser Beschreibung wird nicht der Aspekt der Stadtverwaltung in den Vordergrund gerückt, sondern der der Stadtrepräsentanz. Unter diesem Gesichtspunkt soll nach der Geschichte in Darmstadt gefragt werden. Wie hat sich die Darmstädter Bürgerschaft in den vergangenen Jahrhunderten verstanden und dargestellt? Wenn das Rathaus Ausdruck kultureller Tradition ist, muss auch in der Gegenwart das Rathaus als Bestandteil der Kulturellen Mitte verstanden und diskutiert werden. Dazu gehört der derzeitige Baubestand genauso wie die stets neuen Diskussionen über geeignete Standorte und Bauformen.

1330 bekam Darmstadt Stadtrechte. Bürgerinnen und Bürger waren freie Personen. Die Kommune erhielt eine gewisse Autonomie innerhalb der Grafschaft Katzenelnbogen. Ende des 14. Jahrhunderts wurde Darmstadt Wittwensitz der Katzenelnbogener und bekam den Status einer Nebenresidenz für die Obergrafschaft neben der Hauptresidenz Rheinfels für die Niedergrafschaft. 1397 ist ein erstes Rathaus bezeugt. Es dürfte in etwa da gestanden haben, wo heute der Glaspavillon der Wunderbar auf dem Marktplatz steht. Die gestiegene Bedeutung der Stadt hat möglicherweise die Bürgerschaft zum Bau eines Rathauses herausgefordert. Dieses erste Rathaus hatte neben der politischen Funktion auch die Funktion eines Gesellschaftshauses für Festlichkeiten. Es wird deshalb auch als Spylhus bezeichnet. Nach dem Aussterben der Grafen von Katzenelnbogen ging die Grafschaft und damit auch Darmstadt 1479 an die Landgrafen von Hessen. 1569 wurde ein neues Rathaus in Fachwerkbauweise an dem Ort errichtet, an dem noch heute das Alte Rathaus steht. Es dürfte wieder als eine Reaktion der Bürgerschaft auf die gestiegene Bedeutung Darmstadts anzusehen sein. Denn nach dem Tode Landgraf Philipps des Großmütigen wurden die hessischen Territorien geteilt. Darmstadt wurde 1567 zur Residenz der Landgrafschaft Hessen-Darmstadt. 1588–1590 wurde das Fachwerkrathaus durch den noch heute stehenden Steinbau im Renaissancestil ersetzt. Das Alte Rathaus wurde im Laufe der Zeit mehrfach verändert, genügte aber bis ins 19. Jahrhundert hinein den Anforderungen der Bürgerschaft und Aufgaben der Stadtverwaltung. Adolf Müller schreibt in seiner Stadtgeschichte: „Da die landgräfliche Verwaltung viele Geschäfte, die anderswo in der Hand des Stadtregiments lagen, erledigte, war der Aufgabenkreis des Rats sehr klein" (Adolf Müller: Aus Darmstadts Vergangenheit, Frankfurt 1979, 33). Die alte dörfliche Verfassung war weit über 1330 hinaus in Kraft geblieben. Der Schultheiß war als Vertreter des Landesherrn der wichtigste politische Amtsträger, der zusammen mit vierzehn gewählten Schöffen die Stadt verwaltete. Nachdem Darmstadt Residenz geworden war, änderte sich an dem Einfluss des Landesherrn kaum etwas. Der Hof war ständig präsent. Einen neuen Bedeutungsschub erfuhr Darmstadt, als zu Beginn des 19. Jahrhunderts aus der Landgrafschaft ein Großherzogtum mit deutlich erweitertem Territorium wurde. Zwar erließ der Großherzog 1820 eine Verfassung. Doch eine neue Städteordnung kam erst 1874. Dadurch erhielt Darmstadt eine erweiterte Selbstverwaltung. Die Bewohner, die länger als zwei Jahre in Darmstadt wohnten, erhielten damit auch ein Stimmrecht.

War es die Abhängigkeit vom Landgrafen und später vom Großherzog, durch die es im Verlauf der Geschichte zu keinem repräsentativen Rathausbau mehr kam? Ein wesentlicher Grund dürfte auch gewesen sein, dass die speziellen kommunalen Verwaltungsaufgaben bis zur Industrialisierung relativ gering geblieben waren, wie Adolf Müller (s. oben) feststellt.

Mit dem Beginn der Industrialisierung im letzten Viertel des 19. Jahrhunderts wurde der Raumbedarf der Stadtverwaltung rasch größer. Das Alte Rathaus reichte nicht mehr aus. Für die expandierenden Dienststellen wurden neue Häuser in der Innenstadt angemietet. 1884 kaufte die Stadt das Haus Rheinstraße 16 und 1904 das Nachbarhaus Rheinstraße 18. Durch Umbau und Zusammenlegung entstand ein geräumiges Stadthaus als Sitz der Verwaltung. Im Alten Rathaus tagte weiter die Stadtverordnetenversammlung. Dort blieben das Standesamt und das Ortsgericht. Pläne für einen repräsentativen Rathausneubau von August Buxbaum aus den Jahren 1913 und 1927 im Palaisgarten wurden nicht verwirklicht. In den 1930er Jahren wurde lediglich für die Bauverwaltung und die Stadtkasse in der Grafenstraße eine von Franz Heger errichtete Kaserne umgebaut. Bis zum Zweiten Weltkrieg war das Alte Rathaus am Markt der Ort der politischen Stadtrepräsentanz, während die Stadtverwaltung in verschiedenen Gebäuden in der Innenstadt verteilt war.

Fast alle Dienststellengebäude und das Alte Rathaus fielen der Brandnacht 1944 zum Opfer. Die Stadtverwaltung musste in ein Notquartier in der Eleonorenschule ziehen. Die Bauverwaltung kam in einer Kaserne in der Bessunger Straße unter. Für viele Ämter mussten Gebäude angemietet oder Behelfsunterkünfte eingerichtet werden. Karl Gruber regte 1945 an, das Rathaus auf seinem angestammten Platz zu belassen und dort durch Ankauf der angrenzenden Geschäftsgrundstücke die notwendige Erweiterung zu schaffen. Daraus wurde nichts. Georg Zimmermann weist auf andere Bestrebungen hin: „Die Stadt hatte aber schon früh danach gestrebt, gewissermaßen als Erbin der alten Fürstenherrlichkeit ihr neues Rathaus auf dem Platz des Alten Palais am Luisenplatz zu errichten. Aus dem gleichen Beweggrund, wie man annehmen darf, hat die Stadt auch versucht, ihren Fuß in das Schloss zu setzen" (Georg Zimmermann: Darmstadt. Zerstörung und Wiederaufbau der historischen Mitte, Darmstadt 1985, 28). In beiden Fällen kam die Stadt nicht zum Zuge. Beim Schloss widersetzte sich die Technische Hochschule. Beim Alten Palais wollte der Regierungspräsident nicht verzichten, obwohl es keine naheliegende

Verwendung dafür gab. Schon 1949 hatte es seitens des Finanzministeriums in Wiesbaden Überlegungen gegeben, dort ein neues Rathaus für Darmstadt oder ein Hotel anzusiedeln. Die Regierung wollte letztendlich aber den prominenten Platz nicht für eine nachgeordnete Behörde freigeben: „Aber sicher trug zur ablehnenden Haltung Wiesbadens auch der schon bald von der Stadt geltend gemachte Anspruch auf das Gelände des Alten Palais bei, das ihr für ihre Repräsentationsbedürfnisse als ideal erschien und auf das sie nach dem Auszug der Regierung Hessens aus Darmstadt auch Anspruch zu haben glaubte" (Zimmermann 1985, 89f).

Im Zusammenhang mit dem Projekt Meisterbauten plante Oberbaudirektor Peter Grund südlich des Luisenplatzes im Garten des Alten Palais ein neunstöckiges Rathaus, das die gesamte Verwaltung einschließlich der Stadtverordnetenversammlung aufnehmen sollte und damit auch der Ort der städtischen Repräsentanz geworden wäre. 1954 beschloss die Stadtverordnetenversammlung diesen Bau. Er wurde jedoch nicht verwirklicht. Der Regierungspräsident wollte nicht darauf verzichten an der Stelle des Alten Palais einen eigenen Bau für nachgeordnete Dienststellen errichten zu können. Der Landeskonservator wehrte sich gegen eine Zerstörung der Platzstruktur, die mit dem Plan Grunds verbunden gewesen wäre. Auch Pläne für einen Rathausneubau auf dem Gelände des Neuen Palais zerschlugen sich. 1958 wurde das Stadthaus I in der Grafenstraße, wo vor dem Krieg die Bauverwaltung ihren Ort hatte, bezogen. Jetzt konnte dorthin das Büro der Stadtverordnetenversammlung, der Magistrat und die Haupt- und Finanzverwaltung aus der Eleonorenschule umziehen. Andere Ämter mussten wegen des beengten Raums weiter in angemieteten Objekten untergebracht werden.

1961/62 schrieb die Stadt einen Architekturwettbewerb für ein Rathaus am Luisenplatz aus. Es kam jedoch nicht zum Bau. Schließlich zogen 1977 der Magistrat, Hauptamt, Presse- und Verkehrsamt an den Luisenplatz. Sie bezogen die Obergeschosse des neu errichteten Luisencenters. Der von dem Architekten Theodor Josef Seifert (1932–2007) geplante Bau war multifunktional angelegt mit Geschäften, Büros, einer Stadthalle und dem neuen Rathaus. Das Rathaus im Obergeschoss folgte in der Konzeption mittelalterlichen Rathäusern wie dem in Michelstadt im Odenwald, das Markt im Parterre mit Rat darüber vereint. Ebenfalls 1977 bezogen etliche Dienststellen das ehemals von der HEAG genutzte Gebäude, das dem Luisencenter benachbart war. 1992 bis 1994 kam es für diese Dienststellen zu einem neuen Provisorium. Die alten Gebäude wurden abgerissen und neue im Zuge der Errichtung des Carree gebaut, in dem die Stadt Räume anmietete (Stadthaus II). Als Stadthaus III entstand 1997 an der Frankfurter Straße ein Bau auf dem ehemaligen Schlachthofgelände.

2002/03 verkaufte die Stadt ihren Anteil am Luisencenter. Magistrat, Stadtverordnetenbüro und andere Dienststellen zogen ebenfalls in Räume des Carree und bildeten dort das neue Rathaus. Damit hatte die Stadt ihren repräsentativen Sitz aufgegeben und war in ein schlichtes Bürohaus in der Nebenstraße gezogen, abgerückt vom Luisenplatz. 2008 sicherte sich die Stadt das Vorkaufsrecht für das Kollegiengebäude als repräsentativen Sitz für den Fall, dass der Regierungspräsident einmal ausziehen sollte. Doch schon 2011 wurden die Pläne wieder aufgegeben. Seither gab es eine neue Diskussion um einen umfassenden Rathausbau, diesmal auf dem Marienplatz an der Neckarstraße. Doch auch dieser Plan scheint aufgegeben zu sein.

Die Geschichte des Darmstädter Rathauses zeigt, dass ein zentrales Rathaus in Darmstadt keine Tradition hat. Bei der Entwicklung zur Digitalisierung auch von Verwaltungsvorgängen und der elektronischen Datenübermittlung lässt sich weitgehend auf räumliche Nähe der Büros verzichten. Mehrere dezentral verteilte Gebäude können sinnvoll sein unter den Gesichtspunkten der Erreichbarkeit (etwa Parkplätze) oder der Kosten (Mieten am Stadtrand sind günstiger). Unverzichtbar dagegen ist ein zentraler Ort für die Repräsentanz. Dahin gingen nach dem Zweiten Weltkrieg die Bemühungen der Stadt. Dass es so oft zu keiner befriedigenden Lösung kam, hat offenbar nach wie vor mit der Präsenz der Landesbehörden zu tun gehabt, auch wenn es keinen Großherzog mehr gab. Die Darmstädter Verantwortlichen haben – so scheint es – diese Hierarchie so verinnerlicht, dass sie offenbar leichten Herzens auf die Präsenz am Luisenplatz verzichten und sich in der Nebenstraße in ein unscheinbares Bürohaus zurückziehen konnten. Es wird überliefert, dass es darum ging, Geld für ein Kongresszentrum (darmstadtium) zusammenzubringen, zumal besonders der Saalbetrieb im Luisencenter starke Mängel aufwies.

Prinzipien für ein Rathaus in Darmstadt

Die Themengruppe StadtGestalt der Lokalen Agenda21 und die Werkbundakademie Darmstadt haben sich grundsätzlich mit der Rathausfrage in Darmstadt befasst. Sie luden am 25. April 2014 zu einer Vortrags- und Diskussionsveranstaltung ins Offene Haus ein. Den Grundsatzvortrag hielt Prof. Michael Groblewski. Vor dem Hintergrund der geschichtlichen Entwicklung des Gebäudetyps Rathaus wurde klar, dass ein Rathaus mehr ist und sein muss als ein Bürohaus. Für kommende Diskussionen insbesondere auch im Rahmen des Masterplans 2030+ sind demnach folgende Prinzipien für die Rathausfrage festzuhalten:

Dipl.Ing. Karl-Theodor Kanka

> Das Rathaus soll im „Stadtgefüge" eine ideelle und repräsentative Position einnehmen.
> Die „normalen" Büroräume – auch die mit hohem Publikumsverkehr – können an jedem neutralen, hinreichend erreichbaren Standort in „normalen" Bürobauten in größeren neutralen Verwaltungsquartieren am Immobilienmarkt angemietet werden. Da künftig wahrscheinlich mehr elektronisch kommuniziert und gearbeitet wird, spielen räumliche Distanzen keine große Rolle mehr. Die überwiegend intern tätigen Mitarbeiter und Mitarbeiterinnen arbeiten meist isoliert. Bei enger Kooperation und intensiver Verflechtung sollten sie benachbart angesiedelt sein.
> Größere Konferenz- und Tagungsräume sollten im Wechsel auch von anderen zentralen Institutionen und Behörden genutzt werden können.
> Das eigentliche „Rats-Haus" gehört an einen besonderen Platz.

In Darmstadt wäre an folgende Orte zu denken:

> Südseite des Luisenplatzes

Hier müsste der vordere obere Teil des Luisencenters zurückgekauft und wieder zum Rathaus mit Ratstreppe und Rathaus-Foyer umgebaut werden – entsprechend der Grundkonzeption des Neubaus von 1970 unter H. W. Sabais, M. Teschner und der Rathaus-

Kommission, der in Weiterentwicklung der gruberschen Wiederaufbauplanung das frühere Alte Palais und den Palais-Garten ersetzte. Die Obergeschosse im Carree könnten mit dem so wiedergewonnenen Rathaus über eine Brücke verknüpft werden. Der große Saal steht inzwischen im darmstadtium neben der Universität am Schloss zur Verfügung.

> Nordseite des Luisenplatzes

Wenn das Regierungspräsidium diesen ihm gemäßen Standort aufgeben sollte – aber nur dann – käme ein Ankauf und Umbau des Kollegiengebäudes und des früheren Postgebäudes zum Rathaus infrage. Zur Rolle Darmstadts gehört freilich das Regierungspräsidium am Luisenplatz!

> Südseite des Marktplatzes (Altes Rathaus)

Hier könnte das Alte Rathaus wieder als historisches Rathaus eingerichtet und entsprechend umgebaut werden. Um zusätzlichen Raum zu schaffen, müssten die Nachbarblocks angekauft und einbezogen werden. Diese Lösung hatte Karl Gruber zur Wiederaufbauplanung 1946 empfohlen. Die städtischen Gebäude in der Nähe könnten als ergänzendes Raumangebot genutzt werden: Justus-Liebig-Haus, Altes Pädagog, Alice-Eleonoren-Schule.

> Rheinstraße/Rheintor

Nur mit Vorbehalten ließe sich in Erwägung ziehen, das Gebäude des DGB (gegenüber der Kunsthalle) zu kaufen, neu zu bauen, umzubauen und zu erweitern.

> Neckarstraße am ehemaligen Neckartor

Nur mit Vorbehalten ist über diesen Standort im Grünzug des Theaters und des Anlagenrings der Mollerstadt westlich der Neckarstraße zu diskutieren.

Ein Kulturrathaus

Die Verengung der Rathausfrage auf geeignete Standorte als auch die zu erwartenden Kosten hatten dazu geführt, dass der Magistrat diese Planung zunächst als beendet erklärte. Das war gut so, denn es war jetzt Zeit, Ideen, Erwartungen und Wünsche über die funktionalen Fragen eines Rathauses ausreifen zu lassen. So gesehen macht es auch Sinn, an das Wiederaufbaukonzept des legendären Architekten und Stadtplaners Karl Gruber (1885–1966), Professor an der damaligen Technischen Hochschule Darmstadt, zu erinnern. Er hatte in seinen Empfehlungen für den Wiederaufbau u.a. die Vorstellung entwickelt, das Alte Rathaus am Markt als Kern eines zukünftigen Rathauses zu verstehen und eine Erweiterung auf Grundstücken unmittelbar südöstlich des Alten Rathauses zu planen. Die Stadt Gießen etwa nutzt einen Teil ihres Rathauses als kulturelles Rathaus und bietet darin Veranstaltungen und Ausstellungen an. Schon lange gibt es den Begriff des technischen Rathauses. Warum nicht mit Anregung aus Gießen zu einer neuen Konzeption vorstoßen und das Alte Rathaus neben seiner repräsentativen Erscheinung als kulturelles Rathaus nutzen.

Das Alte Rathaus ist heute in gutem Zustand. Es wird gastronomisch und vom städtischen Standesamt genutzt. Seine Bedeutung für die Stadtgeschichte und für das Stadtbild als eines der wenigen historischen Bauten legen es nahe, den gruberschen Impuls noch einmal aufzugreifen, auch wenn die dahinter liegenden Grundstücke heute bebaut und anders genutzt werden, als es sich Gruber vorgestellt hat. Anders bebaut und genutzt heißt leider auch: im Verhältnis zur kostbaren Lage architektonisch höchst durchschnittlich und teilweise übermäßig verdichtet. Es kommt hinzu, dass angesichts der Nähe zur überdimensionierten Holzstraße und ihrer teilweise festungsartigen Randbebauung eine städtebaulich grundsätzliche Erneuerung ohnehin mittelfristig unausweichlich ist. So wäre sinnvoll, dass die Stadt hier eine – sicher langfristige – Ankaufstrategie zugunsten einer zukünftigen Rathausbebauung einleitet.

Es ist auch denkbar, das Justus-Liebig-Haus mit Volkshochschule und Stadtbibliothek in die Überlegungen einzubeziehen, nachdem die Volkshochschule über einen neuen, für sie geeigneteren Standort nachdenkt. Man könnte sich sogar vorstellen, das Liebig-Haus mit einer gläsernen Brücke über die Holzstraße anzubinden und dabei für diesen städtebaulich kritischen Bereich eine neue Entwicklung einzuleiten. Klingt ziemlich abenteuerlich, wäre aber doch einer Prüfung wert.

Fachbeiträge

Thesen und Handlungsempfehlungen für ein tragendes Gesamtkonzept
Das Folgende sind Thesen und Empfehlungen aus einem Vortrag von Herrn Dr. Carsten Schaber am 20. November 2014 im Arbeitskreis Kulturelle Mitte Darmstadt, die von Wolfgang Lück leicht überarbeitet wurden.

Dr. Ing. Carsten Schaber

Anlass für ein Nachdenken über das Gestaltungskonzept für den Fußgängerbereich der Innenstadt von Darmstadt ist ein „kommunalpolitisch artikuliertes Unbehagen an der Stadtgestalt Darmstadts".

1. Stadtgestalterische Mängel erfordern ein tragendes Gesamtkonzept:
> „Darmstadts großes kulturelles Potenzial steht in einem Missverhältnis zur mangelnden Attraktivität und Lebendigkeit der Stadtmitte".
> „Im Vergleich zu anderen Städten vergleichbarer Größenordnung hat Darmstadt in Bezug auf die Geltung einer durchgängigen Gestaltung einen Rückstand aufzuholen".
> „An einzelnen Stellen ist zu viel an Einzelheiten und zu wenig an koordinierter Gestaltung vorhanden".

2. Eine stabile, einprägsame Grundkonzeption ist nötig:
> Es bedarf keiner Vielzahl von originellen Ideen, sondern der Entwicklung einer stabilen, einprägsamen Grundkonzeption für Stadtgestaltungspolitik.
> Es bedarf eines politischen Willens, eine solche Stadtgestaltungspolitik längerfristig durchzuhalten und schrittweise zu realisieren.

3. Die charakteristische Grundstruktur muss wahrgenommen werden, bedingt durch:
> historisch bedingte Wirkkräfte,
> prägende landschaftliche Einflüsse.

4. Nachkriegsentwicklung als Folge der Zerstörung

Eine traditionelle stadträumliche Struktur (Gruber) erschien 1946 nicht mehr zeitgemäß; stattdessen wurde das Altstadtgebiet, in dem es offensichtlich fast keine Straßenbindung mehr gab, mit stadträumlich isolierten, vereinzelten Großbauten besetzt; diese ehemalige Altstadt stellt heute damit den Bereich mit dem geringsten stadträumlichen Zusammenhang dar.

5. Die Bruchstellen müssen identifiziert und überwunden werden.

Das überalterte Straßennetz ist mit einseitigem Verkehrsausbau überlagert. Die Überwindung der Bruchstellen ist die herausragende stadtgestalterische Aufgabe.

6. Die Identität und die räumlichen Bezüge der vorindustriellen Quartiere sind zu stärken.

7. Stadträumlich ausgeprägte Quartiere sind:
> die Mollerstadt,
> Bessungen,
> das Johannesviertel,
> das Martinsviertel,
> das alte Hochschulviertel,
> das Soderviertel,
> die Mathildenhöhe und
> das Paulusviertel.

8. Die große offene Zone vom Herrngarten zum Woog kann ein verbindendes Element sein:
> Die eigentümliche Grundstruktur ist aufzuzeigen und
> beide Bereiche sind über die Stadtmitte zu verbinden.

9. Der Zusammenhang des Stadtgefüges muss transparent erkennbar und einprägsam sein.
> Die folgenden Elemente prägen die Tradition der Stadtgestaltung: Langer Ludwig, Kuppelkirche, Obelisk (Alice-Monument), Hochzeitsturm, Platanenhain, Löwentor/ Rosenhöhe, Mollerbau (Altes Hoftheater), Hessisches Landesmuseum (A. Messel-Bau), Paulusplatz, Alter Friedhof (in Bessungen), die Alleen.
> Einzelformen sind in einen sinnvollen Weg- und Blickbezug zu setzen.
> Zusammenhänge im Stadtgefüge müssen verdeutlicht werden.

10. Eigenarten der Hauptwege-Achsen müssen gestalterisch hervorgehoben werden:
> Schloss - Mathildenhöhe, insbesondere die künstlerische Inszenierung des Weges,
> Markt - Woog, der landschaftliche Charakter,
> Markt - Liebighaus - Kleiner Woog, die Platzfolge mit Brunnen,
> Schulstraße - Altes Pädagog.

11. Aktivitäten stärken die Einprägsamkeit von Räumen:
Die Verteilung, Sichtbarkeit und Verknüpfung der für die Innenstadt wesentlichen Aktivitäten und Nutzungen ist in Darmstadt vergleichsweise ungünstig.

12. Öffentliche kulturelle Einrichtungen
Gegenwärtig tragen die öffentlichen kulturellen Einrichtungen in Darmstadt wenig zur Belebung bei:
> Die Technische Universität,
> die Otto-Berndt-Halle mit der Mensa im Innenhof,
> der Mollerbau als Archiv,
> das Staatstheater steht abseits,
> das Justus-Liebig-Haus wirkt mit Standort und Architektur wenig einladend,
> die Mathildenhöhe ist nur auf Umwegen erreichbar.

13. Verbesserungen sind durch die Gestaltung des öffentlichen Raums erreichbar.

14. Steigerung der kulturellen Wirkung der Innenstadt:
> Einbeziehung kultureller Einrichtungen in der Stadt zur Belebung von Straßen und Plätzen;
> Heinerfest, Aktion Theaterfoyer, Flohmärkte;
> ausbaufähig sind Beiträge von Schulen, Hochschulen, Museen und des Einzelhandels.

Realisierung des Gestaltungskonzepts:
Das hier skizzierte Gestaltungskonzept könnte schrittweise realisiert werden. Es verlangt aber einen langen Atem und vor allem einen politischen Grundsatzbeschluss, der der Stadtgestaltungspolitik gleichen Rang gegenüber anderen Bereichen einräumt. Ein nur längerfristig zu realisierendes Gestaltungskonzept muss sich von vordergründigen Gestaltungsmoden zu lösen versuchen, um sich auf charakteristische Grundstrukturen abstützen zu können. Diese Grundstrukturen sind in der Stadtgeschichte angelegt.

Erkenntnisse:
> Die Bedeutung kultureller Einrichtungen und der Kulturpolitik für die Stadtentwicklung ist ungebrochen.
> Ein langer Atem ist gefragt.
> Es geschieht nur scheinbar nichts. Wenn man das Betrachtungsintervall verändert, zeigt sich eine Dynamik.
> Der Gesamtzusammenhang muss im Auge behalten werden.
> Hauptwege statt Einzelprojekte müssen geschaffen werden.
> Es empfiehlt sich eine gestufte Vorgehensweise: zunehmende Konkretisierung.
> Folgende Grundlagen gelten noch:
   a. Historischer Stadtgrundriss
   b. Landschaftliche Bezüge
> Fortschreibung des Gesamtkonzepts vs. neue und isolierte Ansätze

Regierungspräsidium Darmstadt
Presse- und Öffentlichkeitsarbeit

Regierungspräsidium: Das Kollegiengebäude
Die Bau- und Nutzungsgeschichte des Kollegiengebäudes am Luisenplatz

Das Kollegiengebäude ist eng mit der Geschichte Hessens verknüpft, denn es beherbergte im Laufe seiner 240-jährigen Geschichte ausschließlich Regierungs- und Verwaltungsorgane des Landes Hessen und stand so damals wie heute im Dienste der Öffentlichkeit. Es wurde im 18. Jahrhundert errichtet, als Landgraf Ludwig IX. (1768–1790) Darmstadt zur Residenzstadt ausbaute. Die absolutistischen Fürsten stellten ihre Schloss- und Hofarchitektur in den Mittelpunkt ihrer Städte, und so entstanden damals am zentralen Luisenplatz sowie in seiner näheren Umgebung zahlreiche repräsentative Bauten: das Darmstädter Exerzierhaus (1770–1772); das Alte Palais auf der Südseite des Luisenplatzes (1803); das neue Hoftheater (1818–1819) und die Ludwigskirche (1822–1827).

Die Baugeschichte des Kollegiengebäudes beginnt am 24. Oktober 1776. Da legte der Staatsrechtler und Kammerpräsident Moser – er war 1772 von Ludwig IX. zum hessischen Kanzler und Präsidenten aller Landeskollegien berufen worden – einen Antrag auf „Erbauung eines neuen Kollegienhauses" vor. Es sollte der neue Sitz der Regierung (Kanzlei und Rentkammer) werden und darüber hinaus ein äußeres Wahrzeichen der von Moser angestrebten Verwaltungsreform. Der Erbprinz unterstützte die Pläne mit seinem Heiratsgut in Höhe von 20.000 Gulden. Der Grundstein für das dreistockige Kollegiengebäude wurde am 7. Juni 1777 gelegt. Ihm lag ein Entwurf des Hanauer Oberbaudirektors Franz Ludwig von Cancrin zugrunde, der einen Hauptbau in später Rokokoform aus Bruch- und Sandstein am Luisenplatz vorsah; die vorgesehenen zwei schmalen Flügel nach Norden hin konnten nicht gebaut werden, da die entsprechenden Grundstücke nicht zur Verfügung standen. Mit 82.729 Gulden war der Bau des Kollegiengebäudes relativ günstig; das neue Hoftheater (Mollerbau) verschlang im Vergleich dazu 600.000 Gulden.

1781 war der Bau fertiggestellt und die Spitze der Landesverwaltung – das Kollegium der Geheimen Räte des Landgrafen – konnte einziehen und seinen Dienstbetrieb aufnehmen. Die Oberbaudirektion, das Oberappellationsgericht und die Oberfinanzkammer mussten aus Platzmangel in anderen Gebäuden der Stadt untergebracht werden. Diesem Zustand konnte erst 1825/26 abgeholfen werden, als an der Nordseite parallel zum Kollegiengebäude ein neues, ebenso großes Hauptgebäude errichtet wurde. Die Planungen stammten vom Darmstädter Stadtbaumeister Georg Moller. Den Grundriss des Nordbaus hatte Moller dem alten Bau von Cancrin angepasst, wobei die Fassade des viergeschossigen Baus in ihrer Wirkung eher florentinischen Renaissance-Palästen ähnelte.

Die ursprünglich geplanten West- und Ostflügel, welche die beiden Gebäude verbinden, wurden 1845 bzw. 1889 ausgeführt. Damit war der Bau des Kollegiengebäudes vollendet und erfüllte für lange Jahre seinen Zweck als Amtssitz für die hessische Verwaltung in verschiedenen historischen Epochen. Diese gingen jeweils mit zahlreichen Gebiets- und Verwaltungsreformen einher: Die Landgrafschaft Hessen-Darmstadt wurde mit Beitritt zum Rheinbund 1806 zum Großherzogtum erhoben und Darmstadt zur Landeshauptstadt. 1820 erhielt Hessen-Darmstadt eine liberal gestaltete Verfassung, die auch die konstitutionelle Monarchie einführte.

1918 wurde der Großherzog abgesetzt und aus dem Großherzogtum wurde eine Republik, der Volksstaat Hessen, der fast 1,4 Millionen Einwohner zählte und die Provinzen Starkenburg, Oberhessen und Rheinhessen umfasste. Mit der Machtergreifung Hitlers 1933 begann die dunkle Zeit, die auch im Kollegiengebäude ihre Spuren hinterließ. Die Nationalsozialisten besetzten im März 1933 das Kollegiengebäude, damals Sitz des hessischen Innenministers Wilhelm Leuschner und übernahmen die Regierung. Von da an wehte vor dem Gebäude die Hakenkreuzfahne. Leuschner wurde im September 1944 als Widerstandskämpfer hingerichtet. Zu diesem Zeitpunkt lag sein ehemaliger Amtssitz bereits in Schutt und Asche. Die verheerende Bombennacht vom 11. zum 12. September 1944 hatte nahezu die gesamte Innenstadt verwüstet und 12.000 Menschen das Leben gekostet. Vom Gebäude blieben nur noch die Umfassungsmauern, die Gewölbe im Erdgeschoss, die massiven Treppen und die Attika mit ihrer Bekrönung – dem Hessenlöwen mit seiner goldenen Krone. Er blickt von oben auf die vor ihm liegende vernichtete Stadt. Und als ob dieses ein symbolisches Versprechen gewesen wäre, dass aus diesen Trümmern einst eine neue Ordnung entstehen würde, konstituierte sich im Oktober 1945 das neue Land Hessen mit einer Landesregierung. Zur gleichen Zeit wurde Ludwig Bergsträsser zum Regierungspräsidenten für Hessen ernannt.

Mit dem Wiederaufbau des politischen und gesellschaftlichen Lebens in einem demokratischen Rechtsstaat mit einer geordneten Verwaltung, ging auch der Wiederaufbau des Kollegiengebäudes einher. Es erhielt seine ursprüngliche historische Form wieder und wurde am 23. Februar 1953 dem damaligen Regierungspräsidenten Wilhelm Arnoul feierlich als Amtssitz übergeben. Die Behörde hat seit diesen Tagen zehn Regierungspräsidenten kommen und gehen sehen, die alle ihre ganz eigenen Phasen des Wandels zu bewältigen hatten. Mit Regierungspräsidentin Brigitte Lindscheid steht seit 2014 die erste Frau an der Spitze des Regierungspräsidiums, einer Behörde mit 1500 Mitarbeiterinnen und Mitarbeitern und über 5000 Aufgaben, die sich in den vergangenen siebzig Jahren dynamisch den geänderten Anforderungen der Zeitläufte angepasst hat.

Das Regierungspräsidium von heute ist eine offene Behörde, die modern und zukunftsorientiert den Bürgerinnen und Bürgern nicht nur Verwaltungsleistungen bietet, sondern auch ein Hort von Kunst und Kultur und politischer Bildung ist. Das im Kollegiengebäude ansässige Europäische Informationszentrum ist Anlaufstelle für alle Fragen rund um Europa mit einem vielfältigen Veranstaltungsprogramm zu aktuellen europapolitischen Themen. Das historische Nordfoyer dient der Regionalgalerie Südhessen als Raum für vielbeachtete Kunstausstellungen. Mit seinem romantischen Ambiente bietet der Innenhof im Sommer geeigneten Raum für Gastkonzerte und -aufführungen wie z.B. den Darmstädter Residenzfestspielen. Und nicht zuletzt ist im Regierungspräsidium auch die Geschäftsstelle des Kultursommers Südhessen ansässig, in der jährlich ein bunt gemischtes südhessisches Kulturprogramm zusammengestellt wird.

Das Regierungspräsidium von heute ist aber auch ein Ort der Erinnerung. Eine Bronzetafel im Südfoyer erinnert an Leuschner und seine Weggefährten im Widerstand, Staatsrat Ludwig Schwamb und Carlo Mierendorff. Der zum Luisenplatz hin ausgerichtete, prachtvolle

Sitzungssaal trägt den Namen des ersten Regierungspräsidenten Ludwig Bergsträsser, der maßgeblich auch an der Hessischen Verfassung mitgewirkt hatte. Viele Veranstaltungen zur Geschichte Hessens mit Bezug zum Kollegiengebäude fanden in den vergangenen Jahren statt. Beispielsweise sind zu nennen die Behördenjubiläen zu sechzig und siebzig Jahren Regierungspräsidium, die parallel zu denen des Landes Hessen begangen wurden, da die Geburtsstunde des Regierungspräsidiums Darmstadt auch die des Bundeslandes ist (also immer doppelter Anlass zum Feiern). Auch zu Leuschners Wirken für die Demokratie gab es eine Gedenkveranstaltung ebenso wie zu „80 Jahre Machtergreifung der Nationalsozialisten und 60 Jahre Regierungspräsidium im Kollegiengebäude". 2017 wurde im Regierungspräsidium eine Ausstellung zum Thema Widerstand im Nationalsozialismus gezeigt, die von drei Schulklassen in und um Darmstadt zusammen mit dem Studienkreis Deutscher Widerstand 1933–1945 und dem Hessischen Staatsarchiv Darmstadt erarbeitet wurde.

Dr. Manfred Efinger
Kanzler der TU Darmstadt

Die TU Darmstadt und die Kulturelle Mitte Darmstadt

In den letzten Jahren ist in der Stadtmitte viel passiert. Vor allem die Schlosssanierung bringt neue Dynamik in die kulturelle Mitte der Stadt. Der Schlossgraben wurde in zwei Etappen aufgefrischt und ist erstmals seit vielen Jahren wieder als Erholungsort für Darmstädterinnen und Darmstädter zugänglich. Die Kulturelle Mitte Darmstadts ist damit um eine Attraktion reicher. Und das Schöne daran ist die Gemeinschaftsarbeit dahinter: Insgesamt 550 Darmstädterinnen und Darmstädter haben sich mit Zeit- oder Geldspenden für das Projekt engagiert und damit im Herzen der Stadt gemeinsam ein sichtbares Zeichen für Bürgersinn und Stadtgemeinschaft gesetzt. Der Garten ist somit aus der Mitte der Universität und der Darmstädter Bürgerschaft gewachsen.

Die TU Darmstadt sieht auch den künstlerischen Bereich als Teil ihres Bildungsauftrags. Seit April 2016 gibt es dafür einen konkreten Ort: die Ausstellungshalle des Kunstforums. Insbesondere Kunst rund um aktuelle gesellschaftliche Fragen, die zum Nachdenken anregt und Impulse gibt, steht hier im Vordergrund. Das Kunstforum der TU Darmstadt legt dabei großen Wert darauf, sich nicht auf die Arbeit als Einzelakteur zu beschränken, sondern Brücken in die städtische Öffentlichkeit zu bauen. So wollen wir die TU Darmstadt als Ort kulturellen Geschehens noch stärker als bisher verankern und neue Synergien zu anderen Institutionen und Kulturschaffenden bilden.

Auch das Schlossgartencafé ist weiterhin ein beliebter Treffpunkt für Jung und Alt. Es ist Location für kulturelle und politische Veranstaltungen, Konzerte, Partys und Clubabende. Mit dem Karl-Plagge-Haus ist 2017 ein neues multifunktional nutzbares Gebäude in der Stadtmitte entstanden. Der deutlich größere Neubau beherbergt neben dem studentischen Kulturprojekt, dem ehemaligen „603qm" – nun „806qm", auch Lernräume für Studierende und das Hochschulrechenzentrum. Dies findet sich im neuen Namen wieder, der einen Bezug zur TU Darmstadt und – aufgrund der Lage und der Nutzung – auch zur Wissenschaftsstadt Darmstadt hat. Karl Plagge (1897–1957) studierte von 1919 bis 1924 an der TH Darmstadt Maschinenbau und verbrachte fast sein ganzes Leben in Darmstadt. Der Name Plagge steht aufgrund seines einzigartigen Wirkens in Litauen im Zweiten Weltkrieg in besonderem Maße für Zivilcourage. Als Wehrmachtsoffizier rettete er zahlreiche, meist jüdische Menschen vor dem Tod. Seit 2005 wird daran durch die Verleihung des Titels „Gerechter unter den Völkern" in Yad Vashem erinnert. Seine einzigartige Persönlichkeit hat Vorbildcharakter und steht für die von der TU Darmstadt in ihrem Selbstbild vertretene Weltoffenheit.

Stadtentwicklungskonzept DA2030+, ein Prozess
Darmstadt steht vor riesengroßen Herausforderungen, hervorgerufen durch ein Wachstum von bisher ungekannter Geschwindigkeit. Vielen Menschen macht diese rasante Entwicklung Angst. Es ist nachvollziehbar, dass Veränderungen des eigenen Lebensumfeldes unter Umständen die Befürchtung auslösen können, dass sich die Dinge um uns herum ausschließlich zum Schlechteren hin wandeln. Nicht nur in Darmstadt sind vielen Menschen Hoffnung und Glaube an eine bessere Zukunft, an eine lebenswertere Existenz in der Zukunft abhandengekommen. Unser Denken und Fühlen werden nur zu oft von Verlustängsten bestimmt.

Jochen Krehbiehl
Leiter Stadtplanungsamt,
Wissenschaftsstadt Darmstadt

Dabei sind die Ursachen des Wachstums in Darmstadt, sowohl der Zahl der Einwohnerinnen und Einwohner als auch der Anzahl der Arbeitsplätze, zu einem großen Teil doch die Folge eines gesellschaftlichen Veränderungsprozesses, den die meisten von uns begrüßen: Manch eine oder einer haben sogar seit den 60er Jahren des vergangenen Jahrhunderts dafür gekämpft. Es geht dabei um die Gleichberechtigung von Männern und Frauen, um die gegenüber früheren Zeiten viel bessere Ausbildung, die Mädchen und Frauen heute völlig zu Recht und inzwischen auch selbstverständlich für sich in Anspruch nehmen. Die verbesserte Ausbildung führt wiederum dazu, dass die Erwerbsquote von Frauen in den letzten Jahrzehnten kontinuierlich angestiegen ist. Klar: Wer gut ausgebildet wurde, möchte einen interessanten Beruf ergreifen und ausüben und nicht zuletzt auch wirtschaftliche Unabhängigkeit erreichen. Was so selbstverständlich klingt, hat weitreichende gesellschaftliche, aber auch räumliche Folgen: Das Modell der Familie mit männlichem Alleinverdiener, in dem Frauen allenfalls für die Organisation des Alltags und die Erziehung der Kinder zuständig waren, ist passé – und kaum jemand wird diese Entwicklung infrage stellen oder gar kritisieren. Traditionelle Familienkonstellationen werden nicht zuletzt durch die wirtschaftliche Unabhängigkeit der Partnerinnen und Partner von vielfältigen und unterschiedlichen Mustern abgelöst, unter denen die sogenannte Einelternfamilie zwar das häufigste, keineswegs aber das einzige Prinzip darstellt. Diese gesellschaftliche Befreiung hat auch dazu geführt, dass sich die Familienkonstellationen im Laufe einer Biografie häufiger als früher verändern. Folge ist aber auch, dass diese neuen, vielfältigeren Familienmodelle fast nur noch in einem urbanen Umfeld gelebt und organisiert werden können. Zwei attraktive Arbeitsplätze, qualitativ hochwertige Versorgungs- und Bildungsangebote für die Kinder, ein umfassendes und schnell erreichbares Angebot von Waren und Dienstleistungen des täglichen und periodischen Bedarfs und nicht zuletzt unsere gestiegenen Erwartungen an anspruchsvolles kulturelles Angebot lassen sich kaum im ländlichen Raum finden oder organisieren. Der Druck auf die Städte, insbesondere die mit einfachem Zugang zu Arbeitsplätzen, Bildung und Kultur wächst daher. Darmstadt gehört – glücklicherweise – zu diesen sogenannten Schwarmstädten, in die es heute vermehrt gerade junge Menschen zieht. Für Stadtplanerinnen und Stadtplaner, Gesellschaftswissenschaftlerinnen und Gesellschaftswissenschaftler, Politikerinnen und Politiker aber auch für unsere gesamte Gesellschaft bringt dieser beschleunigte Zuzug in die Städte einen umfassenden Paradigmenwechsel mit sich: Wir hatten uns mit dem Pillenknick auf sinkende oder stagnierende Einwohnerzahlen eingestellt und mit deren Auswirkungen auseinandergesetzt, Strategien gegen die Überalterung unserer Gesellschaft sowie Konzepte für schrumpfende Städte entwickelt. Auch die westdeutsche Umweltbewegung konnte, nüchtern betrachtet, nur mit dieser Perspektive so erfolgreich werden, wie dies seit den 1970er Jahren der Fall ist.

Und nun müssen wir feststellen, dass – zumindest für die Ballungsräume – ganz andere Herausforderungen zu bewältigen sein werden: Die Innenentwicklung unserer Stadt gerät an ihre Grenzen, die Frage nach der Bewältigung des Wohnungsleerstandes und nicht mehr benötigter Infrastruktur wird vom Problem der Wohnungsknappheit und des Flächenmangels für Schulen und Kitas abgelöst, weil nicht nur Menschen vom ländlichen Raum in die Stadt ziehen, sondern gleichzeitig die Geburtenraten auf Werte ansteigen, wie wir sie zuletzt in den 1960er Jahren messen konnten.

Die gestiegenen Arbeitsplatzzahlen haben in der Vergangenheit hingegen kaum zu zusätzlichen Flächeninanspruchnahmen geführt, weil moderne, „stapelbare" Arbeitsplätze viel weniger Platz verbrauchen als die alten gewerblichen und industriellen Arbeitsplätze. Aber auch hier werden die Grenzen der Nutzbarkeit vorhandener gewerblich oder industriell genutzter Flächen absehbar.

Sowohl die angestiegenen Einwohnerzahlen als auch die gestiegene Zahl der Arbeitsplätze bringen zudem ein wachsendes Mobilitätsbedürfnis der Menschen mit sich. Wir können daher einerseits einen Anstieg des Binnenverkehrs, andererseits aber auch eine zunehmende Zahl von Berufspendlern feststellen. Unser über Jahrhunderte gewachsenes Straßennetz kann nicht im gleichen Maß mitwachsen. Die nahezu einzigen gravierenden Veränderungen, die dieses Straßennetz in Darmstadt erfahren hat, geschahen infolge der Zerstörungen des Zweiten Weltkrieges. Von im wahrsten Sinne des Wortes einschneidenden Verkehrsplanungen, wie sie in vielen Städten in den 60er und 70er Jahren des vergangenen Jahrhunderts realisiert wurden, blieb Darmstadt glücklicherweise verschont. Sie würden uns heute wahrscheinlich auch nicht weiterhelfen: Denn Angebot erzeugt Nachfrage und prosperierende Städte, die ihre Straßennetze in den letzten fünfzig Jahren erheblich ausgebaut haben, stehen heute vor den gleichen Herausforderungen wie die Wissenschaftsstadt Darmstadt: Die Verkehrssysteme in Großstädten befinden sich fast ohne Ausnahme an der Grenze ihrer Leistungsfähigkeit. Nicht in der Erweiterung, sondern in der intelligenteren Nutzung der vorhandenen Straßen muss daher die Lösung der anstehenden Fragen gesucht werden.

Mit dem beschriebenen Wachstum wird sich auch der Druck auf die Freiflächen in Darmstadt erhöhen. Das betrifft zunächst die privaten Gärten und Höfe, die in zunehmendem Maße für die Schaffung von neuen Bauvorhaben, insbesondere für neue Wohnungen, in

Anspruch genommen werden. Aber auch ein wachsender Verbrauch öffentlicher Freiflächen, zum Beispiel für den Neubau von Schulen und Kindertagesstätten, ist zu beobachten.

Man könnte nun sagen, dass unsere Stadt groß genug sei und die Grenzen des Wachstums in Darmstadt erreicht seien. Diese Annahme bedeutet aber keineswegs, dass sich Darmstadt unter einer solchen Vorgabe nicht verändern würde: Die erste Folge wäre sicher, dass die Preise für Wohnraum noch schneller steigen und in noch weitere Höhen getrieben würden, als dies ohnehin festgestellt werden muss. Eine weitere Folge wäre, dass langfristig keine neuen Arbeitsplätze entstehen könnten und die alten von der technischen Entwicklung mit der Zeit eingeholt würden. Wir hätten in diesem Szenario sowohl mit einer sozialen Segregation als auch mit einer großräumlichen Separierung der Nutzungen zu rechnen. Möglicherweise würde sich Darmstadt ganz schnell zu einem Schlafstandort, beispielsweise für Frankfurt am Main entwickeln, weil dort, nicht zuletzt infolge des „Brexits", derzeit die Arbeitsplatzzahlen in die Höhe schnellen.

Ziel einer erfolgreichen Stadtentwicklungspolitik muss es daher sein, eine Balance herzustellen und aufrechtzuerhalten zwischen bebauten und nicht bebauten Bereichen der Stadt mit gesunden und erträglichen Lebensbedingungen, einem ausgeglichenen Verhältnis zwischen Wohnen und Arbeiten, einem exzellenten Bildungs-, Kultur- und Versorgungsangebot, das Ganze erschlossen durch ein effizientes und intelligentes Mobilitätkonzept, das einerseits die Ver- und Entsorgung der Stadt gewährleistet, andererseits das Mobilitätsbedürfnis der Einwohnerinnen und Einwohner, der Arbeitnehmerinnen und Arbeitnehmer und nicht zuletzt der Besucherinnen und Besucher Darmstadts befriedigt. Nur auf diese Weise wird dauerhafter sozialer Friede in der Stadt zu sichern sein. Ein Werkzeug, das uns hilft, diesen Weg zu gehen, ist das Stadtentwicklungskonzept DA2030+. Viele Städte, größere und kleinere, greifen in dieser Zeit zu diesem Planungsinstrument. Es unterscheidet sich wesentlich von den Stadtentwicklungsplänen der 1970er Jahre. Während damals konkrete räumliche Konzepte vorgeschlagen wurden, sind moderne Stadtentwicklungskonzepte heute prozesshaft, dialogisch und partizipativ angelegt. Vereinfacht heißt dies: Mit einem modernen Stadtentwicklungsprozess wird eine Diskussion zwischen den Menschen, die in der Stadt leben und arbeiten angeregt. In diesem Dialog soll geklärt werden, wie wir künftig miteinander in Darmstadt leben wollen. Wir werden dabei möglichst viele unterschiedliche Fachdisziplinen einbeziehen, Stakeholderinnen und Stakeholder, Vereine, Institutionen und Unternehmen, aber vor allen Dingen wollen wir die Ideen und Erwartungen der Bewohnerinnen und Bewohnern der Stadt kennenlernen, die sonst nicht zu Wort kommen, oder sich nicht zu Wort melden. Dazu werden wir neue, hoffentlich überraschende Beteiligungsformate entwickeln, so dass sich möglichst viele Darmstädterinnen und Darmstädter in den Stadtentwicklungsprozess einbringen können. Im Mittelpunkt stehen dabei öffentliche Bürgerforen, in denen die Ideen zur Gestaltung der Zukunft Darmstadts eingebracht werden sollen. Die Diskussionsthemen haben wir vorstrukturiert und jeweils einem Planungsteam zugeordnet. Die Arbeitsfelder werden lauten: „Wohnstadt", „Quartiersstadt", „Wissenschafts- und Arbeitsstadt", „Freie Stadt" sowie „Mobile Stadt". Am Ende werden die Ergebnisse gebündelt und zum Masterplan DA2030+ sowie zum Mobilitätskonzept 2030+ zusammengeführt. Diese sollen als städtebauliches und verkehrsplanerisches Leitbild und Kompass für Entscheidungen in Politik und Verwaltung dienen und durch die Stadtverordnetenversammlung der Wissenschaftsstadt Darmstadt beschlossen werden.

Sicher werden nicht alle Fragen der Stadtentwicklung im Masterplanprozess abschließend beantwortet werden können. Möglicherweise werden für einzelne Themenfelder auch nur Aufgabenstellungen entwickelt oder eine Vorgehensweise zur weiteren Bearbeitung vorgeschlagen. Wichtig wird aber sein, dass sich die Stadtgesellschaft damit auseinandersetzt, wie sie mit anstehenden Herausforderungen umgehen wird, im Idealfall einen breiten Konsens über die wichtigen Entwicklungslinien der Stadt erzielt und dabei gemeinsam eine optimistische Zukunftsperspektive für die Wissenschaftsstadt Darmstadt entwickelt.

Dipl.-Ing. Anke Jansen
Citymanagerin

City-Marketing in der Kulturellen Mitte Darmstadt
Ende 2016 wurde seitens des Darmstadt Citymarketing e.V. eine Studie zur Attraktivität der Darmstädter Innenstadt in Auftrag gegeben. Die Ergebnisse waren wenig erbaulich: Während das Einzelhandelsangebot branchenübergreifend (noch) gut abschnitt, wurde die Attraktivität der Innenstadt nach Schulnoten nur mit einer 2,7 bewertet. Verbesserungspotenzial sahen die Befragten auch beim Thema Parken jedoch insbesondere beim gesamten Themenkomplex Stadtgestaltung. Besonders schlecht schnitten die Bereiche allgemeines Ambiente, Gebäude/Fassaden, Plätze, Wege, Grünflächen sowie die Ausstattung des öffentlichen Raumes ab. Trotz der beschriebenen Defizite wurde der Darmstädter Innenstadt eine überdurchschnittliche Lebendigkeit und urbane Vielfalt attestiert. So schneidet Darmstadt bei vielen Aspekten wie dem Angebot an Freizeit-, Gastronomie und Dienstleistungseinrichtungen, den Ladenöffnungszeiten sowie bei den Sehenswürdigkeiten gut ab und liegt über den Werten der Vergleichsstädte. Nach den kulturellen Einrichtungen wurde nicht explizit gefragt – es ist jedoch davon auszugehen, dass diese aufgrund Ihrer Vielzahl und hohen Qualität ebenfalls gute Noten erzielt hätten.

Die Studie legt daher den Schluss nahe, den Fokus auf das Thema Öffentlicher Raum zu legen bzw. der Frage nachzugehen, was eine attraktive Innenstadt eigentlich ausmacht. Auch interessant ist sicherlich das Zusammenwirken von Kultur, Gastronomie und Handel in der Darmstädter Innenstadt und das Thema Kommerzialisierung des öffentlichen Raumes. Zur Attraktivität der Darmstädter Innenstadt: Aus Sicht des Citymarketings wäre insbesondere eine städtebauliche Aufwertung des öffentlichen Raumes erforderlich. Ideen und Initiativen wie eine solche geschehen könnte, liefert das vorliegende Werk dankenswerterweise in großer Fülle. Einige Wege und Plätze in der Darmstädter Innenstadt unterliegen einem jahrelangen Sanierungsstau und bedürfen dringend einer Aufwertung. Besonders augenscheinlich wird dies in der ehemaligen Prachtstraße – der Wilhelminenstraße. Marodes Straßenpflaster reiht sich an defekte Stadtmöblierung und wird gerahmt durch die Fassade von Karstadt und dem Luisencenter. Hier – aber auch an vielen anderen Orten in der Innenstadt – würde eine architektonische und städtebauliche Aufwertung maßgeblich zu einer Attraktivitätssteigerung der gesamten Innenstadt beitragen. Auch wäre sie unseres Erachtens in der Lage, die Dominanz der gewerblichen Nutzung deutlich auszugleichen.

Denn die Erfahrung zeigt: Hohe städtebauliche Qualität macht einen Unterschied. Sie wirkt und schafft Raum für Neues. Dies lässt sich u.a. am Beispiel des Darmstädter Marktplatzes beobachten. Der Platz wurde saniert – und die verschiedensten Nutzungen und insbesondere die Stadtbevölkerung folgten. In der Sommerzeit ist ab Mittag kaum ein Sitzplatz zu bekommen, Veranstaltungen finden dort gerne statt und samstags herrscht geschäftiges Markttreiben. Häufig sind es auch nur kleine Maßnahmen wie neue Bänke, die Ausbesserung des Pflasters oder die Entfernung von Graffiti – Maßnahmen die in der Vergangenheit bereits vereinzelt angegangen wurden. An einigen Orten sind jedoch auch größere Eingriffe erforderlich wie bei der Umgestaltung der Grafenstraße, der Neugestaltung des Ernst-Ludwigs-Platzes, der Sanierung des Kleinschmidt-Steges sowie des vergessenen Platzes zu seinen Füßen.

Bei allen geplanten Maßnahmen muss jedoch das große Ganze im Blick behalten werden: Statt einzelner Maßnahmen bedarf es zunächst einer Vision wohin sich die Darmstädter Innenstadt in den nächsten Jahren und Jahrzehnten entwickeln soll. Welche Herausforderungen kommen auf die Stadtbevölkerung, Handel und Gastronomie sowie die kulturellen Einrichtungen zu? Wie kann und soll dieser Prozess gestaltet werden? Gibt es auch hier den vielfach zitierten „Darmstädter Weg"? Und wenn ja: Wie könnte dieser aussehen?

Um hierauf Antworten zu finden bedarf es langfristiger, übergeordneter Ansätze wie die Aktivitäten der Stadt für den Masterplan DA2030+ und Initiativen wie die Kulturelle Mitte Darmstadt. Insbesondere bei der Masterplan-Bewegung ist es wichtig, den Fokus dann auch insbesondere auf die Innenstadt zu legen, damit diese nicht – wie schon so oft in der Vergangenheit – von Themen verdrängt wird die vordergründig so viel wichtiger erscheinen.

Die Aufwertung des öffentlichen Raumes ist grundsätzlich jedoch keine rein städtische Aufgabe. Vielmehr ist urbanes Leben durch eine Vielzahl an Akteuren gekennzeichnet – die ihrerseits einwirken auf das „Gesicht" einer Stadt. Allen voran bereichern die vielen attraktiven Kultureinrichtungen das städtische Leben. Lange nach Ladenschluss sind sie Anziehungspunkte, Orte der Begegnung und bestechen nicht selten durch Gebäude mit hohem architektonischem Wert. Diese durch eine behutsame Stadtentwicklung noch sichtbarer zu machen wäre sicherlich ein lohnenswertes Ziel das die Kulturelle Mitte Darmstadt mit großem Engagement vorantreibt.

Auch Handel, Gastronomie und Dienstleistungen prägen natürlich das Bild der Stadt – auch aber nicht immer zu ihrem Vorteil: Vollverklebte Schaufenster, unattraktive Warenauslagen und ausufernde Außengastronomie tragen mitnichten zu einer attraktiven Innenstadt bei. Beim „Projekt Innenstadt" ist folglich jeder Einzelne gefordert. Ob Kundenstopper, Warenauslage, Werbeanlage oder Außenbestuhlung. Quantität und Qualität machen auch hier den für jedermann sichtbaren Unterschied. Einer weiteren Kommerzialisierung des öffentlichen Raumes bestimmt entgegenzutreten ist das eine. Wirksam und mit einer hohen städtebaulichen Qualität neue attraktive Räume zu schaffen das andere. Beispiele aus anderen Städten haben gezeigt: Einer Aufwertung des öffentlichen Raumes folgt auch immer eine Reaktion der privaten Akteurinnen und Akteure – und umgekehrt.

Darmstadt ist zum dritten Mal in Folge auf Platz 1 der zukunftsreichsten Städte gewählt worden. Wie verführerisch wäre die Vorstellung, wenn diese Innovationskraft in Zukunft auch bei der Gestaltung des öffentlichen Raumes ihre Wirksamkeit entfalten würde.

Kulturelle Mitte Darmstadt – eine kritische Topografie

Die Kulturelle Mitte Darmstadt umfasst nach unserer Auffassung fünf Schwerpunkte:
1 Bildung und Wissenschaft
2 Städtischer Alltag und Kultur
3 Kulturelle Einrichtungen auf dem Riedeselsberg
4 Städtischer Alltag und neue kulturelle Ansätze
5 Rheinstraße

Wichtig für die räumliche Eingrenzung der Kulturellen Mitte war uns ein Mindestmaß schon vorhandener urbaner Dichte und Atmosphäre, die es insbesondere durch gute Architektur, städtebauliche Qualität und umfassende Grünplanung zu intensivieren und zu verbessern gilt. Um das besser einschätzen zu können, haben wir gedanklich und mit Hilfe von Karten „kritische Spaziergänge" durch ebendiese fünf Bereiche unternommen.

Der Kasseler Soziologe und Stadtplaner Prof. Dr. Lucius Burckhardt (1925 – 2003) hat in den 1980er Jahren mit seinen Studenten und Studentinnen die von ihm sogenannte Spaziergangwissenschaft entwickelt. Gemeint ist, mit wachen Augen und kreativem Sinn durch Stadt und Landschaft zu spazieren, allein oder besser noch in einer Gruppe, sich Mängel, aber auch Chancen für zukünftige Qualitäten bewusst zu machen und zu dokumentieren. Von seiner Methode haben wir uns anregen lassen.

1 Bildung und Wissenschaft

Technische Universität Darmstadt

Wissenschaft begreifen wir hier als Teil von Kultur, die Universität als Bestandteil der Kulturellen Mitte. Das historische Kerngebiet der Technischen Universität Darmstadt (TUD) mit Hauptgebäude und Instituten liegt zwischen östlichem Rand des Herrngartens, Magdalenenstraße und Alexanderstraße. Die alte Maschinenhalle des Darmstädter Architekturprofessors Georg Wickop (1861–1914) an der Magdalenenstraße wurde inzwischen innen und außen hervorragend saniert und erneuert und steht auch öffentlichen Veranstaltungen zur Verfügung.

Dahinter, von der Magdalenenstraße aus zugänglich, aber etwas abgelegen, wurde 2014 die neue Universitäts- und Landesbibliothek (ULB) eröffnet. Der weiträumige Außenraum vor der Bibliothek verbindet sich mit der Otto-Berndt-Halle, ein 50er-Jahre-Bau, in der u.a. die legendären Darmstädter Gespräche stattfanden. Dieser Außenraum könnte die Qualität eines neuen Platzes haben und wurde auch schon für Musikveranstaltungen genutzt. An der Alexanderstraße entstand in der Bauflucht der vorhandenen TU-Gebäude ein viergeschossiger Multifunktions-Neubau. Der dadurch weitgehend geschlossen wirkende Innenhof zwischen Otto-Berndt-Halle und Bibliothek könnte auch ein Ort der Erinnerung z.B. an prominente Hochschullehrer durch moderne Skulpturen sein. Inzwischen wurde hier eine eindrucksvolle Skulptur des bekannten Karlsruher Bildhauers Franz Bernhard (1934–2013) aufgestellt, eine Stiftung des Ehepaars Giersch. Die Skulptur könnte Ausgangspunkt für weitere Kunstwerke sein.

Weiter westlich, also am Ostrand des Karolinenplatzes wurde als Eingangssituation für das Audimax und andere Universitätsgebäude ein Glaskubus für Information, Aufenthalt und als Treffpunkt errichtet, mit dem weit überkragenden Flachdach (deswegen im Volksmund als „Tankstelle" bezeichnet) eine markante zentrale Anlaufstelle unweit des Verwaltungshochhauses der TUD. Diese Situation verbindet sich mit dem Neubau eines Hotels, das auch mit dem darin integrierten Bistro Moller und einem Restaurant (jeweils mit Außenbereichen) besonders auch Gästen der Universität, Kongressteilnehmenden u.a. dient. Hotel und „Tankstelle" schließen den Karolinenplatz nach Osten ab und leiten in den sehr schönen Park des Schloss- und Herrngarten über. Damit ist in diesem Bereich der Universität die Neubautätigkeit wohl abgeschlossen. Als Teil der Kulturellen Mitte ist hier weiträumig um das historische Hauptgebäude herum ein geordneter, in seinen Funktionen gut erkennbarer Teil der TUD entstanden, der auch aus der Nähe zum Mollerbau des Alten Hoftheaters, heute Haus der Geschichte mit zwei Archiven, und dem Zugang zum Herrngarten seinen städtebaulichen Reiz bezieht.

Für die Erweiterung der Technischen Universität nach 1945 (damals Technische Hochschule) wurde das Gebiet der völlig kriegszerstörten Altstadt zwischen Alexanderstraße und Landgraf-Georg-Straße freigeräumt. Damit hat sich Darmstadt endgültig von der Existenz seiner Altstadt getrennt, die sich einschließlich Marktplatz südöstlich an die Schlossanlage angelehnt hatte. So fehlt der Stadt nicht nur ein wesentlicher Teil ihrer sichtbaren Entwicklung vom Mittelalter bis ins 20. Jahrhundert, es fehlt ein Stück ihrer „Seele", wenn man dieses Wort als Metapher auf eine Stadt anwenden will. Ohne einen erkennbaren Ursprung wirkt eine Stadt aber unvollständig, geradezu amputiert und entwurzelt. So wird die Altstadt bis heute von vielen (älteren) Bürgerinnen und Bürgern vermisst. Im nahegelegenen Hinkelsturm (Teil der Stadtmauer) wird die Altstadt in Form eines Stadtmodells dokumentiert und von einem Kreis der Altstadtfreunde museumsartig betreut und in Erinnerung gehalten.

Ohne das historisch gewachsene Gleichgewicht der komplementären Altstadt erfährt die Schlossanlage zumindest für die Nord- und Ostseite im Stadtbild eine solitäre Lage. Diese „Verinselung" des Schlosses wird verstärkt durch den drei- und vierspurigen Ausbau der Straßenfolge von Landgraf-Georg-Straße bzw. Holzstraße, Schlossgraben und Zeughausstraße als Teile einer Bundesstraße, die Durchgangsstraßenfunktion hat und damit auch vom Lastwagenverkehr belastet wird. Ein solcher Straßenausbau in einem so sensiblen, geschichtsträchtigen Ensemble von Schlossanlage, Mollerbau und Landesmuseum bei gleichzeitig spurlosem Verschwinden der Altstadt ist ein radikaler Eingriff in die Stadtsubstanz. Der etwas wohlfeile Ausdruck vom „Geist der Zeit" kann das kaum entschuldigen.

Die Nachkriegserweiterung der TUD nimmt bis auf die Renaissance-Gebäude (Wohnen, Läden, Lokale) entlang der Alexanderstraße die gesamte Fläche der nördlichen Altstadt in Anspruch. Die voluminösen, an Produktionsstätten erinnernden Institutsgebäude entlang der Erich-Ollenhauer-Promenade sind in ihrer Art architektonisch durchaus qualifiziert, lassen aber keine städtebauliche Rücksicht erkennen und bilden zur Landgraf-Georg-Straße keinen zusammenhängenden Abschluss. Die offene Flanke wird nicht einmal durch eine Baumreihe zur Landgraf-Georg-Straße hin gefasst. Insgesamt bildet diese innerstädtische Universitätserweiterung keinen urbanen Charakter aus, grenzt die Öffentlichkeit eher aus und integriert sich nicht in die Innenstadtlage.

Der exzentrische Bau des Kongresszentrums darmstadtium an der Nordostecke des Gebietes setzt sich zudem über alle architektonischen Vorgaben und Bindungen der Umgebung hinweg und vergrößert das Befremden über die Isolierung des TUD-Ensembles gegenüber der Ostseite des Schlosses. Das kann auch die ostentative Integration eines Stadtmauerrestes in das darmstadtium kaum abmildern. Dieser Bau hat keinerlei städtebauliche Verbesserungen gebracht. Die Benennung der kleinen Restfläche vor dem Haupteingang als Gräfin-Dönnhof-Platz wirkt unangemessen und unmotiviert. Allerdings konnte der fußläufige Aufgang zur Mathildenhöhe, die Erich-Ollenhauer-Promenade, verbreitert und einladend gestaltet werden, so dass die räumliche Nähe zur Stadtkrone hier deutlich wird. Im Zuge dieser Maßnahme wurde das Gebiet der neuen TUD insgesamt erstmals zugänglicher und hatte in diesem Sinne auch einige Verbesserungen der Wegeführung durch Grüngestaltung und Skulpturen zur Folge.

Insgesamt ist aber die Nachkriegserweiterung der TUD ein der Innenstadt fremder Stadtteil geworden, der an die Qualitäten der bestehenden Universität nördlich der Alexanderstraße nicht anschließen konnte. Umso mehr sollte die allseitige Einbindung des Schlosses als Keimzelle der Stadt in zukünftige Gestaltungsvorhaben deutlich zum Ausdruck gebracht werden: z.B. durch Reduzierung der Straßendimensionen auf der Schlossgrabenseite, durch Anbindung mit einem Übergang zur Ollenhauer-Promenade, durch Geschwindigkeits- und Lärmreduzierung (Flüsterasphalt) auf der Bundesstraße (Schlossgraben und Zeughausstraße vor dem Landesmuseum). Solche Maßnahmen könnten dazu beitragen, die von Osten her inselhaft anmutende Lage des Schlosses zu vermindern.

Ein besonderes Augenmerk sollte auch darauf gerichtet werden, dass das Schloss Ausgangs- und Schnittpunkt verschiedener „kultureller Achsen" ist: Schloss – Luisenplatz – Rheinstraße – Hauptbahnhof; oder umgekehrt Hauptbahnhof – Schloss – Ollenhauer-Promenade – Mathildenhöhe – Rosenhöhe; und auch Schloss – Gaststätte Krone – Altes Pädagog sowie Woog – Grünanlagen – Ostbahnhof – Schloss – Herrngarten – Martinsviertel.

Staatsarchiv und Stadtarchiv im ehemaligen Hoftheater

Die Restaurierung des alten, kriegszerstörten Hoftheaters mündete aus Opportunitätsgründen, nach der grundsätzlichen Entscheidung für ein Darmstädter Staatstheater als Neubau am Georg-Büchner-Platz, in die Umnutzung für Archivzwecke des Landes Hessen und der Stadt Darmstadt. Der Innenraum als Theater ist damit endgültig verschwunden. Die äußere Hülle des Mollerbaus wurde allerdings vorbildlich restauriert, so dass heute ein hervorragender klassizistischer Bau (das Hauptwerk Georg Mollers) am Karolinenplatz mit einer fremden, dem Bau nicht adäquaten Nutzung steht. Die Archivfunktion soll gerade auch kulturell nicht unterbewertet werden, aber es entsteht bis auf gelegentliche Besuche und Veranstaltungen dadurch keine kulturelle atmosphärische Ausstrahlung auf den unmittelbaren und weiteren Stadtraum. Allerdings zerreißt die Zeughausstraße den räumlichen, historischen Zusammenhang vom ehemaligen Hoftheater zum Schloss. Dennoch ist das ehemalige Hoftheater in unmittelbarer Nachbarschaft von Landesmuseum und Schloss ein prominenter und charaktervoller Teil der Kulturellen Mitte Darmstadts. Ein Konzert- oder Kongressaal wäre dem Ort und den kulturellen Bedürfnissen der Bürgerinnen und Bürger sicherlich angemessener gewesen.

Der Karolinenplatz besteht aus einer einheitlich gepflasterten, nicht begrünten großen Fläche vor dem Mollerbau, die in den schmalen Vorbereich des Landesmuseums übergeht, hier gesäumt von den ungestalteten Betonmauern der Einfahrts- und Ausfahrtsrampen für die Parkgarage Friedensplatz/Schlossgaragen. Hier befindet sich auch ein Wasserbecken, das leer stehend stets verschmutzt wirkt. Der Karolinenplatz ist südlich durch die vierspurige Zeughausstraße radikal abgeschnitten. Er wird damit auf grobe Weise von der Nordseite der Schlossanlage getrennt. Historisch gesehen verliefen hier weder Weg noch Straße. Damals gab es einen kontinuierlichen Übergang vom Schloss über den Mollerbau in den Schloss- und Herrngarten.

Die Zeughausstraße verursacht nicht nur Lärm und Abgase, sondern beansprucht mit Ampelanlagen und Abbiegespuren natürlich auch viel Fläche. Sie schadet dem ästhetischen Reiz im Übergang zum Schloss erheblich. Zahlreiche überdimensionierte Lichtmasten tragen nicht zur Gestaltung des Platzes bei. Von Stadtbaukunst kann hier wahrlich keine Rede sein, im Gegenteil handelt es sich beim Karolinenplatz um eine eher zufällig geformte Restfläche, die typischerweise für wenig passende Aktivitäten wie Flohmarkt oder Zirkuszelt genutzt wird. Diese Nutzungen treiben die Abwertung des Platzes immer weiter voran.

Hessisches Landesmuseum am Friedensplatz

Das Landesmuseum wurde im Auftrag des Landesherrn, Großherzog Ernst Ludwig, von dem Architekten Alfred Messel (1853–1909) entworfen und 1906 eröffnet. Es beherbergt die naturkundlichen und künstlerischen Sammlungen des Hauses Hessen-Darmstadt, die bereits zu Beginn des 19. Jahrhunderts von Großherzog Ludewig I. begründet wurden. 1982 wurde das Museum an seiner Westseite mit einer Art Pavillon erweitert, nach seinem Architekten Reinhold Kargel (1928–1991) als Kargel-Bau bezeichnet. Bis heute ist das Landesmuseum bei allen Erweiterungen der Sammlungen ein hochqualifiziertes und attraktives Universalmuseum geblieben.

Das gesamte Museum wurde in den letzten Jahren umfangreich innen, teilweise auch außen saniert und 2014 wieder eröffnet. Die Sammlungen wurden neu präsentiert. Ein Museumscafé wurde erdgeschossig in das Gebäude integriert und ist von der Zeughausstraße aus nicht nur für Museumsbesucher zugänglich, eine willkommene Bereicherung des urbanen Lebens in der Kulturellen Mitte Darmstadt.

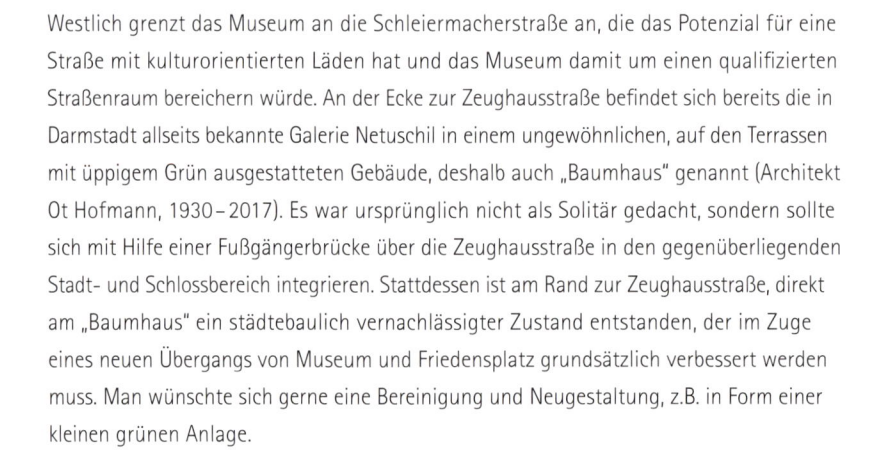

Westlich grenzt das Museum an die Schleiermacherstraße an, die das Potenzial für eine Straße mit kulturorientierten Läden hat und das Museum damit um einen qualifizierten Straßenraum bereichern würde. An der Ecke zur Zeughausstraße befindet sich bereits die in Darmstadt allseits bekannte Galerie Netuschil in einem ungewöhnlichen, auf den Terrassen mit üppigem Grün ausgestatteten Gebäude, deshalb auch „Baumhaus" genannt (Architekt Ot Hofmann, 1930–2017). Es war ursprünglich nicht als Solitär gedacht, sondern sollte sich mit Hilfe einer Fußgängerbrücke über die Zeughausstraße in den gegenüberliegenden Stadt- und Schlossbereich integrieren. Stattdessen ist am Rand zur Zeughausstraße, direkt am „Baumhaus" ein städtebaulich vernachlässigter Zustand entstanden, der im Zuge eines neuen Übergangs von Museum und Friedensplatz grundsätzlich verbessert werden muss. Man wünschte sich gerne eine Bereinigung und Neugestaltung, z.B. in Form einer kleinen grünen Anlage.

Die Sanierung des Landesmuseums umfasste leider nicht die Neugestaltung von Vorbereich und Haupteingang des Museums und schon gar nicht des Übergangs zum Friedensplatz. Museum und Friedensplatz bilden historisch gesehen eine Einheit (postalisch Friedensplatz 1), sind heute aber durch die vielbefahrene Zeughausstraße getrennt. Das Museum gerät dadurch städtebaulich auch im Verhältnis zur gesamten Innenstadt in eine marginale Lage, die zu seiner überregionalen und internationalen Bedeutung in krassem Widerspruch steht. Hier sollte ein städtebaulicher Wettbewerb die gesamte Situation von Karolinenplatz bis Schleiermacherstraße klären helfen.

Schloss und Friedensplatz

Schloss, Schlossgraben, Marktplatz, Ernst-Ludwigs-Platz und Friedensplatz bilden städtebaulich einen engen Zusammenhang. Lediglich Straßenbahntrasse und Busverkehr schieben sich zwischen Schloss und Umfeld. Der Schlossgraben, als kleiner „Grüngürtel" teilweise instandgesetzt und wieder begehbar (!), bildet einen grünen Abstand zum Schloss. Optisch umgrenzt eine Rotsandsteinmauer Schlossgraben und Schloss auf eine angenehm zurückhaltende Weise.

Anders als auf der Nord- und Ostseite ist die Verbindung auf der West- und Südseite zum Schloss sehr direkt, fast familiär. Es ist insgesamt eine geglückte Situation. Umso erstaunlicher, dass die beiden Schlosseingänge vom Marktplatz und Friedensplatz aus so tunnelartig dunkel und wenig einladend gestaltet sind. Es gibt auch keine Informationen, Tafeln oder Hinweisschilder, die den Besucher aufklären, was ihn im Inneren des Schlossbereiches erwartet bzw. welche Veranstaltungen er wann besuchen kann.

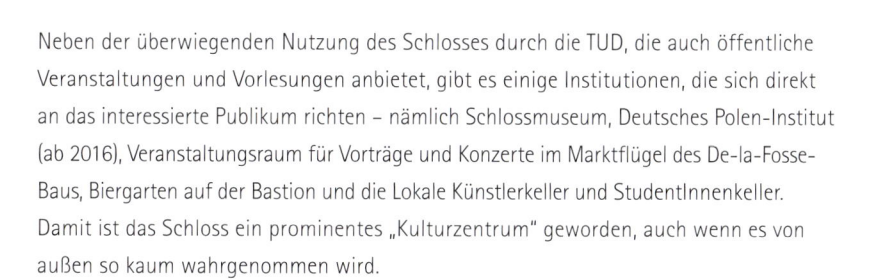

Neben der überwiegenden Nutzung des Schlosses durch die TUD, die auch öffentliche Veranstaltungen und Vorlesungen anbietet, gibt es einige Institutionen, die sich direkt an das interessierte Publikum richten – nämlich Schlossmuseum, Deutsches Polen-Institut (ab 2016), Veranstaltungsraum für Vorträge und Konzerte im Marktflügel des De-la-Fosse-Baus, Biergarten auf der Bastion und die Lokale Künstlerkeller und StudentInnenkeller. Damit ist das Schloss ein prominentes „Kulturzentrum" geworden, auch wenn es von außen so kaum wahrgenommen wird.

Der westlich dem Schloss vorgelagerte Friedensplatz, ehemaliger Paradeplatz, wurde über Jahrzehnte mit seiner reichlich willkürlich und immer etwas ungepflegt wirkenden Komposition aus begrünten Betontrögen der 60er Jahre dem Anspruch eines Schlossvorbereichs auch in heutiger demokratischer Zeit nicht gerecht. Das ist längst von der Stadtplanung erkannt, der Platz wird seit 2017 neu gestaltet. Im Grunde hat der Friedensplatz heute mit einer wachsenden kulturellen Bedeutung des Schlosses mehrere Aufgaben. Er verbindet den Bereich Marktplatz/Stadtkirche mit dem Bereich Landesmuseum/Mollerbau. Er bildet den Vorbereich zum Westeingang des Schlosses und gleichzeitig den Übergang zur Oberen Rheinstraße und damit zu dem, was Georg Moller seinerzeit als „Vorstadt" entwarf und was heute mit dem Luisenplatz als Verkehrsmittelpunkt des Öffentlichen Personennahverkehrs (ÖPNV) Fußgängereinkaufsgebiet geworden ist. Und der Friedensplatz ist Standort eines Reiterstandbilds Ludwig IV., das an die Residenzgeschichte Darmstadts erinnert. Solche Erinnerungen gehören zu Darmstadt und passen zu diesem Platz. Man könnte sich hier aber auch ein modernes Pendant vorstellen, z.B. eine Skulptur für Georg Büchner (1813 – 1837), einer der wirklich großen und wagemutigen Geister der Stadt.

Zwischen neuer Vorstadt und Schloss bildet der Friedensplatz eine ruhige Zwischenzone, die als Durchgangszone und Aufenthaltsangebot auch ein guter Standort für eine attraktive dauerhafte Bürgerinformation seitens der Stadt wie auch der Universität und sogar des Landesmuseums sein könnte.

Langes Bäuchen und Marstall

Am Westrand des Friedensplatzes konnte das Institut für Neue Technische Form (INTeF) das sogenannte Lange Bäuchen beziehen, nachdem es vor ca. zehn Jahren das Messel-Haus am Rande der Mathildenhöhe verlassen musste. Das „Bäuchen" – zunächst Pferdestall, später Waschhaus – wurde nach der Kriegszerstörung in seiner historischen Gestalt als Teil des Schlossensembles wieder aufgebaut. Es eignet sich für Designausstellungen und Veranstaltungen überraschend gut. Damit war das INTeF prominent inmitten der Stadt gelandet. Die finanzielle Ausstattung des INTeF erlaubte allerdings keine intensivere Ausstrahlung auf Publikumsverkehr, Platzbereich und weitere städtische Umgebung.

2016 hat die Stadt Darmstadt das auf dem Friedensplatz nahe gelegene Waben erworben. Es ist geplant, das Waben dem INTeF als Geschäftssitz und Ausstellungsraum für seine umfangreiche Sammlung zur Verfügung zu stellen – zumindest für einen Zeitraum von mehreren Jahren. Damit könnte das etwas unglücklich an der vielbefahrenen Zeughausstraße gelegene Waben – nach einer Vergangenheit als Designmöbelhaus und Ort für gastronomische Versuche – Schauplatz eines „Haus der Gestaltung" werden, in dem designnahe Kulturelle Mitte. Die Diskussion darüber ist noch im Gang.

Ebenfalls Teil des Schlossensembles ist der benachbarte ehemalige Marstall, ursprünglich von einem prachtvollen Mansarddach gekrönt, der heute von der Verwaltung des Hessischen Baumanagements genutzt wird. Diese Behörde hat angekündigt, in einigen Jahren das Gebäude zu verlassen. Daran knüpft sich die Idee der prominenten und hochwertigen Sammlung Sander (Schwerpunkt: Kunst des 19. Jahrhunderts), dieses Gebäude als Museum zu nutzen. Besonders auch die räumliche wie inhaltliche Nähe zum Landesmuseum direkt gegenüber macht diese Idee für die kulturelle Infrastruktur der Innenstadt attraktiv und sinnvoll. Wegen Prüfung von Alternativen wurde sie allerdings zunächst nicht weiter verfolgt.

Nach letzter Planung wird das Lange Bäuchen saniert. Es soll dort ein Museum für die Geschichte der Sinti und Roma eingerichtet werden.

Ernst-Ludwigs-Platz

Dieser zentrale Ort, für den die Bezeichnung als eigenständiger Platz kaum verständlich ist, unmittelbar am Westeingang des Schlosses gelegen, ist Ausgangspunkt der West-Achse zur Mollerstadt. Er trägt den Namen des Landgrafen Ernst Ludwig (1663 – 1729), nicht zu verwechseln mit dem letzten Großherzog Ernst Ludwig von Hessen und bei Rhein. Der Platz ist nach Norden vom Friedensplatz begrenzt, jedoch ohne erkennbare Markierung, so dass er eher wie eine Fortsetzung des Friedensplatzes erscheint. Nach Süden hin bildet das Kaufhaus Henschel mit seiner allzu dominanten Fassade zusammen mit dem Weißen Turm den Abschluss, nach Westen der Kaufhof.

Ein ruhender Pol im südlichen Teil ist eine große Platane mit Sitzbank. Ansonsten ist der Platz etwas kunterbunt geprägt durch einen belebten Kiosk und einen Taxistand. Diagonal zerschnitten wird der Platz durch Straßenbahn- und Busspuren. Eine die Platzelemente verbindende Pflasterung könnte dennoch den Platz als Platz wahrnehmbar machen. Sitzgelegenheiten und Baumpflanzungen im Bereich von Platane und Kiosk könnten sogar eine gewisse Aufenthaltsqualität erzielen, da man von hier einen schönen Blick auf das Schloss, auf den Marktplatz und über den Friedensplatz hinweg zum Landesmuseum hat.

Stadtbibliothek und Volkshochschule im Justus-Liebig-Haus

Mit dem Justus-Liebig-Haus ist südlich von Schloss und Universität ein weiterer gut genutzter kultureller Schwerpunkt (auch für die Stadtverordnetenversammlungen) entstanden. Es ist ein heller, flacher, ausdifferenzierter, gut einsehbarer und zugänglicher Bau der 1960er Jahre mit einem großzügigen Vorplatz, der auch zum Verweilen einlädt und in der warmen Jahreszeit gern genutzt wird. Insgesamt ist hier mit Bibliothek, Veranstaltungsräumen und einem großzügigen Foyer, das auch für Ausstellungen (leider allzu selten) nutzbar ist, ein attraktiver Kulturort am Rande der Innenstadt entstanden. Es wäre wünschenswert und mit einfachen Mitteln durchaus möglich, im Foyer einen Kommunikationsraum zu schaffen, den Bürgergruppen für Sitzungen und ständige Ausstellung ihrer Botschaften und Arbeitsergebnisse nutzen könnten.

Leider gibt es keine attraktive Verflechtung mit der Innenstadtstadt, nachdem die Holzstraße später mit zwei Fahrspuren und der doppelgleisigen Trasse für die Straßenbahn gebaut worden war. Mit ihrem breiten Profil und der klobigen Randbebauung auf der Westseite wurde die Holzstraße zu einer Barriere zwischen dem Ensemble des Justus-Liebig-Hauses mit seinem Vorplatz, der sehr schön durchgrünten „Insel", die auch mit einigen Skulpturen versehen zum Verweilen, Sitzen und zum Lesen draußen einlädt. Weder die breite Unterführung zur Stadt noch die Fußgängerbrücke ein paar Meter weiter nördlich auf der Höhe des Parkhauses können die trennende Wirkung ausgleichen. Die Brückenköpfe wirken zudem ungepflegt, die Rolltreppe ist oft gestört. Damit ist die städtebaulich-atmosphärische Einbindung des Kulturorts Justus-Liebig-Haus in die Innenstadt misslungen. Nur eine grundsätzliche Neukonzeption für die Holzstraße im Zusammenhang mit der ausgedehnten Kreuzung vor dem Saladin-Eck könnte daran etwas ändern.

Die Schustergasse könnte ein reizvoller kleiner Hof mit Läden sein, die es zum Teil bereits gibt, es aber in der heutigen Situation schwer haben. Der Übergang zum Marktplatz sollte einladend sein.

Hinkelsturm, Altes Pädagog, Stadtkapelle

Das Justus-Liebig-Haus nimmt einen großen Teil der ehemaligen südlichen Altstadt ein. Der heutige Ludwig-Metzger-Platz war der zentrale Platz der Altstadt mit dem Spitznamen „Insel". Die Bebauung aus den 50er Jahren des vergangenen Jahrhunderts gegenüber dem Justus-Liebig-Haus erinnert noch an die alte Platzform. Die südliche Altstadt war von einem Bogen der im 14. Jahrhundert errichteten Stadtmauer im Osten und Süden begrenzt. Im Osten dominierte der Hinkelsturm, im Süden das Alte Pädagog.
Die Altstadt wurde vollkommen zerstört. Mauer und Hinkelsturm blieben erhalten. Der Hinkelsturm wurde 1994–1997 saniert (Architektin Christiane Geelhaar, seinerzeit Stell-

vertretende Leiterin des Städtischen Hochbauamts) und erhielt einen Stahlkonstruktionsaufbau mit flachem Dach. Der Turm beherbergt seither das Altstadtmuseum. Am Fuße der Mauer ist ein Stahlmodell der ehemaligen Altstadt zu sehen. Dadurch wird die Erinnerung an den ältesten Teil Darmstadts wachgehalten. Entlang der Stadtmauer zieht sich in diesem Abschnitt eine Grünanlage hin. Sie war bereits von Prof. Karl Gruber im Wiederaufbauplan vorgesehen, ebenso wie die anschließenden Reihenhauszeilen. Gruber sah hier ein Handwerkerviertel mit kleineren Wohnhäusern und einigen mehrgeschossigen Wohnbauten vor. Heute führt dieser Bereich ein wenig beachtetes Dasein, durch den es nur Fußgängerverbindungen gibt, die aber trotz des grünen Charakters kaum Grund für einen Aufenthalt liefern.

Von der „Insel" gelangt man über eine kurze Rampe oder eine Treppenanlage zum Alten Pädagog an der gleichnamigen Straße. Die Wegfläche von der „Insel" bis zur Rampe bzw. Treppe ist mit hässlichen Betonplatten ausgelegt. Rechts und links sind Gebüsche gepflanzt. Wenn man in Richtung Pädagog hoch geht, blickt man auf eine Waschbetonwand, die als Stützmauer dient. Die Situation könnte auch hier heller, freundlicher und mit weniger Beton gestaltet sein. An der Stützmauer zur Pädagogstraße könnten ein Brunnen oder eine Skulptur für einen Blickfang sorgen. Erst kürzlich wurde die sehr schöne Luise-Büchner-Büste aufgestellt – allerdings nicht im zentralen Blickfeld, sondern seitlich des Aufgangs. Eine attraktive Alternative könnte auch die Umwandlung von Stützmauer und alter Treppe in eine großzügige Freitreppe sein, die Kapellplatz und „Insel"-Bereich verbinden würde.

Das Pädagog war als Lateinschule, 1627–1629 von Seyfried Pfannmüller errichtet, Darmstadts älteste Höhere Schule. Der Bau diente bis zum Zweiten Weltkrieg als Stadtmuseum. Er ging samt den Museumsbeständen in der Brandnacht unter. Einer Bürgerinitiative ist es zu verdanken, dass es 1980–1984 zum Wiederaufbau kam. Heute werden Räume des Gebäudes von der Volkshochschule, der Technischen Universität und von mehreren Schulen genutzt. Den geräumigen Gewölbekeller nutzt das Theater im Pädagog (TIP) für Aufführungen, Ausstellungen und weitere kulturelle Veranstaltungen.

Neben diesem Gewölbekeller gibt es in Darmstadt übrigens vier weitere Keller mit kultureller Nutzung: zwei im Schloss und zwei im Jagdhof in Bessungen. Diese Orte haben einen eigenen Charakter und wirken sehr stimmungsvoll. Einstmals ging der Wehrgang der Stadtmauer durch das Gebäude des Pädagogs. Jetzt ist die Stadtmauer verschwunden. Außerhalb der Stadtmauer und einst angrenzend befindet sich der älteste, 1564 angelegte, ursprünglich außerstädtische Friedhof Darmstadts. In der heutigen Parkanlage findet man noch den einen oder anderen Grabstein. Auf dem Friedhof wurde 1657 die Stadtkapelle gebaut. Sie diente als Garnisonskirche und später als Kirche der Reformierten Gemeinde. Sie wurde wegen Baufälligkeit im 19. Jahrhundert abgerissen und 1870 durch einen neugotischen Bau ersetzt. Im Zweiten Weltkrieg zerstört, verblieb sie als Ruine und wurde zum Mahnmal. Hier finden Kranzniederlegungen, Mahnwachen und Kundgebungen statt. Parkanlage (Kapellplatz) und Kirchenruine stellen einen schlichten, aber durchaus würdigen Ort des Gedenkens dar, zumal keine der vielbefahrenen Straßen direkt daran vorbei führt.

Leider dient eine Teilfläche entlang der Parkanlage als Abstellfläche für Autos. Angesichts der Parkplatznot auch in dem angrenzenden Stadtteil wäre zu wünschen, dass bei größeren Neubauprojekten auch Abstellmöglichkeiten in Parkgaragen geschaffen werden und damit die Stellplätze am Kapellplatz entfallen könnten.

Der nur stellenweise durchgrünte Bereich zwischen Justus-Liebig-Haus und Altem Pädagog eignet sich als Ausgangspunkt für den Gedanken, möglichst zusammenhängende Grünbereiche bis in die Innenstadt hinein zu gestalten. Dazu würde auch die Begrünung der Landgraf-Georg-Straße und der Bereich um das Jugendstilbad bis Merckplatz und dem Übergang zu den Woog-Grünanlagen gehören. Dieser Komplex ist bisher von der Stadt- und Landschaftsplanung vernachlässigt worden. Überlegungen für eine Landesgartenschau oder die Offenlegung des Darmbachs in diesem Bereich haben zu keinem Ergebnis geführt. In neuen Planungsansätzen für die Durchgrünung bieten sich für ein erweitertes Stadtmuseums-Ensemble an: Hinkelsturm, Zwinger und Altes Pädagog. Das Pädagog diente bereits 1935 bis 1944 als Stadtmuseum.

Katholisches Bildungszentrum NR 30

Südlich an den Kapellplatz angrenzend steht der von Max Taut (1884 – 1967) entworfene Meisterbau des Ludwig-Georg-Gymnasiums, mit Skulpturen von Bernhard Heiliger (1915 – 1995). Heute kaum nachzuvollziehen, waren sie 1955 Anlass für Auseinandersetzung um moderne Kunst, den Darmstädter Kunststreit. Das Gebäude steht unter Denkmalschutz.

Wenige Meter weiter, die Nieder-Ramstädter-Straße stadtauswärts, befindet sich das zentrale Bildungszentrum der katholischen Kirche in Darmstadt: NR 30 (= Nieder-Ramstädter Str. 30). NR 30 ist mehr als eine Hausnummer. Es ist ein Forum des Dialogs und der Begegnung, dessen Angebote der Erwachsenenbildung Menschen auch aus der weiteren Umgebung von Darmstadt anziehen. Themenschwerpunkte sind Theologie und Religion, berufliche Weiterbildung, Qualifizierung für das Ehrenamt und Beratung von Menschen in besonderen Lebenssituationen. Auf dem Gelände des Bildungszentrums sind auch die katholische Hochschulgemeinde und ein Altersheim zuhause. Zu wünschen wäre eine attraktive Fußwegverbindung vom Kapellplatz aus. Es fehlen auch Hinweisschilder.

Alice-Hospital und Elisabethenstift

Das im Zusammenhang mit dem Krieg 1866 entstandene Krankenhaus Alice-Hospital in der Dieburger Straße 31 in Trägerschaft des Deutschen Roten Kreuzes bietet Vorträge zu medizinischen und juristischen Themen im Zusammenhang von Krankheit, Pflege usw. Es beteiligt sich aber auch z.B. am Kultursommer Südhessen mit einem eigenen Konzertprogramm in seinem zur Mathildenhöhe hin liegenden Park. Über das Jahr verteilt finden weitere Veranstaltungen kultureller Art statt.

Mit dem Namen Elisabethenstift sind nicht nur ein Krankenhaus und Seniorenanlagen zwischen Landgraf-Georg-Straße und Erbacher Straße verbunden, sondern ebenfalls eine Pädagogische Akademie und die Diakoniekirche. Die Akademie ist eine Ausbildungsstätte für sozialpädagogische Berufe. Sie wird ergänzt durch eine Abteilung für Fort- und Weiterbildung ebenfalls im Sektor Sozialpädagogik. Die kürzlich in der Stiftskirche an der Erbacher Straße eingerichtete Institution einer Diakoniekirche richtet sich mit Vorträgen, Konzerten und Ausstellungen an ein breites Publikum.

Auf dem Gelände des Elisabethenstifts ist auch das Zentrum Bildung der Evangelischen Kirche in Hessen und Nassau u.a. mit einem Fortbildungsprogramm angesiedelt. Aus der Arbeit des Stifts ist auch als qualitätsvolle Kunstinitiative eine Paramentenwerkstatt hervorgegangen, die inzwischen selbständig, aber weiterhin in der Nachbarschaft im Prinz-Christians-Weg angesiedelt ist.

Auch wenn diese Einrichtungen zwischen Innenstadt und Mathildenhöhe womöglich wenig wahrgenommen werden, verdienen sie es doch, in einer Übersicht kultureller Orte mit aufgeführt zu werden. Ihre Gründung verdanken sie dem großherzoglichen Haus, wie so viele kulturelle Initiativen in Darmstadt.

2 Städtischer Alltag und Kultur

Luisenplatz und Obere Rheinstraße

Der Luisenplatz in seiner konsequenten Symmetrie eines annähernden Quadrats mit den typischen eingezogenen Ecken und in alle Himmelsrichtungen abgehenden Straßen bildet selbstbewusst den Mittelpunkt der Stadt und des ehemaligen Großherzogtums Hessen-Darmstadt. Nichts könnte diesen architektonisch-städtebaulichen Gedanken besser unterstreichen als die hohe Denkmalssäule von Georg Moller (1844) mit der Skulptur des Großherzog Ludewig I. auf der Spitze stehend (1844), die erste Verfassung (1822) in seinen Händen. In seiner Regierungszeit konnten auf Druck von Bevölkerung und Politikern bereits erste demokratische Gedanken und Strukturen durchgesetzt werden. So steht die Säule nicht nur im Mittelpunkt des Platzes, sondern im übertragenen Sinn auch im Schnittpunkt der Zeitenwende vom Absolutismus zur frühen Neuzeit. Erst Ludewigs späterer Nachfolger Ernst Ludwig hat dann die erzwungene Abdankung des Hauses Hessen-Darmstadt 1919 vollzogen, nachdem eine gemeinsame republikanische Verfassung für ganz Deutschland geschaffen wurde.

Der Wiederaufbau nach 1945 hat diesen im Spektrum deutscher Städte einmaligen Platz in seinen Umrissen weitgehend respektiert, nicht aber in seiner Bedeutung und seinem Charakter. Neben dem Bau des ungefügen Luisencenters, am Ort des (zerstörten, niedergelegten und nicht wiederaufgebauten) Alten Palais, haben vor allem die städtischen Verkehrsbetriebe den Platz in Beschlag genommen und mit Straßenbahnen und Buslinien zum Verkehrsmittelpunkt verdichtet. Gestaltungselemente, wie vor allem die Pflasterung, überlagern sich inzwischen heillos mit den Verkehrslinien und schaffen in betriebsamen Spitzenzeiten ein geradezu gefährliches Durcheinander. In den stillen Winkeln des Platzes Nordost und Südost haben sich erfreulicherweise Straßencafés etabliert und ausgedehnt. So könnte man die Platznutzung auch im Übergang zu den abgehenden Straßen mit Einzelhandelsgeschäften und Straßenverkauf als hochurban empfinden. Einen authentischen stadtkulturellen Anspruch im Sinne der Stadtgeschichte kann man in der heutigen Erscheinungsweise des Platzes aber kaum noch erkennen.

Zumindest eine Darstellung des ursprünglichen Platzes mit dem Alten Palais in Form einer Plakette oder eines Modells am Luisencenter könnte die heute verborgene Vorgeschichte des Platzes mit seiner markanten barocken und klassizistischen Architektur wieder erlebbar machen. Immerhin ist an der Fassade zum Luisenplatz das Stadtwappen erkennbar, das Großherzog Ernst Ludwig den Darmstädtern gestiftet hatte.

In gleicher Form sollte an einige Orte der Residenzgeschichte erinnert werden, die nach dem Krieg, trotz teilweise wiederaufbaufähigen Zustandes niedergelegt wurden: so zum Beispiel auch der ehemalige Landtag, an dessen Stelle heute die Zentrale der Sparkasse Darmstadt ihren Platz hat. Auch die einzigartige Architektur des ehemaligen Kollegiengebäudes (mit barocker Vorderseite und klassizistischer Rückseite) verdiente eine solche informative Würdigung.

Eine Beruhigung und Disziplinierung der Platznutzung wäre im Sinne der städtebaulichen Qualität wünschenswert, z.B. durch Entflechtung der Verkehrslinien oder sogar Verlegen des Verkehrsknotens, um den ursprünglichen städtebaulichen Gedanken wiedererkennen zu können. Die völlig unkoordinierte Nutzung des Platzes in der Fläche, meist durch banale temporäre Bauten und Stände, sowie die chaotisch wirkende „Möblierung" (z.B. durch zahllose Fahrkartenautomaten und Zeittafeln) müssen zurückgedrängt oder zumindest übersichtlicher angeordnet werden.

Marktplatz, Altes Rathaus und Stadtkirche

Der Marktplatz ist durch seine sympathisch übersichtliche Proportion und die halbwegs geschlossene Umbauung zu einem beliebten städtischen Aufenthaltsort geworden. Das gilt für seine Funktion als Wochenmarkt, seit einigen Jahren auch für die intensive gastronomische Außennutzung vor allem auf der (sonnigen) östlichen Seite. Allerdings wirkt die ständige, fast tägliche Nutzung des Marktes eher lästig für die andere, ebenso wichtige Aufgabe dieses Platzes, nämlich Ort zum Flanieren und Sich-Aufhalten zu sein. Ein solcher Platz muss an einigen Tagen auch frei von geschäftiger kommerzieller Nutzung bleiben dürfen.

Die dominante Stellung des Alten Rathauses verleiht dem Marktplatz eine baulich historische Dimension, die man in der wiederaufgebauten Stadt so sehr vermisst. Das wird wiederum unterstützt von der weiter südlich gelegenen Stadtkirche, die vom Marktplatz aus kaum sichtbar, aber doch deutlich spürbar ist, besonders auch durch den Kirchturm über den Dachfirsten der anliegenden Häuser. Entscheidend für die Atmosphäre war die Auflassung der Straße zwischen Schlosssüdseite und dem Marktplatz. So konnte die Andeutung einer Grenze zum Ernst-Ludwigs-Platz entstehen, beide Bereiche werden aber auch durch eine Skulptur des Darmstädter Bildhauers Waldemar Grzimek (1918–1984) verbunden. Die Stadtkirche selber ist von einem kleinen Platzbereich (Alter Kirchhof) umgeben, der sich durch eine einfache und sympathische erdgeschossige Nutzung von Einzelhandel und Gastronomie im Verein mit ein paar Bäumen und einem Brunnen (Entwurf Joseph

Maria Olbrich) für den Alltag qualifiziert hat. Der neu gestaltete Eckbau einer Verwaltungsstelle (mit Ausstellungsmöglichkeit) der evangelischen Kirche gibt dem Platz neuerdings eine besondere Wertigkeit. Es liegt hier ein gutes Beispiel dafür vor, dass sich ein (geschlossener) Platz bei stimmigen Proportionen durch seine angemessene Nutzung ohne besonderen Planungsaufwand im Laufe der Zeit „von selber" gestalten kann. Die Verschönerung der Westseite des kleinen Platzes, mit der tristen Rückseite des Kaufhauses, durch eine neue Verkleidung oder Wandskulptur würde dem intim wirkenden Charakter dieser „Piazza" gut tun. Außerdem bleibt die Aufklärung der Frage, wohin die Säulenstümpfe mit den (mollerschen?) Schlangen-Kandelabern entschwunden sind, die bis vor wenigen Jahren unmittelbar an der Westseite der Stadtkirche Aufmerksamkeit auf sich gezogen haben.

Centralstation

Die Umnutzung der westlichen HEAG-Halle zur Centralstation für populäre und anspruchsvolle Musikveranstaltungen sowie bistroartige Gastronomie vor etwa zwanzig Jahren war ein voller Erfolg für die Entwicklung eines Kulturorts mitten in der Darmstädter Innenstadt in einer alten Industriehalle. Diese Einrichtung erreicht mit ihrem spannenden Programm mittlerweile auch ein überregionales Publikum. Neben dem Programm hat dazu sicher auch die Ausstrahlung der historischen Halle wie auch deren moderne Ausstattung im Inneren (liquid architekten Reichelsheim) beigetragen.

Die direkt benachbarte zweite HEAG-Halle wurde jahrelang als Markthalle von verschiedenen Anbietern und für kleine Gastronomie genutzt. Diese an sich für den Standort passende Nutzung, die in ähnlicher Weise (Kleinmarkthalle) in anderen Städten gut funktioniert (z.B. Stuttgart, Frankfurt am Main oder Freiburg) stand lange Jahre leer. Die neuen Nutzungen, Bekleidungsgeschäft und Restaurantkette, entsprechen aber noch nicht dem bunten und quirlig urbanen Charakter einer derart zentral gelegenen Kleinmarkthalle. Leider ist der Durchgang vom Carree zur Schuchardtstraße entfallen und damit auch der Platz für kleinere Läden und andere Nutzungen.

Der Platz vor den HEAG-Hallen (Carre genannt) ist ein von mehreren Seiten zugänglicher Innenhof, der erdgeschossig für Läden und Gastronomie gut genutzt wird. Die Qualität der Gestaltung des Innenhofs allerdings wird dem Anspruch der HEAG-Hallen, ein vor allem jugendliches und auch anspruchsvolles Publikum anzuziehen, nicht gerecht. Flächen und Bodenbelag, Treppen, Geländer, Beleuchtung und Bepflanzung sind nicht zu einem großzügigen und stimmigen Konzept zusammengeführt. Vor allem direkt vor der Centralstation wird der Platz auch zu viel und zu häufig von mobilen Ständen und Buden vollgestellt, die mit Aufgabe oder Programm der Centralstation nichts gemeinsam haben, gegen die sich das Management der Centralstation aber auch nicht wehren kann. Die Folge ist eine unangemessene, zufällige und banale Buntheit im Widerspruch zum sympathischen Charakter dieses Innenhofes. Der Anspruch für die Kulturelle Mitte Darmstadt, dass kulturelle Institutionen im unmittelbaren Umfeld von Gewerbe und Einzelhandel einen Beitrag zur Qualität auch des öffentlichen Raums leisten können, wird hier nicht eingelöst.

Luisencenter mit begleitenden Einkaufsstraßen

Das im Stadtbild übermächtige Luisencenter wurde in den 70er Jahren errichtet, um das kauflustige Publikum in die Innenstadt zu ziehen und so den im Umland aufkommenden regionalen Einkaufszentren Konkurrenz zu bieten. Dabei wird das Luisencenter östlich und westlich begleitet von zwei Fußgängerstraßen, die mit ihrem anspruchsvollen Besatz von Einzelhandel dem Luisencenter eine höhere Wertigkeit verleihen. Dieses Konzept scheint bis heute insgesamt erfolgreich zu sein, wenn es auch einen erheblichen Teil der Innenstadt mit seinem ohnehin großen Fußgängerbereich einseitig besetzt.

Eine Belastung für das urbane Stadtbild stellt allerdings die öde Luisenstraße entlang der östlichen Gebäudefront des Luisencenters dar. Die Kargheit des Straßenraums, die verdunkelnde Höhe der Gebäudeschlucht, die fehlende Durchlässigkeit der Gebäudefassade mit den hässlichen, gealterten Betonelementen des Luisencenters wirken eher trennend als verbindend. Auch die westliche Gebäudefront des Luisencenters entlang der Wilhelminenstraße wirkt aufgrund der fehlenden Eingänge und Durchblicke wenig einladend oder freundlich.

Das Konzept Luisencenter war im ursprünglichen Ansatz differenzierter geplant. Zum einen sollten in seinem nördlichen Teil Rathausverwaltung und die Stadtverordnetenversammlung einziehen. Zum anderen war daran gedacht, mit Aktionen, Veranstaltungen und künstlerischer Ausstattung die Attraktivität für das erhoffte Publikum zu vergrößern. Außerdem sollte der Einzelhandel mit kleineren Läden integriert werden. Kurz: Das Luisencenter sollte nicht den Charakter eines herkömmlichen Kaufhauses annehmen, sondern einen mehrschichtigen, mehrfunktionalen Charakter haben. Auch die Nutzung des großen Saals für Konzerte war für diese Mehrfunktionalität ein gutes Beispiel. Ursprünglich wurde er sogar als Plenarsaal für die Stadtverordnetenversammlung genutzt.

Davon ist wenig geblieben. Politik und Verwaltung haben den Standort bis auf kleinere Büroflächen aufgegeben. Karstadt als Hauptmieter nutzt den größten Teil des Gebäudes als Kaufhaus. Einige Elemente des früheren Konzeptes haben sich mit Eiscafé, Info- und Ticketshop in den nördlichen Randbereichen erhalten. Von einer kulturellen Nutzung und Ausstrahlung in eigens dafür vorgesehenen Räumen und Einrichtungen (z.B. Programmkino, Zimmertheater, Videogalerie o.ä.) kann keine Rede sein.

Als städtebaulichen Erfolg kann man die Verzahnung mit dem Umfeld durch eine mittige Querpassage sehen, so dass die trennende Wirkung des ca. 200 Meter langen Gebäudes abgemildert wird. Insgesamt aber trägt das Luisencenter zu dem eindimensionalen, einseitigen Einzelhandel- und Gewerbecharakter der Innenstadt wesentlich bei.

Städtebaulich stellt die nördliche Seite des Luisencenters eine außerordentliche Belastung für den Luisenplatz dar. Die Gebäudemaße (Höhe, Breite und Tiefe), die in keiner Beziehung zum früheren Alten Palais noch zu den Dimensionen der umliegenden, durchweg gelungenen Bebauungen in den vier Ecken des klassisch gestalteten Platzes stehen, dominieren den Gesamteindruck in unangenehmer Weise.

Im Zusammenhang mit der Diskussion um einen künftigen Rathaus-Standort wäre zu prüfen, ob nicht der nördliche Teil des Luisencenters wieder zum Repräsentationsort der Stadtverwaltung werden könnte. Dies würde ermöglichen, die Front zum Luisenplatz hin neu zu gestalten und nicht nur als eine riesige Reklamefläche zu nutzen (Yeans-Halle).

Erich-Ollenhauer-Promenade

Diese Promenade stellt eine ganz wichtige Achse in der städtischen Topografie dar. Sie ist die direkte fußläufige Verbindung zwischen dem Residenzschloss und der Mathildenhöhe. An ihren Rändern sind wichtige Landmarken, kulturelle Einrichtungen, Erinnerungsorte entstanden und zahlreiche Kunstwerke aufgestellt worden: darmstadtium, ehemaliges Gefängnis, Fraunhofer-Institut für Grafische Datenverarbeitung (IGD) oder, etwas weiter entfernt, die architektonisch hochrangige ehemalige Wasserbauhalle von Ernst Neufert.

Der Eingang zur Promenade und der weitere Verlauf wurden vor allem durch eine neue Pflasterung gestaltet. Leider ist der Übergang zur Schlossseite über die vielbefahrene Bundesstraße verboten, der Rückweg aber ist gestattet, wenn auch nicht ganz ungefährlich. Ein Widerspruch und eine knifflige Aufgabe, die aber gelöst werden muss, um den Besuchern tatsächlich ein freies Promenieren in beiden Richtungen zu gestatten. Im weiteren Verlauf sollte diese schöne Promenade als die einzige dem Fußgänger vorbehaltene Verbindung zwischen dem Herz der Stadt, dem Stadtschloss, und der Krone der Stadt, der Mathildenhöhe, deutlicher hervorgehoben werden. Die Überquerung der Pützerstraße auf der Höhe des Meisterbaus von Ernst Neufert (1900–1986) sollte stärker markiert, der Zebrastreifen bzw. die Fußgängerfurt mit Mittelinsel erheblich verbreitert werden, um den Verkehr an diesem Übergang zu verlangsamen.

Der Große Woog

Der Große Woog ist eigentlich ein angestautes Gewässer des ihn durchfließenden Darmbachs. Dennoch erfüllt er sicherlich für viele Darmstädter den Wunsch nach der Lage am Wasser. So bietet sich der kleine See zur – im wahrsten Sinne – Naherholung an. Eine solche Lage im Innenbereich einer Großstadt ist selten und kostbar, die Nähe zur Innenstadt sollte gepflegt und ausgebaut werden.

Der Große Woog bietet an seinen Ufern zwei idyllisch gelegene Badeanstalten, ein Café, eine Jugendherberge und schöne Spazierwege durch alten Baumbestand, es fehlt nur eines: der komplette Rundweg, vielleicht sogar als Uferpromenade, wenn Biotope nicht gestört werden. Damit würde sich eine besondere Attraktion für den Ausbau innenstadtnaher Grünanlagen bieten.

Nicht zu vergessen bleibt die wichtige Funktion des Großen Woogs als Verbindungsglied zwischen Rosenhöhe, Ostbahnhof und Stadtmauer mit Hinkelsturm. Damit würde sich der Kreis der kulturellen Runde vom Schloss über die Mathildenhöhe und Rosenhöhe zurück in die Innenstadt schließen. Die leider abgesagte Landesgartenschau 2022 hätte hier sicherlich Verbesserungen gebracht. Ebenso auch zur Neugestaltung der unteren Landgraf-Georg-Straße, die im weiteren Sinne zu diesem grünen Ensemble gehört. Sie sollte durch Baumreihen eingefasst, die Fahrspuren sollten reduziert werden. Das berühmte Jugendstil-Bad mit seinem alten Baumbestand auf dem Vorplatz könnte ein Teil der Begrünung dieser unansehnlichen Durchgangsstraße werden.

Saladin-Eck

Das sogenannte Saladin-Eck erhielt seine Bezeichnung von einem Elektrogerätefachgeschäft an diesem markanten Ort unweit des Marktplatzes und der Südostecke des Schlosses gegenüber. Das Elektrogeschäft gab auf. Der Bauverein kaufte das Anwesen, um hier eine neue bauliche und städtebauliche Entwicklung einleiten zu können. Das Gebäude wurde abgerissen. Ein Architektenwettbewerb führte zu qualifizierten Bebauungsvorschlägen, aus denen ein Siegerentwurf gekürt wurde. Die Vorschläge, die die besondere städtebauliche Situation als letzte offene Baulücke um das Schloss berücksichtigen sollten, gehen vornehmlich von einer Nutzung als Büro- und Geschäftshaus aus.

Es handelt sich um eine ausgesprochen schwierige und extrem unbefriedigende Lage an der Kreuzung Holzstraße, Landgraf-Georg-Straße und Schlossgraben. Diese Kreuzung beansprucht in der Überlagerung von drei- und vierspurigen Straßen und zusätzlichen Gleisen für die Straßenbahn eine gewaltige Verkehrsfläche direkt im Übergang von Schlossbereich, Technischer Universität und – etwas weiter entfernt – Liebig-Haus mit Volkshochschule, Stadtbibliothek und der Stadtkirche.

Die maßlose Ausdehnung der Verkehrsflächen an dieser Kreuzung schadet in ihrer Banalität und Grobheit nicht nur der komplexen Urbanität dieses zentralen, sensiblen Stadtbereichs. Sie lässt auch die Stadtstruktur – östlicher Zugang zum Schlossensemble mit Markt und Übergang zum Universitätscampus Innenstadt – völlig verschwimmen. Eine Reduzierung der Verkehrsflächen im Bereich der unteren Landgraf-Georg-Straße und der Straße Schlossgraben zugunsten der Profilierung der Straßenränder durch Randbebauung bzw. Baumreihen und Alleen wäre kurzfristig denkbar und würde eine erhebliche Aufwertung des östlichen Schlossumfeldes bedeuten.

Für den Neubau am Saladin-Eck würde man sich neben Wohnen und Gewerbefläche/ Büros im Erdgeschossbereich eine kulturelle Nutzung im Sinne der Anbindung an die Kulturelle Mitte Darmstadt wünschen (Galerie, Kino, Studentenlokal o.ä.). Bei dieser Baumaßnahme könnten zugleich die Erdgeschossebene von Krone und Saladin-Eck als Verbindung zur Holzstraße und in Richtung Marktplatz neu gestaltet und aufgewertet werden. Die Nutzung des gesamten Neubaus am Saladin-Eck durch die TUD, wie zuletzt öffentlich angesprochen, wäre zu begrüßen.

3 Kulturelle Einrichtungen auf dem Riedeselberg

Ludwigskirche/St. Ludwig

Die von Georg Moller entworfene Ludwigskirche mit der markanten Kuppel ist – etwas erhöht und prominent über der Innenstadt gelegen – als stadtbildprägendes Element dem Hochzeitsturm auf der Mathildenhöhe östlich wie auch dem Ensemble aus Mollerbau/Archive und Landesmuseum nördlich gleichwertig.

St. Ludwig ist der erste katholische Sakralbau nach der Reformation in Darmstadt. Der zentrale Rundbau lehnt sich an die Form des Pantheons in Rom an. Er wurde 1822–1827 nach Mollers Entwurf von 1820 errichtet. Infolge finanzieller Engpässe ist der Bau von großartiger Kargheit. Der Eingang befindet sich in einem Vorbau mit tonnengewölbter Nische. Die ursprüngliche Holzbohlenkuppel wurde 1944 zerstört und beim Wiederaufbau 1954/55 durch eine Stahlkonstruktion ersetzt. Der Innenraum empfängt sein Licht durch eine 9 Meter im Durchschnitt messende verglaste Öffnung im Wölbungsscheitel der Kuppel.

Die Ludwigkirche hat einen grünen, alleenartig auf den Haupteingang orientierten Vorbereich in der Fortführung der Wilhelminenstraße mit dem Wilhelminenplatz und dem Alice-Denkmal. Damit wird der neu gestaltete Büchner-Platz prominent nach Osten begrenzt und gleichzeitig in die traditionelle Stadt einbezogen. Für den Übergang über die Hügelstraße und die anliegenden Gebäude ergibt sich daraus ein besonderer Anspruch an die Qualität der Gestaltung.

Loge Sankt Johannes der Evangelist zur Eintracht
Die Freimaurerloge Sankt Johannes der Evangelist zur Eintracht wurde 1816 gegründet. Unter den Gründungsmitgliedern waren Georg Moller und Großherzog Ludewig I., der auch das Grundstück in der Sandstraße zur Verfügung stellte. Schon 1818 konnte das Haus nach dem Entwurf von Georg Moller unmittelbar in der Nachbarschaft der Ludwigskirche eingeweiht werden. Es hatte einen T-förmigen Grundriss. Der rückwärtige Bau enthielt den Logensaal, der vordere Bau einen Vorsaal und verschiedene Räume. Vorgebaut ist ein Säulenportikus mit Freitreppe. Die Sphingen am Fuße der Treppe stammen von Philipp Johann Scholl (1805–1861). Portikus, Treppe und Skulpturen haben den Zweiten Weltkrieg überdauert. Der heutige Versammlungstrakt ist ein Neubau von 1962–1966. Der Bau dient heute verschiedenen freien Theatergruppen und anderen kulturellen Aktivitäten als Spiel- und Veranstaltungsstätte. Auch die Loge hat hier wieder ihren Versammlungsort. Eine Grundsanierung der Anlage ist gerade abgeschlossen worden.

Das Ensemble auf dem Riedeselsberg hat sich insgesamt zu einem hochwertigen Teil der Kulturellen Mitte entwickelt. Die zusammen mit dem Georg-Büchner-Platz neu gestaltete Eingangsfassade des Staatstheaters (Architekten Lederer Ragnarsdóttir Oei, Stuttgart) bildet deren Abschluss nach Osten. Alle Gebäude dieses Ensembles sind von kulturellen Nutzungen (Kirche, Konzerte, Theater) geprägt. Der neue Georg-Büchner-Platz ist bei der Bevölkerung mittlerweile beliebt und wird in den warmen Monaten ausgiebig für Aufenthalte im Freien genutzt.

Staatstheater
Das Darmstädter Staatstheater, eine Einrichtung des Landes Hessen, ist ein Bau der 70er Jahre des Darmstädter Architekten Rolf Prange (1919–2006). Das Bauvolumen (Drei-

Sparten-Haus) kann für eine Stadt von der Größe Darmstadts als übertrieben empfunden werden. Tatsächlich aber ist es gut ausgelastet. Obwohl natürlich einer der wichtigsten Kulturorte der Darmstädter Innenstadt, hat es durch seine Randlage und die Verinselung durch Georg-Büchner-Platz, Hügelstraße und rückwärtigem Marienplatz eigentlich keine Ausstrahlung auf die urbane Atmosphäre der Innenstadt gehabt. Das hat sich jetzt mit der Neugestaltung des Georg- Büchner-Platzes und dessen lebhafter Nutzung verbessert. Vermutlich ist die gesamte Anlage als Ensemble mittlerweile stärker im Bewusstsein der Bürgerinnen und Bürger verankert, ein gutes Beispiel für die Wirkung von Architektur und Landschaftsarchitektur.

Der Georg-Büchner-Platz hat eine Geschichte, die stark durch die Zerstörungen des Zweiten Weltkriegs beeinflusst wurde. An dieser Stelle stand das Neue Palais, das Ludwig IV. mit Unterstützung seiner Schwiegermutter, Queen Victoria, dort in den 1860er Jahren erbaut hatte. Nach dem Ende der Regierungszeit des letzten Großherzogs, Ernst Ludwig, 1918 und Übergabe an die Stadt in den 1930er Jahren, wurde das Neue Palais während der Bombennacht 1944 stark beschädigt. Obwohl nicht unbedingt abrisswürdig, wurde dieses vor allem auch im Innenausbau interessante Gebäude Anfang der 1950er Jahre komplett niedergelegt. Eine Erinnerungstafel für das ursprünglich an der Stelle des Georg-Büchner-Platzes gelegene Neue Palais würde dem Bewusstsein für historisches und kulturelles Erbe in der Stadt gut tun.

Die Nähe des Staatstheaters zur Ludwigskirche und selbst zur Wilhelminenstraße fällt plötzlich ins Auge. Umso sinnvoller wäre es, den westlich vom Theater gelegenen Marienplatz in diese Ensemblewirkung einzubeziehen. Dafür ist eine neue Bebauung im Rahmen der Diskussion um einen Rathaus-Neubau im Gespräch. Gerade die unmittelbare Nähe zum Kulturort Staatstheater könnte aber auch eine Diskussion über neue Nutzungen auslösen, die die Dimension Kultur mit einbezieht. Die Größe des Marienplatzes beidseitig der großen Durchgangsstraße (B3) legt den Gedanken nahe, hier längerfristig z.B. eine Musik- und Konzerthalle zu integrieren. So könnte vom Büchner-Platz und von der mollerschen Loge bis zum Marienplatz ein kulturorientiertes Quartier entstehen, das auch das Staatstheater mit seinem neuen Foyer und Balkon mehr noch in das Darmstädter Kulturleben im Sinne einer alltäglichen Nutzung und eines urbanen Angebots einbeziehen würde.

Obere Wilhelminenstraße mit Schader-Galerie und Schader-Forum
Die Obere Wilhelminenstraße von der Kirche St. Ludwig bis zur Goethestraße ist mit ihrer nur einseitigen Wohnbebauung eine eigenwillige Schöpfung Georg Mollers nach englischem Vorbild.

Die Schader-Galerie in der Goethestraße 1 gehört eigentlich schon mehr zum Ortsteil Bessungen als zur Innenstadt. Als hervorragender städtebaulich-kultureller Beitrag ist sie hier unbedingt zu erwähnen. Sie kooperiert regelmäßig mit dem Hessischen Landesmuseum. Die Themen der Ausstellungen reflektieren oft gesellschaftskritisch urbane Probleme.

Die Schader-Stiftung unterhält nicht nur die vorgenannte Galerie, sondern mit dem Schader-Forum in der Goethestraße 2 direkt gegenüber auch ein modernes Tagungshaus. Die Stiftung hat einen Schwerpunkt in der Förderung der anregenden Wechselseitigkeit von Theorie und Praxis der Gesellschaftswissenschaften. Dabei stehen neben Problemen der Gegenwart auch die des Bauens und der Stadtentwicklung oft im Vordergrund. Doch die Thematik wird vielfältiger und entsprechend häufen sich Kooperationen mit anderen Institutionen. Gelegentlich werden auch speziell Darmstädter Themen verhandelt. So gab es kürzlich eine Waldkunstkonferenz, die die mittlerweile international beachtete Arbeit des Darmstädter Waldkunstzentrums reflektierte.

4 Städtischer Alltag und neue kulturelle Ansätze

Schlossgraben

Der Name dieser kurzen Straße ist vielsagend. Der Schlossgraben trennt das ehemalige Residenzschloss von seiner östlichen Umgebung durch dimensionslose und offensichtlich überzählige, zumindest überreichliche Fahrspuren und Gleisanlagen. Durch Reduktion auf die unbedingt notwendigen Spuren und Gleise sowie Ersatz durch eine breitere Promenade mit ergänzender Doppel- oder sogar Dreifach-Baumreihe auf der Ostseite der Straße könnte die Anbindung von darmstadtium, weiteren Instituten einschließlich Erich-Ollenhauer-Anlage an Schloss und Schlossgarten eher gelingen.

Pali-Block an der Zeughausstraße

Der Pali-Block, benannt nach dem darin befindlichen Kino, im Winkel zwischen Luisenstraße und Zeughausstraße ist noch im besonderen Maße von den Kriegseinwirkungen gezeichnet. Die Randbebauung ist teilweise nur eingeschossig mit Läden an der Luisenstraße erfolgt. Entlang der Zeughausstraße gibt es noch einen zweigeschossigen Altbauüberrest aus der Vorkriegszeit.

Der Block scheint ein von der Stadtplanung vernachlässigter Bereich im Schatten des Luisenplatzes und des Friedensplatzes zu sein. Er bietet sich in einem ziemlich vernachlässigten Zustand dar. Immerhin haben sich das Kino (Pali), einige kleine Geschäfte und ein Restaurant hier etabliert. Zwar zum Friedensplatz ausgerichtet, hat das designorientierte Möbelhaus „funktion" auch rückwärtig, zusammen mit einem neuen Bürogebäude, hier architektonisch neue Maßstäbe gesetzt. Das ist sehr erfreulich, hatte bisher aber keine weiteren Konsequenzen.

Die Fläche des rückwärtigen Parkplatzes hätte durchaus das Potenzial für eine neue Platzgestaltung, die sich ähnlich wie der Stadtkirchplatz nach und nach durch private Initiativen qualifizieren könnte, wenn dafür Anreize geschaffen würden. Dann würden sich auch die kleinen Gassen rundum optimieren, die jetzt eher den Charakter von Anlieferstraßen haben. Das setzt die Aufhebung oder zumindest starke Reduzierung des von der Zeughausstraße erreichbaren Parkplatzes voraus. Bedingung für eine solche Entwicklung, die den jetzigen Hinterhofcharakter überwindet, wäre eine städtebauliche Neuordnung des gesamten Pali-Blocks im Rahmen eines Bebau-ungsplans. Ein ideales Thema für einen städtebaulichen Wettbewerb.

Schleiermacherstraße

Die Schleiermacherstraße, von der Zeughausstraße nach Norden abbiegend, bildet den westlichen Abschluss des Geländes am Landesmuseum. Ihre östliche Straßenseite ist geprägt durch den Kargel-Bau des Museums und einen Zugang zum Herrngarten. Bei diesem Bau handelt es sich um eine Erweiterung des Museums von 1984. Hier wurde Kunst des 20. Jahrhunderts ausgestellt. Bei der jüngsten Sanierung des Landesmuseums (Wiedereröffnung 2014) sollte ursprünglich dieser Anbau abgerissen werden und einem Neubau Platz machen. Doch die gestiegenen Kosten der Grundsanierung und die Finanzlage des Landes Hessen durchkreuzten die Pläne des Wettbewerbsgewinners. Ob auf diesen Entwurf zu einem späteren Zeitpunkt noch einmal zurückgegriffen wird, ist eine offene Frage. Heute umfasst der Kargel-Bau die Gemäldesammlungen des Landesmuseums in zwei Galerien, 13. bis 17. und 17. bis 20. Jahrhundert.

In der diagonalen offenen Passage durch den Kargel-Bau hindurch in Richtung Herrngarten wurde eine monumentale Plastik der Darmstädter Künstlerin Vera Röhm aufgestellt, die neben anderen Plastiken Möglichkeiten von Kunst im öffentlichen Raum zeigt, hier im Zusammenhang mit einem Museum und dem rückwärtigen Schloss- und Herrngarten. Dieses Engagement des Museums würde man sich auch für den Friedensplatz wünschen.

Bei den Häusern im hinteren Teil der Schleiermacherstraße wären erdgeschossig Läden wünschenswert, die einen Bezug zum Museum haben. In diesem Sinne ist die schon vorhandene Buchbinderwerkstatt mit Laden eine sehr willkommene Einrichtung. Ein Bistro und zwei Läden sind bereits im vorderen Teil der Straße im Zuge eines Neubaus entstanden.

Die Neubebauung (neben dem „Baumhaus") der westlichen Straßenseite für Büros und erdgeschossige Läden zeigt das Entwicklungspotenzial dieser kleinen Straße deutlich, deren Charakter sich für kulturorientierte Einrichtungen anbietet. Auch mit der Galerie Netuschil im Erdgeschoss des „Baumhauses", das auch ein Architekturbüro beherbergt, ist bereits ein Akkord angeschlagen.

Mathildenplatz und Justizgebäude

Westlich der Schleiermacherstraße liegt, durch einen Häuserblock getrennt und von großen Justizgebäuden gesäumt, der Mathildenplatz. Das vom Büro Udo Nieper, Darmstadt, geplante neue Justizgebäude (2006) auf der westlichen Platzseite öffnet sich durch Arkaden zum Platz. An der Kopfseite zur Bleichstraße steht über dem Eingang zur Arkade „Arkade der Grundrechte". Auf den Pfeilern der Arkade sind dann auf Tafeln alle 21 Artikel des Grundgesetzes abgedruckt. Unter der Decke sind in künstlerischen Schwarzweißfotografien Interpretationen zu den einzelnen Artikeln zu sehen, die auch Bezüge zu Darmstadt herstellen. Die Arkadendecke bietet damit eine überraschende Variante von Kunst im öffentlichen Raum. Erwähnenswert ist auch die Figurengruppe des Darmstädter Bildhauers und Professors Ariel Auslender über dem Mittelrisalit auf dem Dach des Gebäudes. Es handelt sich um die Justitia, erkennbar an der Waage, links davon ein armer, rechts ein reicher Mann. Das Thema der Gerechtigkeit ist hochaktuell.

Leider tragen die schlicht gestalteten Arkaden nicht so zur Belebung des Platzes bei, wie man es erhofft hatte. Es fehlen nämlich die ursprünglich im Erdgeschoss vorgesehenen Läden. Die Justizverwaltung erhob selbst Anspruch auf diese Flächen.

Der Mathildenplatz wurde nach dem mollerschen Bebauungsplan angelegt. Im Süden schließt die Neue Kanzlei den Platz ab. Im Osten sind es Wohn- und Geschäftshäuser (ehemals klassizistisch). Im Norden stand bis 1874 das Main-Tor. Jetzt erhebt sich dort das Landgericht. Ursprünglich war der Platz baumbestanden. Um 1900 gestaltete man eine Anlage mit je zwei sich kreuzenden Wegen mit Mosaikpflaster. Die Mitte des Platzes schmückt der Löwenbrunnen von Franz Heger (1792–1836), der zuvor auf dem Luisenplatz gestanden hatte.

Der Mathildenplatz bedarf einer Optimierung im Detail, wie der Auflösung des Parkplatzes auf der Kopfseite des Platzes zugunsten von Grün und künstlerischer Gestaltung, die den lärmigen Charakter der hier südlich tangierenden Zeughausstraße/Bleichstraße abmildert. Leider spielt das von Moller gestaltete klassizistische Antlitz der Alten Kanzlei für die Raumwirkung des Platzes kaum eine Rolle, weil hier die Zeughausstraße mit großformatigen Richtungsanzeigern dominiert.

Zwischen Schleiermacherstraße und Mathildenplatz könnte man sich eine Durchlässigkeit in Form von Passagen für Einzelhandel, Gastronomie und auch für Läden vor allem mit kulturellem Angebot vorstellen.

Städtische Kliniken

Das sich an der Grafenstraße westlich, parallel zum Mathildenplatz anschließende Ensemble der Städtischen Kliniken ist kaum in die städtische Umgebung einbezogen, etwa durch Kunstwerke im öffentlichen Raum, die man sich insbesondere an den Über- und Eingängen zur Straße hin vorstellen könnte. Ein Klinikbereich muss kein abweisender Block sein, sondern kann sich transparent und freundlich nach außen darbieten. Kunst in diesem Zusammenhang ist eine neue und ungewöhnliche Aufgabenstellung.

Im Oktober 2003 wurden bei Aushubarbeiten für einen Neubau im Klinikum an der Bleichstraße die Überreste der Liberalen Synagoge von 1876 entdeckt. Diese wurde in der Pogromnacht 1938 zerstört. Denkmalschützer, Architekten, Vertreter der Stadt und die jüdische Gemeinde sorgten dafür, dass um die Fundamente der Synagoge eine öffentliche Stätte der Erinnerung entstand. Das war mit einem zweijährigen Baustopp verbunden. Die Gedenkstätte konnte 2009 eröffnet werden. Sie bildet so einen besonderen kulturellen Ort von hoher Eindringlichkeit.

5 Rheinstraße

Obere Rheinstraße (Schloss bis Luisenplatz)

Die obere Rheinstraße ist heute die Hauptverbindungsachse zwischen Schloss und Luisenplatz. Aber tatsächlich existierte sie schon lange vor dem Luisenplatz. Die gemalten Ansichten von J. T. Sonntag (1716–1774) und J. M. Petzinger (1763–1833) zeigen die obere Rheinstraße als Ausgangspunkt der Westerweiterung der kleinen Residenz Darmstadt im 18. Jahrhundert. Die Bilder belegen die Sorgfalt, mit der die damaligen Stadtgestalter die Symmetrie und Proportionen der Fassaden zum Westportal des Schlosses beachtet haben. Auch später noch, als im 19. Jahrhundert hier bereits Straßenbahnen fuhren, wurden ästhetische Maße beibehalten – Baumreihen auf beiden Seiten der Rheinstraße machten aus ihr sogar eine Allee, wie es Fotos aus der Zeit belegen. Über die Möblierung dieser ersten „Hauptstraße" der Residenzstadt Darmstadt kann man nur vermuten, dass sie sparsam ausfiel, auch wenn die Kabelmasten der Straßenbahn und Laternen unvermeidlich waren. Aber es gab noch keine Kommerzialisierung des öffentlichen Raums mit überdimensionierten Läden, ganz zu schweigen von großflächigen Werbemaßnahmen im Außenbereich.

Heute ist die obere Rheinstraße der Startbereich einer städtischen Magistrale, die immer stärker die Stadt nach Westen öffnet und erschließt. Der Luisenplatz mit dem „Langen Ludwig" markiert weithin sichtbar die schon jahrhundertealte Bedeutung der gesamten Straße. Die obere Rheinstraße muss die Priorität des Luisenplatzes berücksichtigen, trotz starkem Verkehrsfluss, trotz Läden und Lokalen, trotz vielfältiger Möblierungen auf der Straße und an den Fassaden und trotz überdimensionierter Kioske, die die kurze Straße zu überladen drohen. Hier kann man an Zurückhaltung und Bescheidenheit appellieren. In jüngster Zeit geben die Modernisierung der Fassaden und die Werbetafeln der Läden auf der Nordseite der Straße ein eher hoffnungsvolles Beispiel. Es würde diesem bedeutenden Straßenabschnitt der Rheinstraße auch gut tun, wenn man in Rückbesinnung auf frühere Qualitäten die Sichtachse vom Schloss zur Weststadt und darüber hinaus wieder durchlässiger machte.

Mittlere Rheinstraße (Luisenplatz bis Kunsthalle)

Wie ein Workshop der Werkbundakademie Darmstadt im Jahre 2000 gezeigt hat, bedarf es für die Entwicklung der Rheinstraße eines langfristigen Leitbilds, um Verbesserungen des Straßencharakters zu formulieren und Kriterien für zukünftige Baumaßnahmen jederzeit zur Hand zu haben. Für den Mittleren Abschnitt wäre nach der Beurteilung durch die damaligen Teilnehmer (überwiegend Architekten) eine leitbildhafte Bezeichnung wie „Boulevard für Kultur und Wissenschaft" durchaus denkbar. Dazu gibt es bereits Ansatzpunkte. Für Kultur stehen das Offene Haus der evangelischen Kirche, das Literaturhaus, die Kunsthalle und die IHK mit ihrem Aus- und Weiterbildungsprogramm und einschlägigen Ausstellungen. Auch die IHK-Sammlung Darmstädter Kunst der 1950er und 1960er Jahre, die zu einem kleinen Teil im Treppenhaus und in Fluren des architektonisch wie städtebaulich sehr qualifizierten Gebäudes ausgestellt ist, muss hier erwähnt werden.

Für die Wissenschaften steht bisher das Institut Wohnen und Umwelt (IWU) und die Fraunhofer-Gesellschaft für IT-Sicherheit. In jüngster Zeit ist hier auch ein Studentenwohnheim entstanden.

In südwestlicher Nähe zur unteren Rheinstraße liegt die Hochschule Darmstadt, die für eine verbesserte Wahrnehmung bis an die Rheinstraße heranreichen oder zumindest von hier aus erkennbar sein sollte (z.B. im Bereich der Straßenbahnhaltestelle Höhe des h-da-Hochhauses). Das gilt ähnlich für die Evangelische Fachhochschule auf der Westseite des Gleiskörpers am Hauptbahnhof. Insgesamt sind das genügend Anlässe, um der ehemaligen „Prachtstraße" Darmstadts eine neue Bestimmung zu geben und nach Möglichkeit die Überlastung und ästhetische Verzerrung durch den Verkehr zu mildern. Dazu würde auch eine durchgehende Straßenbegrünung gehören.

Die kleine Grünfläche vor dem John-F.-Kennedy-Haus wurde in jüngster Zeit mit drei Skulpturen des Darmstädter Bildhauers Georg von Kováts (1912–1997) aufgewertet, der Brunnen zur Rheinstraße hin gründlich gereinigt und saniert. Damit wird das Kennedy-Haus mit seinen rund zehn Geschäftsstellen von Kulturinstitutionen, u.a. dem Kunst Archiv Darmstadt und dem Literaturhaus, nach außen und zur Rheinstraße hin herausgehoben. Solche Maßnahmen im Detail lösen natürlich nicht das Problem der großflächigen Kreuzungen mit ihrem umtriebigen Verkehrsaufkommen, zeigen aber doch Sorgfalt im Umgang auch mit weniger aufsehenerregenden Gestaltungsmöglichkeiten, zumindest für Fußgänger und Radfahrer.

Ähnlich, aber weit umfangreicher, gab es Mitte 2017 eine Initiative des Kunstvereins für die Umgestaltung des Vorplatzes der Kunsthalle und des gesamten Bereichs der Kreuzung Rheinstraße/Hindenburgstraße in Form eines eingeladenen Wettbewerbs. Es ist geplant, den von einigen Skulpturen besetzten, heute aber durch einen Zaun geschützten Platz zu öffnen, um ihn so besser nutzbar zu machen. Die Kunsthalle soll für Autorfahrer wie Passanten die Rolle eines Signals und Schaufensters der Kunst am Eingang des inneren Stadtbereichs bekommen. Dafür soll die gesamte Umgebung wieder als Platzbereich wahrgenommen werden, wie es der erste Planungsdezernent nach 1945, Peter Grund, in seiner Aufbauplanung schon gedacht hatte. Die jeweiligen Eckbauten wie auch das der Kunsthalle als Pendant gegenüberliegende Gewerkschaftshaus sollen deshalb so hergerichtet werden, dass sie den Schnellstraßencharakter der flächenintensiven Kreuzung Rheinstraße-Hindenburgstraße-Steubenplatz zugunsten eines durchlässigen und doch geschlossen wirkenden Platzensembles eindämmen, so die Aufgabenstellung für den Gestaltungswettbewerb. Tatsächlich sieht der Siegerentwurf des Büros Mann Landschaftsarchitektur aus Fulda vor, den heutigen Zaun zu entfernen und damit den Bereich zu öffnen. Mit einer wasser-gebundenen Kiesdecke und einem lockeren Bewuchs von hohen Bäumen (Gleditschien mit fiedrigem Blattwerk), die von beleuchteten Bänken umstellt werden, möchten die Architekten eine auch abends einladende Atmosphäre herstellen. In den eingezogenen Ecken des östlichen Platzbereichs erhofft man sich die Ansiedlung von Gastronomie. Die Grünfläche des Steubenplatzes hinter der Kunsthalle soll sich für die Aufstellung von Skulpturen anbieten.

Der Entwurf bietet eine sympathisch bescheidene Lösung, die auch vom Gewerkschaftshaus in ähnlicher Form aufgegriffen werden könnte. Das alte Problem der fußläufigen Entfernung der Kunsthalle vom Zentrum aus, die einen ausreichend belebenden Passantenstrom behindert, kann auch sie nicht lösen. Um den Kreuzungscharakter zu mindern, wäre es zumindest sinnvoll, Abbiegerspuren zugunsten von Grün aufzuheben. Für die Platzmitte, also den Straßenraum mit Straßenbahnschienen und Oberleitung, könnte man sich eine auffällige, hohe, transparente, möglicherweise schwebende Skulptur vorstellen, die den Eingang in die Kunst- und Wissenschaftsstadt symbolisiert. Keine leichte, aber eine lohnende Aufgabe, für die man Kunstschaffende um Ideen bitten könnte.

Im weiteren Verlauf der Rheinstraße stadtauswärts zeichnet sich eine Aufwertung in Bezug auf Gestalt und Nutzung ab. Im Umfeld von IHK, HWK und Fraunhofer-Institut für Internetsicherheit entstehen erste Entwürfe für ein Hotel gehobenen Standards in Verbindung mit dem repräsentativen neobarocken Gebäude der ehemaligen Landwirtschaftskammer. In dieser Nachbarschaft ist bereits vor einigen Jahren ein attraktiver Neubau als Haus der Wirtschaft entstanden.

Darmstädter Lektionen

Zerstörung und Wiederaufbau

Das Projekt Kulturelle Mitte Darmstadt betrifft geografisch gesehen im Wesentlichen die Altstadt, die alte Vorstadt und die neue Vorstadt (Mollerstadt). Die Zerstörung dieses Bereichs im Zweiten Weltkrieg war fast total und ist nicht übersehbar. Stadtbildprägend in der neuen Vorstadt waren einzelne Architekten und Planer bereits im 19. Jahrhundert aber insbesondere auch beim Wiederaufbau nach dem Zweiten Weltkrieg.

Moller, Gruber, Grund

Die neue Vorstadt ist mit dem Namen des Architekten und Stadtplaners Georg Moller (1784–1852) verbunden. Für den Wiederaufbau der Innenstadt nach dem Zweiten Weltkrieg sind die Namen der Stadtplaner Karl Gruber (1885–1966) und Peter Grund (1892–1966) zu nennen. Hier liegen umfängliche städtebauliche Entwürfe vor. Diese Entwürfe lassen sich bis heute als Beitrag zur Stadtkultur Darmstadts verstehen und sollten im Rahmen des Projekts Kulturelle Mitte Darmstadt ihren Platz haben. Sie haben Darmstadts Stadtgestalt qualitätsvoll geprägt und sollten entsprechend wahrgenommen werden. Daran lässt sich für eine Weiterentwicklung der Innenstadt anknüpfen.

Mollerstadt

1695 hatte man bereits westlich des Schlosses mit einer neuen Stadterweiterung begonnen. Landgraf Ernst Ludwig wollte hier hugenottische „Waldenser" zur Verbesserung der wirtschaftlichen Situation Darmstadts ansiedeln. Das Projekt geriet jedoch immer wieder ins Stocken. Der Ausbau war noch nicht über Luisenstraße, Luisenplatz und Mathildenplatz hinaus gekommen, als Georg Moller 1810 von Großherzog Ludewig I. als Hofbaumeister an das großherzogliche Baukolleg berufen wurde mit der Aufgabe ein städtebauliches Konzept für Darmstadt zu entwickeln. 1806 war mit dem Inkrafttreten der Rheinbundakte eine Aufwertung der Landgrafschaft Hessen-Darmstadt zum Großherzogtum vollzogen worden. Mit der neuen Würde waren neue Herrschaftsgebiete und ein Bevölkerungswachstum in der Hauptstadt verbunden, das eine Erweiterung der Stadt und einen Ausbau erforderlich machte. Moller legte schon 1811 einen ersten Entwurf für einen Bebauungsplan vor, der in den folgenden Jahren weiterentwickelt wurde. Das für die Erweiterung bestimmte Areal war in etwa so groß wie die Fläche, die die Stadt bis dahin einnahm. Vorgesehen war eine zur Landschaft und Natur hin offene, nicht mehr ummauerte Stadt, die mit einem Ring von Anlagen und Promenaden umgeben war. Der Ring sollte einerseits die Begrenzung der Stadt markieren und andererseits die Bürgerinnen und Bürger zum Spazierengehen anregen. Angefangen bei der Ludwigskirche mit dem Wilhelminenplatz zog sich der Ring über den Marienplatz, die Landgraf-Philipps-Anlage und die Bismarckstraße von drei Toranlagen unterbrochen bis zum Herrngarten. Im Innern schuf Moller ein unregelmäßiges Straßenraster. Die nach Westen ausgerichtete Rheinstraßenachse ergänzte er um die in Richtung Süden führende Neckarstraße. Während um den Luisenplatz herum das politische Darmstadt angesiedelt war, baute sich in der unteren Rheinstraße und der Neckarstraße das gehobene Bürgertum seine Privathäuser. Dieser Bereich war durchgrünt, einige Straßen mit Alleebäumen gesäumt, wie das bereits in den großen Hauptstädten wie Berlin, London oder Paris üblich war.

Moller sollte aber nicht nur eine Stadterweiterung schaffen, sondern auch die bisher recht unverbundenen Bezirke um das Schloss, die Altstadt und die neue Vorstadt, zu einem Ganzen integrieren. Diesem Plan diente die Erweiterung der Stadt nach Süden. Knotenpunkt wurde dabei der Ludwigsplatz, von dem strahlenförmig Straßen in Richtung Markt, Bessungen, Osten und Westen ausgingen. Mit dieser Anlage schuf Moller ein neues Geschäftsviertel, das bis heute seine Funktion behalten hat. Elisabethenstraße, Ernst-Ludwig-Straße, Ludwigstraße und Schulstraße sind zusammen mit dem Ludwigsplatz wichtige Einkaufstraßen.

Wiederaufbau als organische Stadt (Karl Gruber)
Bei den Zerstörungen des Zweiten Weltkrieges ist das Straßenraster der Innenstadt erhalten geblieben. Die Gebäude waren fast alle zerstört. Mit Reparaturen war es nicht getan. Eine städtebaukünstlerische Neugestaltung war die Aufgabe vor einem Wiederaufbau. Es war zu entscheiden, welche der alten repräsentativen Bauwerke so wichtig für den Charakter der Stadt waren, dass sie wieder aufgebaut werden sollten, und wo neu zu bauen war. Die Aufgabe wurde dadurch erschwert, dass Darmstadt keine Hauptstadt mehr war. Der Volksstaat Hessen war Teil des neuen Bundeslandes Großhessen geworden, als dessen Hauptstadt Wiesbaden fungierte. Von daher verloren zahlreiche Gebäude ihre Funktion. Bereits im Frühjahr 1945 hatte Oberbürgermeister Ludwig Metzger (1902–1993) eine Wiederaufbaukommission eingesetzt und Professor Karl Gruber (1885–1966) mit der Leitung betraut. Gruber war seit 1933 Professor für Städtebau an der Technischen Hochschule in Darmstadt. Er hatte eine am Mittelalter orientierte Stadtbautheorie und schon 1943 Wiederaufbaupläne für Lübeck und Mainz vorgelegt. Grubers Vorschläge für den

Wiederaufbau Darmstadts sahen eine Vermittlung zwischen Neuplanung und Wiederaufbau vor. Die großen historischen Bauten wie das Schloss sollten erhalten bleiben. Andererseits wollte Gruber den Bedürfnissen der Gegenwart, etwa hinsichtlich des Verkehrs, Rechnung tragen. Straßen mussten verbreitert werden. Gruber wollte im Prinzip den alten Stadtgrundriss beibehalten. Er plante vom Stadtzentrum her. Eine Gesamtplanung legte er nicht vor. In der Altstadt sah er mit Ausnahme der Kirchstraße und der Stadtkirche nichts Erhaltenswertes. Dort sollte es einen völligen Neubau mit sparsamem und schlichtem Wohnungsbau geben. Für die Erweiterung des Straßenraums wurde in der Wiederaufbauphase Deutschlands vielfach vorgesehen, die Bürgersteige unter „Arkaden" zu verlegen. (In Darmstadt wird immer von Arkaden gesprochen. Eigentlich müssten diese Bauteile Kolonnaden heißen. Der Begriff Arkaden bezeichnet Bögen, die es in Darmstadt aber nicht gibt. Da sich der Sprachgebrauch in Darmstadt eingebürgert hat, bleiben wir auch in den folgenden Kapiteln bei der fachlich nicht korrekten Bezeichnung.) Gruber scheint es bei den Arkaden allerdings nicht nur um den verkehrstechnischen Nutzen gegangen zu sein, sondern vielmehr auch um ein Stilmittel für die Ästhetik der Kleinräumlichkeit, das menschliche Maß, wie er es bei seinen Studien zur Stadtgestalt herausgearbeitet hatte.

Er ist in dieser Hinsicht von Camillo Sitte (1843–1903) beeinflusst worden. Von diesem dürfte er auch die Bedeutung von Plätzen schätzen gelernt haben. Dem Marktplatz in Darmstadt wandte er seine besondere Aufmerksamkeit zu. Grubers Arkaden-Vorschlag wurde von Peter Grund (1892–1966) umfassend verwirklicht. Die Arkaden reichen von der Schulstraße, einem Teil der Elisabethenstraße, dem Marktplatz, über die Rheinstraße bis zum Rheintor und parallel in der unteren Bleichstraße. Man findet sie auch in Teilen der Kirchstraße, der Grafenstraße und der Saalbaustraße. Gruber führte für die Landgraf-Georg-Straße Kammbauten mit flachen Verbindungsriegeln ein. Diese Zeilenbauten waren sehr beliebt und finden sich in vielen Städten. Man sprach vom „fließenden Raum". Grubers Wiederaufbaupläne umfassten die gesamte Innenstadt und wurden von der amerikanischen Militärregierung bereits im Dezember 1945 überprüft und im März 1946 der Bevölkerung vorgestellt. Im Februar 1947 legte Gruber der Stadt seinen Bericht vor. Damit hatte für ihn die Wiederaufbaukommission ihre Aufgabe erfüllt.

Starke Achse Rheinstraße (Peter Grund)

1947 legte Professor Joseph Tiedemann (1884–1959) von der TH Darmstadt einen Generalbebauungsplan vor, der mit mehreren Nord-Süd-Achsen dem Verkehr absolute Priorität einräumte und den Abriss von Schloss und Stadtkirche vorsah. Daraufhin wurde die Einrichtung eines Stadtplanungsamtes gefordert. Im Juni 1947 wurde Professor Peter Grund zum Leiter der Stadtbauverwaltung ernannt. Er hatte an der TH in Darmstadt studiert und lehrte von 1919 bis 1922 an der Landesbau-Gewerbeschule in Darmstadt. Er war dann in Dortmund tätig. In der NS-Zeit war er Leiter der Düsseldorfer Kunstakademie und von 1935 bis 1937 NSDAP-Referent für Städtebau. Wegen der nationalsozialistischen Vergangenheit war seine Einstellung als technischer Beigeordneter in Darmstadt umstritten. Grund erarbeitete Bauleitpläne, die 1949 zu einem Generalbebauungsplan zusammengefasst und vom Magistrat genehmigt wurden. Zu diesem Zeitpunkt hatte Gruber seine Arbeit in der Wiederaufbaukommission bereits eingestellt. Seine Pläne, insbesondere die für den Bereich der Altstadt blieben jedoch weitgehend Grundlage des Wiederaufbaus. Grund konzentrierte sich mit seinen Planungen auf die Rheinstraße. Daneben dachte er an ein Ringstraßensystem für den Verkehr. Ihm ging es um künstlerische Straßenbilder und städtebauliche Dominanten, die besonders die Kreuzungen und Plätze auszeichnen sollten. Öffentliche Gebäude, Hochhäuser, Hotels und Kirchen sollten angemessen verteilt sein. Für die Rheinstraße sah Grund eine Abfolge von platzartig gestalteten Kreuzungen vor. Für die Kreuzung Rheinstraße/Neckarstraße entwarf er selbst das heutige John-F.-Kennedy-Haus und das frühere Hotel Aachener Hof. Die Kreuzung mit der Hindenburgstraße wurde geprägt von zwei torartig angeordneten siebengeschossigen Wohnbauten.

Von Gruber übernahm Grund das System der Arkaden. Er sorgte dafür, dass entsprechende Fluchtlinien auch gegen den Widerstand vieler Geschäftsleute beschlossen wurden. Oberbürgermeister Metzger fuhr eigens mit dem Bauausschuss nach Münster in Westfalen, um ihn vom Sinn der Arkaden zu überzeugen. Von Grubers Idee eines räumlich gestalteten und einheitlichen Stadtbildes ist kaum etwas geblieben außer dem Marktplatz, den Arkaden, der Schulstraße und der Öffnung der Kirchstraße hin zur sogenannten „Insel" in der ehemaligen Altstadt.

Ensemble Schulstraße

Die heutige Schulstraße steht als Ensemble unter Denkmalschutz. Sie ist sowohl von Moller als auch von Gruber geprägt. Die Anlage der Straße gehört zu Mollers Planung. Sie ist eine Tangente entlang der Altstadt. Bebaut wurde sie nach Mollers Vorgaben mit dreigeschossigen, traufenständigen Häusern, von denen allerdings keines die Brandnacht 1944 überdauerte. Der Wiederaufbau trägt über die ganze Länge der Schulstraße Grubers Handschrift. Gruber hielt sich in der Höhe der Gebäude an die Vorgaben Mollers (Moller-Maß) mit drei Geschossen und Dachgauben. Auf der Nordseite, zur Stadtkirche hin, verbreiterte er die Straße, indem er die Gehsteige unter Arkaden verlegte.

Von diesen Arkaden führen zwei Fußgängerpassagen zum Platz an der Stadtkirche. Der Höhenunterschied wird mit Treppen überwunden. Die Schulstraße nimmt ihren Ausgang am Geschäftszentrum Ludwigsplatz. Durch die Passagen wird sie zusätzlich mit der Fußgängerzone um die Stadtkirche verbunden. Diese Lage lädt zum Flanieren ein. Bis in die Gegenwart ist das Kulturdenkmal Schulstraße etwas Besonderes geblieben. Die Ladenfronten sind kleingliedrig. Ein großer Teil der Geschäfte ist noch inhabergeführt. Das hebt die Schulstraße von den üblichen Einkaufsstraßen in Fußgängerzonen ab, die vorwiegend von Filialketten geprägt sind. Die Inhaber der Geschäfte in der Schulstraße haben eine Interessengemeinschaft gegründet, die dafür sorgt, dass die Straße ihren Charakter behält. Wenn Läden schließen, bemüht man sich um ähnliche Anbieter als Nachfolger. Die Schulstraße ist keine Fußgängerstraße. Außer den Gehwegen gibt es einen breiten Radweg, auf dem in beiden Richtungen gefahren werden darf. Für Autos gilt Einbahnverkehr. Die Geschäftsleute haben erreicht, dass es auf den mit Parkuhren versehenen Parkplätzen eine „Brötchentaste" gibt. Die erste halbe Stunde kostet nichts. Beim Neujahrsempfang 2016 der Interessengemeinschaft wurde bekannt gegeben, dass die Schulstraße demnächst auch über eine Stromtankstelle verfügen wird (Darmstädter Echo, 26.1.2016), die 2017 aufgestellt wurde. Die Schulstraße ist zwar keine kulturelle Einrichtung aber doch ein Stück von kulturell geprägter Stadtgestalt. Eine weitere Aufwertung könnte dieses besondere Quartier durch eine Teilüberdachung der südlichen Straßenseite erzielen. Sie würde als Pendant zu den Arkaden bzw. Kolonnaden auf der anderen Straßenseite eine ergänzende Wirkung für die besondere Atmosphäre entfalten.

Städtebauliche und architektonische Würdigung der Arkaden
Das Besondere der Arkaden als städtebaulich und architektonisch künstlerisches Stilmittel wird in Darmstadt selten herausgestellt. Erst in jüngster Zeit sind Arkaden in Darmstadt unter diesem Gesichtspunkt ins Spiel gebracht worden. 2005 wurde in der Rheinstraße 31 das „Offene Haus. Evangelisches Forum" des Evangelischen Dekanats Darmstadt-Stadt eröffnet. An der Stelle gab es bis dahin keine Arkaden. Vielmehr war der Vorgängerbau in der Front so weit zurückgenommen, wie in den Nachbargrundstücken die Arkaden an Platz einnahmen. Die Vorbesitzer des Hauses hatten sich geweigert, die von der Stadt vorgegebenen Fluchtlinien für den Arkadenbau zu akzeptieren. Deshalb mussten sie ihren ganzen Bau entsprechend zurücksetzen. Als es zum Verkauf kam, wurde er abgerissen. Die neuen Besitzer, evangelische Kirche und eine Bank, legten auf Arkaden wert. Im Eingangsbereich zu den Veranstaltungsräumen setzte man als besonderen Blickfang eine mit Mosaik versehene Rundsäule durch. Die Arkaden in der Nachbarschaft haben Säulen mit quadratischer Grundfläche. Die Fensterfront vor dem Foyer des Offenen Hauses und des daneben liegenden Kirchenladens wurde zurückgenommen, so dass eine einladende Eingangssituation entstanden ist und die Passanten nicht so ohne weiteres vorbei eilen. Daneben wurde im Erdgeschoss ein Café eingerichtet, das nach einem Inhaberwechsel heute Luis heißt.

Einen ähnlich kreativen Umgang mit dem Element Arkade findet man bei dem 2006 fertiggestellten Bau D des Landgerichts am Mathildenplatz. An der Kopfseite zur Bleichstraße steht über dem Eingang zur Arkade „Arkade der Grundrechte". Auf den Pfeilern der Arkade sind auf Tafeln alle 21 Artikel des Grundgesetzes abgedruckt. Unter der Decke sind in künstlerischen Schwarzweißfotografien Interpretationen zu den einzelnen Artikeln zu sehen, die auch Bezüge zu Darmstadt herstellen.

Die beiden Beispiele zeigen, dass in der nötigen Distanz zu den Auseinandersetzungen der 50er Jahre ein kreativer Umgang mit Arkaden möglich ist. 2000 sagte der damalige Leiter des Stadtplanungsamtes Dr. Harald Kissel im Hinblick auf eine Aufwertung der Rheinstraße: „Aus den Kolonnaden lässt sich etwas machen". Aufs Ganze gesehen ist da jedoch noch nicht viel geschehen. Über den Gesichtspunkt des Wetterschutzes hinaus wird kaum von einem Nutzen der Arkaden gesprochen. Einzelne Geschäfte und Restaurants nehmen die Arkaden in dieser Hinsicht für ihre Zwecke in Anspruch. Es lässt sich beobachten, dass es in Abschnitten der Arkaden, in denen kleine Geschäfte dominieren, lebhaft zugeht, lebhafter als bei langen Kaufhaus-Abschnitten oder auch bei Straßen ohne Arkaden. Die Arkaden mit der Kleinteiligkeit ihrer Läden scheinen den Menschenstrom zu kanalisieren. Die schnell wechselnden Schaufenster und Eingangstüren verhindern, dass die Leute einfach vorbei eilen, ohne einen Blick zur Seite zu wenden. Solche Abschnitte gibt es auf der Nordseite in der Elisabethenstraße zwischen Ludwigsplatz und

Luisenstraße, auf der Nordseite der oberen Rheinstraße, in Teilen der mittleren Rheinstraße und in gewisser Weise auch in der Schulstraße. Der dänische Stadtplaner Jan Gehl bringt einen Aspekt für Arkaden ins Spiel, der eventuell für den Darmstädter Marktplatz und die Rheinstraße zu bedenken wäre: „Kleine räumliche Einheiten in einem größeren Raum zu schaffen stellt eine weitere Methode dar, wie weiträumige Stadtbereiche und menschliches Maß kombiniert werden können. In vielen Altstädten gibt es Kolonnaden und Bogengänge, in denen Fußgänger vor Wind und Wetter geschützt laufen und dabei den davor liegenden größeren Stadtraum überblicken können" (Jan Gehl: Städte für Menschen, Berlin 2015, 190). Die Chancen, die in der Kleinräumlichkeit von Arkaden liegen können, und die Möglichkeiten zu kreativer Gestaltung sind in Darmstadt sicher noch nicht voll wahrgenommen. Da ließe sich noch einiges machen. Wichtig dafür wäre, dass klar wird, dass die Arkaden eine junge Möglichkeit in Darmstadt sind. In der Stadt Mollers bis 1944 gab es dieses Element nicht. Architektinnen und Architekten, Planerinnen und Planer müssten es wahrnehmen und ihren Kundinnen und Kunden nahebringen. In der Ausdehnung der Arkaden in Darmstadt könnte so etwas wie ein Alleinstellungsmerkmal gesehen werden, das andere Städte in der näheren Umgebung nicht haben. Insofern könnte die Frage nach den Arkaden auch für die Stadtplanung interessant sein.

Zur Wirkung der Arkaden würde es auch beitragen, wenn sie überall einen gepflegten Eindruck machten wie in der Schulstraße. Das ist leider nicht der Fall. Vielfach behindern Werbeständer den Durchgang. Außengastronomie nutzt die Fläche als Abstellmöglichkeit. Die Beleuchtung ist von Haus zu Haus verschieden. Insgesamt verhindert die Gestaltung oft einen positiven Gesamteindruck. Ein Wettbewerb für eine gemeinsame Gestaltung der Arkaden könnte hier auf Dauer Abhilfe schaffen.

Gestaltungsaufgaben

Beobachtungen und Wünsche zum Erscheinungsbild der Stadt

Flanierenden, die kein konkretes Ziel anstreben, fällt auf, dass an verschiedenen Stellen – offenbar nach Bauarbeiten oder Straßenfesten – technisches Meublement wie Stromanschlusskästen oder Wasseranschlüsse zurückbleibt und lange ein unschönes Dasein fristet. Zu beobachten ist dies z.B. am Ludwigsplatz. Schlendern wir über den Luisenplatz, drängt sich uns der Gedanke auf, dass das Verkehrsunternehmen HEAG mobilo den ganzen Platz für seine Bedürfnisse und die der Fahrgäste okkupiert hat. Fahrkartenautomaten, Fahrplananzeigesäulen, Wartehäuschen, Haltestellenschilder stehen in wildem Gemisch herum. Sie mögen jeweils einer Haltestelle zugeordnet sein, jedoch sind sie offenbar nur nach technischen Bedürfnissen, nicht aber nach ästhetischen Gesichtspunkten gestaltet und aufgestellt. Automaten, Anzeigesäulen, Masten ließen sich miteinander verbinden, so dass schon die Vielzahl reduziert werden könnte. Kommen wir auf den Friedensplatz, stören die Abfallbehälter und Glascontainer. Rund um das ehemalige Schlosscafé gibt es Wellblech- und Bretterverschläge, die an diesem herausragenden Ort zwischen Schloss und Landesmuseum eine Art Hinterhofatmosphäre entstehen lassen.
Rund ums Schloss erstaunt die Vielzahl der Masten. Braucht jede Funktion eigentlich

einen eigenen Mast für Straßenbeleuchtung, Ampeln, Verkehrsschilder? Insgesamt entsteht an vielen Orten im öffentlichen Raum der Eindruck von Ungepflegtheit, hervorgerufen meist durch Unachtsamkeit bei der Benutzung. Die meiste Werbung an den Gebäuden und vor den Geschäften lässt ein Qualitätsbewusstsein vermissen. In dieser Hinsicht kaum zu übertreffen ist die ehemalige Rathausfront des Luisencenters zum Luisenplatz hin. Die einstigen großen Foyer-Fenster, die Offenheit zeigten, dienen jetzt allein als Werbefläche. Gleichzeitig trägt die Rathausfront in unmittelbarer Nachbarschaft das vom letzten Großherzog gegebene altehrwürdige Stadtwappen mit Krone.

Beim Durchstreifen von Darmstadts Villenvierteln auf der Mathildenhöhe oder im Bereich der Pauluskirche treffen wir auf den Gehsteigen auf gestaltete Kleinpflasterflächen, die qualitativ ihresgleichen suchen. Dergleichen gibt es im Innenstadtbereich lediglich an der oberen Wilhelminenstraße. Die Geschäftsstraßen der Fußgängerzone haben die überall üblichen grauen Gehwegplatten als Belag, der teilweise mit Kleinpflasterstreifen gegliedert ist. Der Luisenplatz macht da eine Ausnahme. Ein Muster aus roten Backsteinen und weißem Kleinpflaster überzieht den ganzen Platz. Die gesamte Gestaltung, die immer wieder von Straßenbahngleisen mit grauem Füllpflaster durchschnitten ist, erkennt man allerdings erst von oben, etwa von der Verfassungssäule, dem „Langen Ludwig", aus, die man einmal im Monat besteigen kann. Obere Rheinstraße und Marktplatz sind mit rötlichem Granit gepflastert. Durch diesen Belag heben sie sich qualitätsmäßig von den Einkaufsstraßen der Fußgängerzone ab. Insgesamt aber fehlt ein erkennbares Konzept. Verschiedene Bauphasen haben je nach Mode ihre Gestaltung hinterlassen. Etwas Darmstadttypisches wie in den Villenvierteln lässt sich nicht erkennen, sollte aber vielleicht doch einmal entwickelt werden. Nur die historischen Gebäude wie Schloss, Kollegiengebäude, Altes Rathaus, Stadtkirche, St. Ludwig und die Gerichtsgebäude am Mathildenplatz sind in ihrer Farbgebung als für Darmstadt typisch anzusprechen: roter Sandstein oder roter Putz, weiß oder gelb verputzte Wandflächen herrschen vor. Die Nachkriegsbauten sind in ihrer Farbgebung unauffällig, vielfach in Weiß- und Grautönen. Der alten Darmstädter Tradition entsprechend wurde jedoch das neue Gerichtsgebäude am Mathildenplatz mit roten Natursteinplatten gestaltet. Bei Einzelbauten gibt es selbstverständlich auch andere Tönungen. Auch hier ist zu fragen, inwieweit es ein Bewusstsein für Typisches in Darmstadt gibt, dem man sich verpflichtet fühlt.

Flanierenden erschließen sich nicht alle Bereiche in gleichem Maße. Die Technische Universität ist in ihrem Innenstadtcampus und dem Schlossareal nicht so ohne weiteres durchquerbar. Von der Magdalenenstraße im Osten aus gibt es zwei Eingänge zum Campus an beiden Seiten des neuen Bibliotheksgebäudes. Von hier gelangen wir auf den Platz vor dem Mensagebäude, der durchaus zum Verweilen einlädt.

Ein Durchgang führt nach Süden Richtung darmstadtium, zwei Treppenanlagen nach Westen münden auf dem Karolinenplatz und im Herrngarten. Wegweiser gibt es hier nicht. Man muss sich auskennen. Dasselbe lässt sich vom Schlossbezirk sagen. Vom Karolinenplatz aus überqueren wir die vielbefahrene Zeughausstraße, um zum Nordeingang des Schlosses zu gelangen. Wer sich auskennt, steigt in den neu angelegten Park im Schlossgraben hinab, der sich zum Ausruhen eignet, oder steigt auf die Bastion, wo eine kleine Gastronomie zu finden ist. Die Universitätsinstitute im Schloss werden über die verschiedenen Höfe erreicht. Wegweiser gibt es nicht. Auch vom Marktplatz und vom Ernst-Ludwigs-Platz aus gibt es Eingänge, an denen aber nicht erkennbar ist, wohin sie führen. Der Marktplatz im Süden des Schlosses bietet Betriebe der Außengastronomie abseits des Autoverkehrs. Es fehlen allerdings Sitzmöglichkeiten ohne Verzehrzwang.

Werbung im Öffentlichen Raum der Stadtmitte

Beim Flanieren in der Stadtmitte bleibt das Auge nicht nur, wie im Kapitel oben beschrieben, an der überreichen Möblierung von Straßen und Plätzen hängen, sondern auch an Werbung in vielfältigster Form. Diese mindert und stört die Atmosphäre einer kulturell und historisch geprägten Innenstadt und sollte neu überdacht werden.

In jüngster Zeit nehmen die Aufstellungen von Werbetafeln großer Werbeverlage immer mehr zu und verstellen durch ihre Positionierung nicht nur den Blick auf manche kulturelle Denkmale und Sehenswürdigkeiten, wie in der Schulstraße, der Hügelstraße, der Wilhelminenstraße und der Kreuzung Rheinstraße/Goebelstraße/Am Hauptbahnhof. Die großen und bewegten Motive, die ständig wechseln, beeinträchtigen auch den aufmerksamen Blick im Straßenverkehr. Dagegen gibt es durchaus Beispiele, die akzeptabler scheinen, wie die große Werbetafel am Ortsausgang zur B 26, am Ostbahnhof.

Auch die Werbeauftritte vieler Läden und Geschäfte in der Innenstadt wirken übertrieben und aggressiv. Hier fehlt eine mäßigende Hand im Rahmen einer Überarbeitung der Gestaltungsordnung für Werbung im öffentlichen Raum. Sicherlich ist es notwendig, dass die Geschäfte die Aufmerksamkeit auf sich lenken, aber es bleibt die Frage, ob die Besucher der Innenstadt durch Werbung bedrängt werden müssen. Ein positives Beispiel bietet die Werbung im Außenbereich der Läden auf der Nordseite der oberen Rheinstraße – klar formuliert aber maßvoll.

Dazu stellt sich die Frage, ob Werbung im öffentlichen Raum einer Innenstadt tatsächlich Wirkung erzeugt. Dient sie den Bürgerinnen und Bürgern und Besucherinnen und Besuchern als Einkaufshilfe und Orientierung bei ihrem Gang durch Straßen und Plätze? Übertriebene Werbung ist ein Auswuchs einer immer mehr zunehmenden Kommerzialisierung des öffentlichen Raums der Stadt und kaum vereinbar mit dem Bemühen um den Eintrag der „Stadtkrone" Mathildenhöhe in die Welterbeliste der UNESCO. Der Wert und die Wirkung von Werbung im öffentlichen Raum sind strittig, aber derartige Werbung hilft natürlich den Werbeverlagen und füttert ein wenig die Säckel der Stadt.

Einige Städte sind auf dem Weg heraus aus den massiven Werbeauftritten, weil sie feststellen, dass Werbung der Atmosphäre der Innenstadt eher abträglich ist. Größtes Beispiel dafür soll die Stadt São Paulo sein, die Werbung im Stadtbild verboten haben soll. Auch für Deutschland finden sich erste Hinweise darauf, dass einige Städte Werbung im öffentlichen Raum einschränken. Auch wenn der Weg dorthin lang wäre, so könnte doch eine Beschränkung der Werbung auf einen kleineren Maßstab helfen, die Innenstadt freundlicher zu machen. Ein erster Schritt könnte an einem Beispiel vollzogen werden: Der Luisenplatz mit seiner besonderen Historie und ursprünglich so großartig angelegten Gestalt sollte ein Muster an Werbefreiheit an allen Gebäuden und Werbetafeln werden.

Informations- und Orientierungssystem
„Wie geht die Stadt?", fragt sich der Basler Designer Theo Ballmer, wenn er beginnt, ein neues Informations- und Orientierungssystem zu entwerfen. Damit ist gemeint, dass man die jeweilige Stadt in ihrer besonderen Struktur und in den alltäglichen Abläufen erst einmal begreifen muss, um daraus ein leicht lesbares, gesamthaftes System zu entwickeln, das die Menschen Schritt für Schritt zu ihren Zielen begleitet und sie auf ihrem Weg zugleich mit Informationen versorgt. Solche vorbildlichen und aus einer Hand gestalteten Systeme sind zum Beispiel in Basel, Speyer oder Bremen entstanden.

Diese Orientierungshilfen sind ein unentbehrlicher Service für die Bürgerinnen und Bürger, besonders natürlich auch für Ortsfremde. Gäste und Touristen sind darauf angewiesen, gerade auch in Notfällen. Auch wer die städtischen, künstlerischen wie historischen Sehenswürdigkeiten sucht, braucht diese Hinweise. Sie gehören also zur Grundausstattung einer Stadt. Viele Gemeinden geben sich große Mühe, über die Hinweisschilder hinaus auch gleich kurze Informationen oder sogar Bilder zu den Zielen mitzuliefern, Angaben etwa zu entsprechenden Persönlichkeiten oder zu Sinn und Aufgaben von Institutionen. Gemeinden, die ihre Stadtgeschichte und gegenwärtige Struktur erklären und betonen wollen, bringen Tafeln an den entsprechenden Gebäuden an, etwa an Geburtshäusern wichtiger Personen, an bedeutenden Kirchen oder auch an signifikanten Orten, selbst wenn dort gar nichts mehr zu sehen ist, z.B. in Folge von Kriegszerstörungen.

Außer Theo Ballmer gibt es etliche Designer, die sich darauf spezialisiert haben, in Zusammenarbeit mit Stadtplanern und den entsprechenden Ämtern solche Beschilderungen, Tafeln und Stelen als ein komplexes Gesamtsystem zu entwickeln und ästhetisch zu gestalten. Wichtige Kriterien dabei sind leichte Erkennbarkeit und Lesbarkeit, immer wiederkehrende Merkmale wie Farben oder Schriften, geschickte Auswahl der Standorte für die Hinweise, die den Nutzer kontinuierlich bis zum Ziel begleiten müssen. Schließlich ist es besonders ärgerlich, wenn sich ein einmal angezeigter Weg verliert, weil es keine folgenden Schilder gibt oder sie nicht zu finden sind. Durch die weite Verbreitung von Smartphones und Apps sind diese Informations- bzw. Orientierungssysteme mittlerweile hier und da mit diesen Medien vernetzt. Daraus ergibt sich natürlich eine enorme Erweiterung der Informationen. Im besten Fall kann ein Überblick nicht nur über bestimmte Orte entstehen, sondern Einsicht, wie die Struktur der jeweiligen Stadt beschaffen ist, wie sie mit ihrem Straßensystem funktionieren oder wie die öffentlichen Verkehrsmittel vernetzt sind.

In Darmstadt sind diese Möglichkeiten von Service und Selbstdarstellung trotz einiger Ansätze noch nicht ausgeschöpft. Von einem systematischen Gesamtkonzept und von Vernetzung kann keine Rede sein. Hinweisschilder, Tafeln und Stelen sind vereinzelt und zu selten. Und sie sind unterschiedlich gestaltet. Gerade Orte und Gebäude, die es nicht oder so nicht mehr gibt, sind in dieser schwer kriegszerstörten und vom Wiederaufbau veränderten Stadt kaum berücksichtigt, z.B. Altes Palais, Neues Palais, Ständehaus (Luisenplatz), Bürgerhäuser im Moller-Viertel. Die folgenden Fotos geben einen Eindruck vom Ist-Zustand in Darmstadt. Mit dieser höchst komplexen und für die Nutzung der Stadt so wichtigen Materie sollte sich eine ämterübergreifende Kommission beschäftigen, die nach Möglichkeit auch die Ausschreibung eines Wettbewerbs für ein gesamthaftes Informations- und Orientierungssystem oder direkt einen Auftrag an ein Fachbüro vorbereitet.

Kunst im öffentlichen Raum

In historischem Stadtambiente, meist auf zentralen Plätzen, war Kunst in Form von Denkmalen berühmter Persönlichkeiten, die mit der jeweiligen Stadt in Verbindung standen, eine Selbstverständlichkeit, ob es sich nun um Landes- oder Stadtherren, um Wissenschaftler, Künstler, Schriftsteller oder typische Figuren der Stadtgeschichte handelt. Das gilt auch für Darmstadt, denkt man nur an das Reiterstandbild Ludwig IV. auf dem Friedensplatz, an die Monumente zur Residenzgeschichte vor der Ludwigskirche oder in der Landgraf-Philipps-Anlage. Auch so unscheinbare Wandreliefs wie die von Johann Heinrich Merck (1741–1791), ein Freund Goethes und Vorbild für die Figur des Mephisto am Justus-Liebig-Haus, wird man dazu zählen müssen.

Dieser lokale Erinnerungsgedanke motivierte selbst in jüngster Zeit die Aufstellung zweier moderner Skulpturen, die des geistigen Vaters der berühmten Darmstädter Identifikationsfigur des Datterich, Ernst Elias Niebergall (1815–1843), oder die des weit über Darmstadt hinaus bekannten Dichters Karl Krolow (1915–1999) auf der Rosenhöhe, wo er in einem der Atelierhäuser lebte. Beide Arbeiten stammen von Thomas Duttenhöfer (geb. 1950).

Insgesamt ergibt sich allerdings der Eindruck, dass es in Darmstadt angesichts der reichhaltigen Residenz-, Stadt- und auch Kunst- und Wissenschaftsgeschichte nur sehr spärlich solche Orte der Erinnerung gibt. So gibt es weder ein Denkmal für Ernst Ludwig, den Gründer und Inspirator der Mathildenhöhe und letzten Großherzog, oder für Georg Büchner, dem zwar eine Skulptur des italienischen Bildhauers Arnaldo Pomodoro (geb. 1926) auf dem Büchner-Platz gewidmet ist, der aber in Darmstadt nie durch eine eigene künstlerische Darstellung im öffentlichen Raum gewürdigt wurde. Auch für Joseph Maria Olbrich, dem „Chefarchitekten" der Mathildenhöhe, wäre eine Skulptur der Erinnerung angemessen. Aus der Wissenschaftsgeschichte Darmstadt ließen sich viele andere Beispiele nennen.

Mit solchen thematischen künstlerischen Orten bis in die Moderne hinein darf die Kunst mit breiter Zustimmung rechnen. Schwieriger wird es mit freien Werken der Moderne und der Gegenwart. Tatsächlich stammt der Begriff „Kunst am Bau" oder dann „Kunst im öffentlichen Raum" aus der Nachkriegszeit, als man Kunstschaffenden Aufträge geben und Anerkennung verschaffen wollte – um damit zugleich der modernen Kunst als Teil eines demokratischen Stadtbildes aufzuhelfen.

Die Künstlerinnen und Künstler, Bildhauerinnen und Bildhauer des 20. und 21. Jahrhunderts allerdings verstehen sich mit ihren Arbeiten meist als freie, autonome Persönlichkeiten. Solche Arbeiten in das Stadtbild zu integrieren, zu denen auch Installation, Performance,

Video u.a. gehören können, ist außerordentlich schwierig und oft mehr Glücksache als abgestimmte Planung. Zu problematisch ist meist der Aufstellungsort, oft von motorisiertem, hektischem Verkehr geprägt. Auch neigt die moderne Architektur zu mehr individuellen, solitären Gebäuden, die oft selber als Kunstwerke verstanden werden. So sind Architektinnen und Architekten gegenüber freien Künstlern oft wenig aufgeschlossen, besonders wenn es um eine nachträgliche Applikation an ihren Bauten geht. Und nicht zuletzt ist die Bürgerschaft in der Beurteilung solcher Werke manchmal gespalten und geradezu aufsässig, wenn städtische Wirklichkeit und schwer verständliche Kunstwerke aufeinanderprallen. Man denke nur an Auseinandersetzungen um die monumentalen Stahlskulpturen eines Künstlers wie Richard Serra.

So erklärt es sich, dass sich die ambitionierte zeitgenössische Kunst im städtischen Kontext der Öffentlichkeit nur schwer durchsetzen lässt. Etliche künstlerische Orte in Darmstadt erscheinen dabei allerdings unproblematisch, so etwa die Aluminiumstele von Heinz Mack vor dem Platanenhain auf der Mathildenhöhe oder die an einen Baumstamm erinnernde Säule von Vera Röhm zwischen Landesmuseum und Herrngarten. Sie sind einleuchtend aus ihrer jeweiligen Umgebung heraus positioniert. Schwieriger wird es schon mit den beiden expressiven Skulpturen von Waldemar Grzimek (1918–1984) zwischen Ernst-Ludwigs-Platz und Marktplatz sowie am Eingang zur Erich-Ollenhauer-Promenade, dem Aufstieg zur Mathildenhöhe, deren Sinn an diesen Stellen nicht recht nachvollziehbar ist. Auch drei Skulpturen von Georg von Kováts (1912–1997) in der Rheinstraße vor dem Kennedy-Haus/Literaturhaus brauchen Kenntnis, Verständnis und guten Willen, die man in der Öffentlichkeit nicht ohne weiteres voraussetzen kann.

Für die künstlerische Durchdringung und Bereicherung des Darmstädter Stadtbildes – nach eigenem Verständnis eine Stadt der Künste – würde man sich aber doch eine größere Szenerie moderner Skulptur oder künstlerischer Äußerungen auch im Medium von Lichtinstallationen, Pflasterung, Umgang mit Licht oder Wasser u.a. wünschen. Dabei sollte natürlich beachtet werden, dass Kunstwerke und Umgebung in einem schlüssigen, begründbaren Verhältnis stehen. Außerdem muss über den jeweiligen Künstler und dessen Arbeiten ausreichend informiert werden, z.B. in Form von vorgelagerten Tafeln.

2016 wurde in Darmstadt eine Kunstkommission eingerichtet, die sich vor allem mit der Qualitätssicherung von Kunst im öffentlichen Raum befassen und dazu Empfehlungen geben soll. Diese Arbeit von Persönlichkeiten aus Politik und Verwaltung als auch von Expertinnen und Experten bezieht sich auf den Bestand, aber auch auf die zukünftige Aufstellung und Installation von Kunstwerken in Darmstadt. Wünschenswert wäre, wenn die Kommission selber mit Vorschlägen und Projekten initiativ werden würde. So wäre z.B. eine Konzeption und Planung für einen Zeitraum von ca. zehn Jahren für die jährliche Aufstellung von ca. fünf Arbeiten denkbar, die gespendet werden sollten, aus dem städtischen Kunstbesitz stammen oder auch direkt von Künstlern bzw. Künstlerinnen – vielleicht auf Zeit – zur Verfügung gestellt werden. Neben der gut ausgestatteten Mathildenhöhe könnte auch der innere Stadtraum, die Kulturelle Mitte, mehr zum Ort von skulpturaler Kunst werden, in der auch Wechsel und Erneuerung möglich sein sollte.

Grünverbindungen

Der Anteil an Grün – sei es in Form von Baumbestand oder dekorativen Grünflächen – ist in der Darmstädter Innenstadt sehr gering. Der direkt benachbarte, aber in sich geschlossene Herrn- bzw. Schlossgarten ist dafür kein Ersatz. Die ausgedehnte Fußgängereinkaufszone einschließlich Luisencenter ist bis auf einige nachträglich gepflanzte Bäume praktisch ohne jeden Grünanteil geblieben. Aber schon diese wenigen Bäume zeigen das atmosphärische Potenzial von gut positionierten Baumpflanzungen.

Von der ehemaligen, die gesamte Mollerstadt konsequent umlaufenden Baumallee ist kaum noch etwas erkennbar. Das aber war eine städtebauliche Großleistung des 19. Jahrhunderts, die auch heute in ähnlicher Form die Innenstadt rahmen und zum Spazierengehen anregen könnte. Auch begrünte Plätze sind die Ausnahme wie z.B. der Mathildenplatz. Als klassizistischer Platz ist der Luisenplatz – hier allerdings zu Recht – nur zurückhaltend begrünt. Eine intensivere Bepflanzung wäre wegen der übermäßigen Nutzung durch Bus und Straßenbahn, die ihrerseits den historischen Charakter des Platzes einschränken, auch kaum möglich.

Die Rheinstraße zu begrünen ist im oberen Teil vor allem wegen der Straßenbahntrasse technisch aufwendig, wenn auch nicht unmöglich, wenn die Straßenbahnen so ausgerüstet wären, dass sie kurze Strecken auch ohne Oberleitung fahren könnten. Die Tunneleinfahrten am Rande des Luisenplatzes könnten aber durchaus mit Hilfe umfangreicher Bepflanzung gestaltet sein. Pflanzen sind mit ihrer filigranen Erscheinung geeignet, brutale Details im Straßenbild abzumildern. Im mittleren und unteren Bereich der Rheinstraße wäre eine durchgehende Baumbepflanzung durchaus möglich. Gegenwärtig sind die Reihen straßenbegleitender Bäume dort sehr lückenhaft. Von Westen gesehen könnte bis zur Kunsthalle/Steubenplatz die Rheinstraße eine veritable Allee sein, gekreuzt bzw. berührt von der Landgraf-Philipps-Anlage und der Albert-Schweitzer-Anlage. Dieser Grünzusammenhang müsste dann von der Rheinstraße aus auch für Autofahrer erkennbar werden.

Einen unvollständigen, geradezu zerzausten Alleencharakter gilt es auch für die Bismarckstraße zu sanieren. Völlig neu anzulegen wäre die alleenartige Ausgestaltung der Landgraf-Georg-Straße, die dann die Universitätsbebauung einfassen und die überbreite Straße besser proportionieren würde. Das würde auch den Bereich des einzigartigen Jugendstilbads städtebaulich aufwerten.

Entscheidend für die zukünftige Grünplanung aber sind nicht so sehr Einzelmaßnahmen, sondern der grüne Zusammenhang in einem Gesamtsystem. Grünanteile im optisch-ästhetischen Stadtbild als auch in der alltäglichen Nutzung sind in einem besonderen Sinne, komplementär zur Architektur, raumbildend und strukturierend, besonders wenn sie miteinander verbunden sind. Sie bieten erst in größerer Ausdehnung und Kontinuität neben einer besseren Orientierung im Stadtraum auch dachartige Begrenzungen nach oben, Schutz vor zu viel Sonne und Regen, vor Lärm und Emission. Oft bilden sich in solchen Anlagen kleine Nischen und Buchten, die gern zum Aufenthalt, als Treffpunkt oder Ruhezone genutzt werden. Das wiederum bietet manchmal Anlass für Angebote einfacher Gastronomie, für die Aufstellung von Kunstwerken oder zur Stadtmöblierung.

Kulturelle Mitte Darmstadt – die Orte
Liste der kulturellen Institutionen

Vorbemerkung

Die im Folgenden wiedergegebene Darstellung der kulturellen Institutionen ist aus der persönlichen Anschauung der Autoren entstanden. Sie spiegelt also nicht die Selbstdarstellung der einzelnen kulturellen Einrichtungen. Es ging den Autoren vielmehr um die inhaltliche und gestalterische Präsenz in der öffentlichen Wahrnehmung und in der Summe um die erstaunliche Fülle von kulturellen Institutionen in der Innenstadt. In einzelnen Fällen wurden die Beschreibungen aus dem Stadtlexikon Darmstadt hinzugezogen. Mehrfachnennungen in verschiedenen Teilen des gesamten Werks nehmen wir dabei bewusst in Kauf.

Schloss

Das Stadtschloss wird ständig renoviert – und erscheint deshalb insgesamt, einschließlich Schlossgraben, als intaktes historisches Monument. Es wird aber heute zum größten Teil von der Technischen Universität Darmstadt für Verwaltung und Repräsentationszwecke wie auch für Lehrveranstaltungen genutzt. Das Schloss beherbergt zusätzlich eine ganze Reihe von Einrichtungen, die öffentlich zugänglich sind, dazu gehören Deutsches Polen-Institut, Schlossmuseum und eine Gaststätte mit Biergarten auf der Bastion. Da auch die Universität Veranstaltungen öffentlich anbietet, kann man hier von einem großartigen Kulturzentrum im historischen Kontext der Stadt sprechen.

Deutsches Polen-Institut

Seit 2016 verfügt das Deutsche Polen-Institut mit der Adresse Marktplatz 15 über großzügige Räume im Herrenbau des Residenzschlosses, nachdem die Landes- und Universitätsbibliothek 2012 in neue Gebäude gezogen ist. Vorher war das Deutsche Polen-Institut im Olbrich-Haus und im Haus Deiters auf der Mathildenhöhe untergebracht. Die neue Lage in der Stadtmitte verbindet sich auch mit der Perspektive, mehr als bisher Teil der Darmstädter kulturellen Öffentlichkeit zu sein.

1980 von dem bekannten Schriftsteller und Übersetzer Karl Dedecius gegründet, versteht sich das Polen-Institut als Forschungs-, Informations und Veranstaltungszentrum für polnische Kultur. Das beinhaltet Geschichte, Gesellschaft und das Geflecht deutsch-polnischer Beziehungen wie polnisch-europäischer Integration. Dafür bietet das Deutsche Polen-Institut neben Veranstaltungen wie z.B. eine Sommerakademie für Nachwuchswissenschaftler auch eine umfangreiche Spezialbibliothek polnischer Literatur, Politik und Geschichte an. Im Suhrkamp Verlag sind fünfzig Bände einer Polnischen Bibliothek erschienen. Darüber hinaus veröffentlicht das Institut regelmäßig ein Jahrbuch zu Schwerpunktthemen. Lehrangebote zu polnischen Themen sollen die Information an deutschen Schulen und Universitäten verbessern.

Schlosskeller im Alt-Schloss (Studierenden-Keller)

Der Schlosskeller ist ein autonomer Betrieb des AStA der TU Darmstadt und existiert bereits seit 1966. Die Entwicklung, Planung und Durchführung von Veranstaltungen wird vor allem von Studierenden realisiert. Das Programm des Schlosskellers bietet etwas für jeden Geschmack innerhalb und außerhalb der TUD. Die Vielfalt zeigt sich durch verschiedene Veranstaltungskonzepte wie Kleinkunst in Form der Kulturhäppchen-Reihe, Vorträge, Kinoabende oder Konzert- und Clubevents. Viele Veranstaltungen werden regelmäßig angeboten.

Der Schlossgarten ist ein neues Projekt des Schlosskellers und seit 2010 neu hinzugekommen. Er befindet sich auf der Schlossbastion und präsentiert sich in den Sommermonaten als eine Schnittstelle zwischen Studierenden und Mitarbeitenden der TU Darmstadt sowie den Darmstädter Bürgern und Bürgerinnen. Er bietet durch seine ruhige Lage und sein gemütliches Ambiente einen Platz zum gemeinsamen Verweilen.

Schlossmuseum

Das Schlossmuseum Darmstadt ist das kulturhistorische Vermächtnis des ehemaligen Großherzogtums Hessen-Darmstadt. Es ist im alten Residenzschloss, der Keimzelle der Stadt Darmstadt, untergebracht. Das Schlossmuseum wurde vom letzten Großherzog Ernst Ludwig in den früheren Wohn- und Repräsentationsräumen des Schlosses eingerichtet und mit Kunstwerken, die dem Fürstenhaus nach der Absetzung des Großherzogs im Jahr 1919 als Eigentum überlassen worden waren, ausgestattet. Im Jahr 1924 wurde es für die Öffentlichkeit zugänglich gemacht. Nach der Zerstörung des Schlosses in der Brandnacht im September 1944, bei der große Teile des nicht ausgelagerten Inventars vernichtet worden waren, konnte das Schlossmuseum erst im Jahr 1965, nach der Rekonstruktion des Residenzschlosses, in neuen Räumen, im Glocken- und Kirchenbau, wieder eröffnet werden.

Im Jahr 2008 gelang es einer Bürgerinitiative mit Hilfe der Mobilisierung von Bürgerinnen und Bürgern und mit über 11.000 Unterschriften die bereits angekündigte, drohende Schließung des Schlossmuseums zu verhindern. Nach vorübergehender Schließung und der Zusage zum weiteren Betrieb konnte das Schlossmuseum am 1. Oktober 2010 wieder eröffnet werden. Danach wurde ein erster Bauabschnitt saniert und modernisiert, so dass am 1. September 2016 die neu gestalteten Räume im Glockenbau wieder für das Publikum eröffnet werden konnten. Die Sanierung des zweiten Bauabschnitts im Kirchenbau soll folgen.

Das Schlossmuseum zeigt am Beispiel der ausgestellten Kunst- und Gebrauchsgegenstände die jahrhundertealte Geschichte des Darmstädter Fürstenhauses und seine Verbindungen zu anderen europäischen Höfen. Heute bietet das Schlossmuseum als einzige Institution in Darmstadt das Erleben von Geschichte am historischen Ort des Geschehens. Die Erinnerung an die ursprüngliche Nutzung und die Geschichte des Schlosses erhält mit Hilfe des Schlossmuseums einen besonderen Reiz. Es ist außerdem ein idealer Lernort – auch für Kinder.

Keller-Klub im Schloss

Der Keller-Klub im Parforcehof des Schlosses ist ein Kulturtreff mit langer Tradition. Vor mehr als sechzig Jahren schon haben sich dort Literatinnen und Literaten, Kunstschaffende, Theaterleute sowie Musikerinnen und Musiker getroffen. Inzwischen entwickelt der Klub eigene Veranstaltungsprogramme mit Lesungen, Musikveranstaltungen, Filmvorführungen u.a. Vor kurzem wurde die Sanierung abgeschlossen und ein neuer Mietvertrag unterschrieben. Am 1. Januar 2018 wurde der Keller-Klub wieder eröffnet und feiert seinen Neustart mit einem Fest und einer besonderen Kunstausstellung. Damit hat die TU Darmstadt ihr Versprechen wahrgemacht und der Bürgerschaft den Klub, den sie selbst zum Ur-Kultur-Bestand des Schlosses zählt, erhalten.

Hessisches Landesmuseum Darmstadt

Das Museum ist eines der wenigen Universalmuseen, die es heute noch gibt und hat zwischen Kunst und Naturwissenschaft ein entsprechend breites Publikum. Es wurde in den letzten fünf Jahren einer umfassenden Sanierung unterzogen. An der äußeren Erscheinung hat sich nichts geändert. Obwohl die Sanierung erfolgreich abgeschlossen ist, so fehlt immer noch eine einladende Erschließung im Übergang vom Haupteingang zum Friedensplatz über die vielbefahrene und trennende Zeughausstraße hinweg. Die Einrichtung eines Cafés im westlichen Erdgeschoss mit direktem Zugang von außen ist eine zusätzliche Attraktion für das Haus.

Langes Bäuchen (Institut für neue technische Form INTeF bis 2017)

Das kleine barocke Bauwerk ist ein Überbleibsel der neuen Vorstadt aus dem Ende des 17. Jahrhunderts. Es hat eine bewegte Geschichte hinter sich, war Pferdestall, Poststation, Versammlungsraum und Wäscherei und wurde 1944 völlig zerstört. Wieder aufgebaut diente es der Vermögensverwaltung des Hauses Hessen und wurde schließlich 2008 dem INTeF als neue Heimstatt zur Verfügung gestellt. Seitdem fanden viele schöne Designausstellungen statt und es bot kleinen Veranstaltungen Raum. Seit kurzem beansprucht der Eigentümer, das Haus Hessen, das Gebäude wieder für eigene Zwecke und so soll in absehbarer Zeit dort eine neue kulturelle Verwendung Platz finden. Das INTeF hat inzwischen wieder neue Räume im nahegelegenen Waben gefunden (s. unten). Direkt angrenzend steht das ehemalige Marstallgebäude, das auch zerstört war und leider unvollständig wieder aufgebaut wurde. Es wird heute vom Hessischen Baumanagement genutzt und könnte eines Tages die Stiftung Sander (Gemälde des 19. Jahrhunderts) aufnehmen. Damit entstünde in unmittelbarer Nachbarschaft zum Landesmuseum ein neuer kultureller Schwerpunkt.

Das Waben

Das am nördlichen Rand des Friedensplatzes direkt an der Zeughausstraße gelegene Gebäude ist eigentlich keine kulturelle Institution. Es wurde Ende der 60er Jahre in einer Art geschichteter Wabenform als Schlosscafé neu gebaut und sollte das legendäre Operncafé am alten Hoftheater (heute steht dort ein Hotel-Neubau) ersetzen, das den Kriegszerstörungen zum Opfer fiel. Das designorientierte Möbelhaus funktion zog von dort in einen Neubau gegenüber. Danach konnten sich gastronomische Betreiber nicht dauerhaft halten. Mitte 2016 hat die Stadt Darmstadt das Gebäude erworben und dem Institut für Neue Technische Form (INTeF) zur Verfügung gestellt.

Der Weiße Turm

Der Weiße Turm war ursprünglich ein Teil der mittelalterlichen Stadtbefestigung und diente im Laufe der Geschichte verschiedenen Zwecken. Nachdem im 18. Jahrhundert die Stadtmauern überflüssig wurden, behielt der Turm verschiedene Funktionen als Glockenturm, Verlies und Archiv und erhielt erst im 19. Jahrhundert seine markante Position als Einzelbauwerk, nachdem die angrenzenden alten Stadtmauern völlig entfernt worden waren. Immer wieder wurde auch später ein Abbruch des Weißen Turms diskutiert. Schließlich nahm sich im Juni 1997 der neu gegründete Freundeskreis Weißer Turm seiner an und nutzt ihn seither für Ausstellungen, Lesungen und andere kulturelle Veranstaltungen. Hervorzuheben sind insbesondere die Fotopräsentationen. Am 24. August 2002 ging der Weiße Turm für die symbolische Summe von einem Euro vom Land Hessen in das Eigentum der Stadt Darmstadt über.

Die Goldene Krone

1648 gewährte Landgraf Georg II. dem Adel und den Hofbeamten Steuerfreiheit, wenn sie zum Wiederaufbau der Stadt beitrugen. Nikolaus Tilenius erwarb das Gelände, auf dem die heutige Krone steht und erbaute einen Gasthof, der in den folgenden hundert Jahren wechselnde Besitzer hatte. 1756 erwarb die angesehene Brauereifamilie Wiener das Anwesen.

Die Krone hat sowohl das Hochwasser von 1816 als auch die Bombardierung 1944 überstanden. Der Grund, dass das Haus dabei nicht zerstört wurde, ist wohl, dass 1929 von der Firma Donges ein Stahlgerüst eingebaut wurde. Bis heute ist die Krone eine Gastwirtschaft mit wechselnden Nutzungsschwerpunkten. Aus der Schildwirtschaft (Weinausschank) im 17. Jahrhundert entwickelte sich ein Treffpunkt für gesellige Darmstädter, darunter Großherzog Ludewig I. und Carl Maria von Weber. Nach dem Zweiten Weltkrieg kam das Haus in amerikanische Hand. Hier waren der bekannte Stork Club (ein Soldaten-Club) und von 1950–1953 das Amerikahaus beheimatet. Das einstige Eckfachwerkhaus bekam 1890 eine einheitliche Putzfassade, die 1894 mit Stuckdarstellungen an den Fensterbögen von Bildhauer Wagner verschönt wurde. Seit 1995 steht der bronzene Ur-Heiner – geschaffen von Christfried Präger (1943–2002) – vor der Krone. 2016 wurden Dach und Fassade renoviert. Für junge Generationen ist die Goldene Krone jedes Jahr Kultstätte für Abifeiern sowie Veranstaltungsort mit wechselnden Musikprogrammen.

Es ist diesem einzigen Relikt der alten Darmstädter Altstadt für die Zukunft weiterhin ein Platz in der Kulturellen Mitte der Stadt und eine bauliche Nachbarschaft zu wünschen, die mit Augenmaß und Respekt dem Gebäude zur Seite stehen wird.

Die Centralstation

Die Centralstation ist ein vitaler kultureller Veranstaltungsort in der Innenstadt, unweit des Luisenplatzes. Das heute denkmalgeschützte Gebäude von 1888 diente als Elektrizitätswerk für Straßenbeleuchtung, für den herzoglichen Hof und das Hoftheater, später auch für die Straßenbahn. Die zweite benachbarte Halle von 1905 diente als Kessel- und Maschinenhaus. Von 1915 bis 1976 war hier das städtische Schaltwerk installiert. Danach standen beide Hallen leer, bis die Stadt 1998 die kulturelle Nutzung für Halle B beschloss. Die Halle A wurde für marktähnliche Verkaufsstände und später für Gastronomie und Läden genutzt. Während der Bau in seinem historischen und dennoch funktionalen Charakter einer typischen Industrieanlage des späten 19. Jahrhunderts erhalten und gewürdigt wurde, spiegelte der spektakuläre Innenausbau auf drei Ebenen mit einem differenzierten Raumangebot durch das Darmstädter Büro liquid architekten schon die gemischte Nutzung für populäre und klassische Konzerte, Lesungen, Vorträge, Kabarett, Ausstellungen und Partys wider, immer auf hohem überregionalen Niveau. Mit 300.000 Gästen jährlich hat sich diese Einrichtung zu einem erfolgreichen, kommunikativ urbanen Mittelpunkt für sämtliche Generationen entwickelt.

Das darmstadtium

Im Gegensatz zu den vielen kleinen kulturellen Institutionen rund um das Darmstädter Schloss bietet das Wissenschafts- und Kongresszentrum darmstadtium den Platz für die großen Veranstaltungen mitten in der Stadt. Das vor einigen Jahren von dem Wiener Architekten Talik Chalabi erbaute, sehr dominante Gebäude versteht sich als Bindeglied zwischen Wissenschaft, Stadt und Kultur. Direkt gegenüber dem Schloss gelegen, wirbt das darmstadtium für den Besuch einer der vielen kulturellen Einrichtungen rund um das Schloss. Es bietet sogar eigene kulturelle Veranstaltungen mit eigenem kulinarischem Programm.

Die Verbindung zur Historie der Stadt erreicht dieser moderne Veranstaltungstempel durch die mit massivem Sockel versehene Einbeziehung eines Teils der mittelalterlichen Stadtmauer. Der Vorplatz vor dem darmstadtium ist zu Ehren der großen Journalistin Gräfin-Dönhoff-Platz benannt.

Haus der Geschichte (Staatsarchiv, Stadtarchiv) – ehemaliges Moller-Hoftheater

Bei dem Haus der Geschichte am Karolinenplatz handelt es sich um das von Georg Moller (1784–1852) erbaute, 1819 eröffnete Hoftheater. Der klassizistische Bau brannte im Zweiten Weltkrieg aus, die Ruine lag über Jahrzehnte fast ungenutzt (das Theater am Platanenhain, TAP, hatte hier viele Jahre einen temporären Spielort), Theateraufführungen fanden in der Orangerie im Stadtteil Bessungen statt. Das alte mollersche Hoftheater, später Landestheater wurde nicht wieder als Theater aufgebaut. In den 70er Jahren des vergangenen Jahrhunderts erhielt Darmstadt einen neuen Theaterbau auf dem Gelände des zerstörten Neuen Palais. Das alte Landestheater wurde in den 80er Jahren zu einem Magazinbau für das Hessische Staatsarchiv umgebaut und beherbergt heute verschiedene Institutionen.

Staatsarchiv – Haus der Geschichte

Die Bezeichnung Haus der Geschichte folgt dem Programm des Hessischen Archivgesetzes von 1989, das den staatlichen Archiven in Hessen die Aufgabe stellt, an der Erforschung und Vermittlung der hessischen Geschichte mitzuwirken. Seit 2013 ist das Archiv eine Abteilung des landesweiten hessischen Landesarchivs. Es ist entstanden aus den Archiv-Vorläufern der Landgrafen und Großherzöge von Hessen-Darmstadt und aus dem Archiv des Volksstaates Hessen nach dem Ersten Weltkrieg. Von 1725 bis 1993 war das Archiv in Räumen des Stadtschlosses untergebracht. In der Brandnacht 1944 ging ein großer Teil des Bestandes verloren. Nur die älteren Akten waren ausgelagert worden. Inzwischen ist der Bestand im neuen Haus der Geschichte auf 27.000 Regalmeter Akten und bald 50.000 Urkunden angewachsen.

Stadtarchiv und andere Archive

Im Haus der Geschichte sind außer dem Staatsarchiv auch andere Archive und Einrichtungen untergebracht. Sie nutzen die Infrastruktur des Hauses gemeinsam. Dazu gehören das Stadtarchiv, das Archiv der Technischen Universität, das Hessische Wirtschaftsarchiv, die Karten- und Theatersammlung der Universitäts- und Landesbibliothek, die Familiengeschichtliche Vereinigung, der Historische Verein und die Historische Kommission. Ein großzügiges Foyer, ein Vortragssaal und im ehemaligen Theaterfoyer ein Festsaal ermöglichen Ausstellungen und ein Veranstaltungsprogramm mit Vorträgen, Filmvorführungen,

Konzerten. Die Räume werden auch von anderen Gruppierungen genutzt wie etwa der Goethe-Gesellschaft.

Als Gründungsdatum des Stadtarchivs gilt der 14. April 1904, an dem die Stadtverordnetenversammlung die Einrichtung eines städtischen historischen Museums und eines Archivs beschloss. Jedoch erst am 21. März 1929 wurde sich für die Einrichtung eines eigenen Archivs entschieden. Davor hatte die Aufbewahrung der Dokumente, Urkunden usw. eine wechselvolle Geschichte, beginnend mit der Anfertigung einer Truhe 1565. Die alten Akten hatte man im Zweiten Weltkrieg im Keller des ehemaligen Ludwigsbahnhofs gelagert. Dort blieben sie erhalten, während das Archivgebäude zerstört wurde. 1949 wurden die Bestände des Stadtarchivs dem Staatsarchiv zur Aufbewahrung übergeben. So gelangten
sie ins Schloss. Zusammen mit dem Staatsarchiv zog dann das Stadtarchiv 1994 in das Haus der Geschichte. Bis 1993 war das Stadtarchiv von Mitarbeitenden des Staatsarchivs verwaltet worden. Mit dem Umzug ins Haus der Geschichte wurde das Stadtarchiv wieder selbständig und bekam eine eigene wissenschaftliche Leitung.

Galerie Netuschil
Eine kulturelle Institution im Herzen der Innenstadt ist die Galerie Netuschil in der Schleiermacherstraße, vis-à-vis des Hessischen Landesmuseums. Besonders augenfällig wird die Galerie durch ihren Standort in einem der bemerkenswerten Neubauten der Nachkriegszeit, dem „Baumhaus". Architektur und Kunst verbindet sich hier zu einer Symbiose. Die Galerie bietet zeitgenössische Kunst von Malerei bis Bildhauerei des 20. und 21. Jahrhunderts und darüber hinaus in Verbindung mit Ausstellungen kleine und feine Musik- und Vortrags-Veranstaltungen und Gespräche mit Künstlern. Ein besonderes Augenmerk gilt den Darmstädter Künstlerinnen und Künstlern, den verschollenen, den vergessenen und den aktuellen.

Hinkelsturm und Altes Pädagog
Das Alte Pädagog und der Hinkelsturm (ein alter Wehrturm), nahe beieinander gelegen, bilden beide Relikte der mittelalterlichen Stadtbefestigung. Der Hinkelsturm wird betreut vom Freundeskreis Altstadtmuseum Darmstadt e.V. und bietet mit seinem Altstadtmodell und seinen Sonderausstellungen zum Thema Altstadt Darmstadt wertvolle Beiträge zum historischen Vermächtnis der Stadt. Das Alte Pädagog, das ursprünglich mit der Rückseite seines Gebäudes unmittelbar an die alte Stadtmauer angrenzte, beherbergt heute in den restaurierten Obergeschossen Räume u.a. der Volkshochschule und im historischen Gewölbekeller einen vielfältig genutzten Veranstaltungsraum. Das Alte Pädagog könnte die Keimzelle für ein Stadtmuseum werden, in der Stadtgeschichte mit Texten, Bildern und Anschauungsobjekten erlebbar gemacht werden. So eine Einrichtung fehlt in Darmstadt. Der Standort, nah am Residenzschloss, bietet sich dafür an. Die Nähe zum Hinkelsturm, zum Justus-Liebig-Haus und die Unmittelbarkeit zum „Zwinger" (dem Raum zwischen den Stadtmauerteilen) würde einen Ort für Ausstellungen aus dem Bestand des Stadtarchivs und der städtischen Sammlungen (viele Tausende Bilder, Dokumente und Objekte) bieten. Schulen, Stadt- und Heimatforschung könnten von solch einer „Offenlegung" der Schätze der Stadt profitieren.

Pädagogkeller/Theater im Pädagog (TIP)
Der Gründer des HoffArt-Theaters Klaus Lavies betreibt seit 2013 den Gewölbekeller unter dem Alten Pädagog als einen Ort unterschiedlicher kultureller Veranstaltungen. Es gibt Lesungen, kleine Theateraufführungen, Konzerte, Vorträge. Lavies versteht sein Programm als einen Beitrag zum kreativen gesellschaftlichen Dialog.

Der Renaissancebau, der heute das (Alte) Pädagog genannt wird, war im 17. Jahrhundert entstanden und diente von Beginn an als Schulgebäude mit unterschiedlichen Schulformen. Erst 1935 wurde von staatlicher Seite entschieden, die Nutzung als Schule dort aufzugeben und so zog das Stadtmuseum ein. Das Pädagog wurde im Krieg zerstört, fast der gesamte Museumsbestand, bis auf wenige ausgelagerte Stücke, wurde dabei vernichtet. Erst 1989 gründete sich der Freundeskreis Stadtmuseum e.V., der seinen Sitz im Hinkelsturm an der alten Stadtmauer nahm. Dieser Verein hält seitdem die Erinnerung an die Stadtgeschichte Darmstadts mit kleinen Ausstellungen, Führungen und einzigartigen Dokumenten und Exponaten wach.

Evangelische Stadtkirche
Traditionell ist die Kirchenmusik mit eigener Kantorei, Kindermusikschule und Konzerten in der Stadtkirche verankert. Im Rahmen der besonderen Kulturprogramme gibt es Lesungen, Predigtreihen, Jazzkonzerte und Kunstausstellungen. Im Frühjahr finden „Lyrische Matinéen" mit Lesungen deutscher und internationaler Autorinnen und Autoren statt, die dem Publikum aktuelle Werke vorstellen. In den Jahren mit geraden Jahreszahlen gibt es die Reihe „Europäische Nachbarn – Passion", die ganz der Literatur eines Nachbarlandes gewidmet ist. Im Herbst findet traditionell der „Literarische Herbst" wiederum mit Lesungen von namhaften Autorinnen und Autoren statt. Ergänzt wird das literarische Programm durch Jazzkonzerte und die jährliche Ausstellung einer Künstlerin bzw. eines Künstlers in der Reihe „Im Dialog". In der Passionszeit und seit 2016 auch in den Sommerferien gibt es Gottesdienstreihen mit Predigten von Menschen unterschiedlicher Berufe zu vorgegebenen Themen.

Kollegiengebäude am Luisenplatz (Regierungspräsidium)
Das Kollegiengebäude, das heute eine Einheit darstellt, ist in drei Bauabschnitten entstanden. Am Anfang stand im 18. Jahrhundert der Barockbau, zum Luisenplatz gewendet, der die Ministerien der Landgrafschaft aufnahm. Zu Beginn des 19. Jahrhunderts wurde durch Georg Moller die Neue Kanzlei als freistehendes Gebäude, zum Mathildenplatz gewendet, hinzugefügt. Einige Jahre später wurde nochmal gebaut und die beiden Einzelgebäude durch Verbindungsflügel zu einer geschlossenen Einheit mit Innenhof ergänzt. Auch wenn das Kollegiengebäude heute vom Regierungspräsidium als Einheit genutzt wird, so verkörpert es doch zwei unterschiedliche Stile: im Süden der Barockbau, im Norden die klassizistische Fassade. In der Eingangshalle der Neuen Kanzlei an der Zeughausstraße finden auf Initiative des Regierungspräsidiums unter der Bezeichnung Regionalgalerie Südhessen Kunstausstellungen zur Förderung regionaler Kultur statt. Der Innenhof wird von den Residenzfestspielen im Sommer zu Aufführungen von Open-Air-Konzerten jeder Art genutzt.

halbNeun-Theater

Das halbNeun-Theater in der Sandstraße bietet ein überwiegend kabarettistisches Programm. Es gehört zu den bedeutendsten Kleinkunstbühnen in Hessen und bundesweit. Die auftretenden Künstlerinnen und Künstler kommen aus der Region, aber auch aus der ganzen Republik. Kaum eine kabarettistische Größe hat hier gefehlt. Das Publikum sitzt in aufsteigenden Reihen an Tischen und wird mit Getränken versorgt. Das halbNeun-Theater wurde 1980 gegründet. Die meisten Aufführungen sind frühzeitig ausverkauft. Das privat geführte Theater wird von einem Förderverein und von der Stadt Darmstadt unterstützt. Es stellt eine wesentliche Attraktion in der Kulturellen Mitte Darmstadt dar.

HoffART-Theater e.V.

Ein kleines Schauspielhaus der besonderen Art ist auch das HoffART-Theater e.V. in der Lauteschlägerstraße. Durch seine Lage im Martinsviertel ist das vielfältige Veranstaltungshaus ein Teil der Kultur dieses Alt-Darmstädter Stadtteils. Es bietet Schauspiel für alle, ein Kindertheater, Hopjes, und bietet Künstlerinnen und Künstlern aller Couleur Möglichkeiten für Auftritte und Proben. Nicht zu vergessen ist das HoffART-Theater als Veranstaltungsort für Events und auch für private Feiern. Die Atmosphäre ist unkonventionell und kreativ, aber immer familiär. Den Leitern, Klaus Lavies und Peter Keune, liegen besonders die Aktivitäten von Kindern für Kinder am Herzen, die hier lernen mitzumachen und Verantwortung für die Gestaltung einer Aufführung zu übernehmen. In seiner offenen multikulturellen Form mit Veranstaltungen und lockerem Beisammensein wirkt das HoffART gleichsam wie die Gute Stube des Martinsviertels.

Literarium der Wissenschaftlichen Buchgesellschaft (WBG)

Das Literarium (Eingang Riedeselstraße 57) ist der Verkaufs- und Veranstaltungsraum der Wissenschaftlichen Buchgesellschaft, einer Buchgemeinschaft mit zahlreichen Mitgliedern als begünstigter, dauerhafter Kundenkreis. Der gewölbte Raum ist der Rest des Pferdestalls der im Krieg weitgehend zerstörten Kavalleriekaserne, auf deren Gelände die WBG ihren Standort hat. Im Literarium sind alle Buchveröffentlichungen und sonstigen Produkte der WBG ausgestellt. Hier finden regelmäßig öffentliche Vortragsveranstaltungen von Autorinnen und Autoren der WBG, Abend-Lese genannt, statt.

Das Hessische Staatstheater

Das Staatstheater ist mit Oper, Tanz, Schauspiel und Konzerten ein Vierspartenhaus. Das Große Haus mit fast 1000 Plätzen wird vor allem von der Oper bespielt. Schauspiel und Tanz haben ihren Ort im Kleinen Haus mit fast 500 Plätzen. Die Kammerspiele bieten 120, die Bar der Kammerspiele 60 Plätze. Etwa 40 Stücke werden jedes Jahr neu inszeniert. In der Spielzeit 2015/16 lasteten 228.000 Besucher das Haus zu 75 Prozent aus. Träger ist das Land Hessen. Die Stadt Darmstadt zahlt einen Betriebskostenzuschuss in Höhe von 48 Prozent.

Darmstadt hat eine 300-jährige Theatertradition. Ein erstes Theatergebäude entstand durch den Umbau der Reithalle am Herrngarten zum Komödienhaus, das 1711 noch einmal umgebaut wurde. 1819 wurde das von Georg Moller (1784–1852) errichtete Hoftheater am Herrngarten eingeweiht. Es brannte 1871 ab, wurde aber wieder aufgebaut und 1904/05 umgebaut. Das 1944 nach dem Bombenangriff ausgebrannte Gebäude blieb lange Jahre Ruine, bis es Ende der 80er Jahre wieder aufgebaut und einer neuen Bestimmung zugeführt wurde. Ein provisorischer Theaterbetrieb entstand nach dem Krieg in der Orangerie. Statt eines Wiederaufbaus des alten Theaters wurde 1961 ein Neubau auf dem Gelände des zerstörten Neuen Palais an der Hügelstraße beschlossen. Der von Rolf Prange (1919–2006) geplante Neubau vereinigt die Spielstätten, Werkstätten, Magazine und Verwaltung unter einem Dach. Mit dem Umzug 1972 wurde aus dem Landestheater das Hessische Staatstheater Darmstadt. Eine grundlegende Sanierung und Erweiterung erfolgte 2002 bis 2006 nach Plänen des Architekturbüros Lederer Ragnarsdóttir Oei. Dabei wurde ein Teil der Tiefgarage zu den Kammerspielen umgebaut. Die ehemalige Werkstattbühne wurde aufgegeben. Mit dem Umbau wurde ein verbesserter Zugang vom Parkhaus geschaffen. Ein pavillonartiger Portalbau vor der Front des Theaters zusammen mit dem neugestalteten Vorplatz (Georg-Büchner-Platz) ermöglicht auch Freiluftaufführungen und erhöht die Ausstrahlung des Gebäudes entscheidend.

Das Moller-Haus (Loge)

Der große Darmstädter Baumeister und Stadtgestalter Georg Moller trug mit einem weiteren Werk zu den kulturellen Einrichtungen bei, die heute noch die Innenstadt beleben. Er baute für den Großherzog Ludewig I. das Versammlungshaus für die 1816 gegründete Freimaurerloge „Johannes der Evangelist zur Eintracht" in der Sandstraße. Der klassizistische Bau wird heute vom Georg-Büchner-Platz erschlossen und fügt sich mit seinem markanten Portikus sehr schön in das Ensemble von Ludwigskirche, Staatstheater und Wilhelminenplatz ein. Nach Zerstörung im Zweiten Weltkrieg und Wiederaufbau dient das Moller-Haus erneut für Versammlungen verschiedener Freimaurerlogen sowie als Veranstaltungsort anspruchsvoller Kabarett-, Theater- und Vortragsveranstaltungen.

Universitäts- und Landesbibliothek (ULB)

Dank des architektonisch eindrucksvollen Neubaus der ULB Stadtmitte (Architekten Bär-Stadelmann-Stöcker, Nürnberg) an der Magdalenenstraße konnte die Universitätsbibliothek 2012 endlich die beengten Räume des Schlosses verlassen, dort dem Deutschen Polen-Institut Platz machen und elf Einzelbibliotheken in einem Gebäude zusammenfassen. Für den Innenstadt-Standort der TUD ist das eine neue Qualität, denn der Neubau bietet 850 Lese- und Arbeitsplätze und stellt Einzel- und Gruppenarbeitsräume zur Verfügung. Die Ausleihe und die Lehrbuchsammlung sind im Erdgeschoss untergebracht, ebenso eine Cafeteria, ein Vortragssaal und ein Bereich für wechselnde Ausstellungen. Hinter dem Vortragssaal befindet sich ein Schaumagazin mit einem Teil der Altbestände seit dem 16. Jahrhundert. Damit ist die ULB auch für die Öffentlichkeit ein attraktiver Anziehungs- und Treffpunkt.

Für die Qualität des öffentlichen Raumes der Kulturellen Mitte Darmstadt ist der Neubau ein Gewinn. Das Gebäude bildet einen atriumartigen tiefgelegenen Innenhof, der sich mit einer großen Freitreppe zum höhergelegenen Platzbereich für den Aufenthalt der Universitätsangehörigen eignet, die Öffentlichkeit aber nicht ausschließt. Ein unmittelbar südlich anschließender Platz bildet zusammen mit älteren Universitätsbauten eine Art Innenhof, der sich zur Mensa und zur legendären Otto-Berndt-Halle (Schauplatz vieler „Darmstädter Gespräche") öffnet. Eine große Stahlplastik des bekannten Karlsruher Bildhauers Franz Bernhard (1934–2013), ein Geschenk von Stiftern der TUD, gibt dem Platz einen markanten Schwerpunkt. Man kann sich vorstellen, dass sich der Platz mit einem passenden Gestaltungskonzept sicherlich noch für weitere Veranstaltungen qualifizieren ließe wie z.B. für Open-Air-Konzerte.

Porzellansammlung im Prinz-Georg-Palais

Am nördlichen Rand des Herrngartens markiert das Prinz-Georg-Palais mit seiner Großherzoglich-Hessischen Porzellansammlung den nördlichen Rand sowohl des Herrngartens als auch der Innenstadt und den Übergang zum ersten bürgerlichen Erweiterungsstadtteil, dem Martinsviertel. Der letzte Großherzog, Ernst Ludwig, fasste in seiner Porzellansammlung keramische Gegenstände aus verschiedenen Schlössern zusammen und machte sie 1908 der Öffentlichkeit zugänglich. Mit seinen Schwerpunkten auf heimischen Werkstätten, aber auch zahlreichen Beispielen der großen europäischen Porzellanmanufakturen bietet das Porzellanmuseum einen umfassenden Überblick über das Familienporzellan des Fürstenhauses vom 17. bis zum Ende des 19. Jahrhunderts. Die breite Spanne der Sammlungen erlaubt auch die Betrachtung der künstlerischen und produkttechnischen Entwicklung verschiedener Provenienzen dieses zu damaligen Zeiten schon sehr wertvollen Produkts.

Das Prinz-Georg-Palais, als ehemaliges Gartenhaus der Fürsten gebaut, bietet mit seiner Lage im Rokokogarten in der Mitte der Stadt ein reizvolles kulturelles Ausflugs- und Besichtigungsziel. Die Verbindung zum historischen Vermächtnis können alle Besucher und Besucherinnen selbst erleben, indem sie die Möglichkeiten nutzen, die das Porzellanschlösschen und der Garten bieten: Führungen, Sonderausstellungen, Konzerte und Theateraufführungen im historischen Heckentheater.

Das Prettlacksche Gartenhaus

Der Prinz-Georgs-Garten, an dessen nördlichem Rand das Prinz-Georg-Palais liegt, bietet mit dem Prettlackschen Gartenhaus noch ein weiteres kulturelles Kleinod in einem Teil des Geländes, der früher Prettlackscher Garten hieß. Das Prettlacksche Gartenhaus schließt mit seiner Rückseite den Garten nach Nordosten zur Schlossgartenstraße ab. Das 1710 als Freizeitrefugium erbaute barocke Gartenhaus erhielt nach Kriegszerstörung, Wiederaufbau und Sanierung nach Jahren wechselnder Nutzung eine neue Bestimmung, die einen besonderen Beitrag zur kulturellen Vielfalt in der Innenstadt bietet. Es gibt nämlich ein öffentliches Lesezimmer. Jeder kann sich Bücher aus dem großen Bestand auswählen, zum dort Lesen oder auch zum Mitnehmen, allerdings mit der Verpflichtung, es zurückzubringen oder gegen ein anderes Buch auszutauschen. Das Lesezimmer lädt in allen Sommermonaten täglich zum Lesen und Verweilen ein, ebenso wie der Prinz-Georgs-Garten. Ein Wermutstropfen in all der Schönheit stellt das am östlichen Rand arg im Weg stehende Gebäude der TUD dar, das die Gestalt des Gartens sehr stört. Auch wenn findige Gartenbauer die Fassade mit einer Kletterrose und dazugehörenden Gerüsten verschönert haben, so wünscht man doch, dass das Gebäude irgendwann auf die Lichtwiese umziehen könnte.

Das blumen

Ein Blumenladen in der Nieder-Ramstädter-Straße war 2006 der Geburtsort eines kreativen Kulturprojekts von Studierenden der Hochschule Darmstadt, die den Ort als Treffpunkt kunst- und kulturinteressierter Menschen entwickelt haben. Das blumen war Arbeitsort, Werkstatt und Ausstellungsraum. Die jungen Kreativen machten auch mit Aktionen in der Innenstadt auf sich aufmerksam. Viele Darmstädterinnen und Darmstädter werden sich an die Aktion Ernstfall Kultur erinnern, bei der die Gruppe im Rahmen des Architektursommers 2014 eine Installation aus Bunkermöbeln auf dem Karolinenplatz und im Atombunker darunter aufgestellt hat. Doppelstockbetten und Garderobensitzbänke auf dem Weg zum Herrngarten erzeugten einen eindringlichen Effekt.

Mittlerweile musste der ursprüngliche Standort in der Nieder-Ramstädter-Straße wegen eines Neubauvorhabens geräumt werden und so zog der Verein in ein frei gewordenes Anwesen in die Hügelstraße 77. Der Vorteil der neuen Lokalität bestand darin, dass auch Konzerte und Veranstaltungen in der dazugehörigen ehemaligen Werkstatt stattfinden konnten. Da dieser Standort neu bebaut wird, musste die Gruppe wieder einmal umziehen und hofft auf geeignete Räumlichkeiten für unterschiedliche Aktivitäten. Man könnte meinen, der stetige Umzug ist ein Teil des dynamischen Konzepts der Gruppe. Das blumen leistet mit seinen sehr kreativen, jungen Mitgliedern einen attraktiven Beitrag zur Vielfalt der Kulturellen Mitte Darmstadt.

Katholisches Bildungszentrum NR 30

In der Nieder-Ramstädter-Straße stadtauswärts befindet sich das zentrale Bildungszentrum der katholischen Kirche in Darmstadt: NR 30 (= Nieder-Ramstädter-Str. 30). NR 30 ist aber mehr als eine Hausnummer. Es ist ein Forum des Dialogs und der Begegnung, dessen Angebote der Erwachsenenbildung Menschen auch aus der weiteren Umgebung von Darmstadt anziehen. Themenschwerpunkte sind Theologie und Religion, berufliche Weiterbildung, Qualifizierung für das Ehrenamt und Beratung von Menschen in besonderen Lebenssituationen.

Auf dem Gelände des Bildungszentrums sind auch die katholische Hochschulgemeinde und ein Altersheim zuhause. Zu wünschen wäre eine attraktive Fußwegverbindung vom Kapellplatz aus. Es fehlen Hinweisschilder. Über das architektonisch ansprechende Gebäude hinaus könnte das Bildungszentrum insgesamt sichtbarer gemacht werden z.B. durch ein großes Logo an der Front.

Papiertheatersammlung Walter Röhler

Im 19. Jahrhundert hatten viele gutbürgerliche Haushalte Papiertheater. Dabei handelte es sich um Bühnen, die aus Papierbögen ausgeschnitten waren mit zu den jeweiligen Stücken passenden, ebenfalls ausgeschnittenen Figuren. Man konnte sich mit Hilfe dieser Bühnen auf ein Theaterstück vorbereiten oder nach einem Besuch das Stück nachspielen. Zu den bedruckten Ausschneidebögen gab es die entsprechenden Kurzbeschreibungen. Der Darmstädter Lehrer Walter Röhler (1911–1974) sammelte leidenschaftlich, was immer er an Exemplaren dieser Theatergattung bekommen konnte. Röhlers Sammlung umfasst

114 aufgebaute Papiertheater, 77 Figuren- und Kulissensätze sowie über 9000 Papiertheaterbögen. Röhler erforschte auch die Geschichte der Papiertheater, schrieb eigene Stücke, korrespondierte mit Fachleuten und veröffentlichte seine Ergebnisse. Testamentarisch vermachte Röhler seinen Nachlass seiner Heimatstadt Darmstadt. Die Sammlung kam zunächst ins Museumsdepot auf der Mathildenhöhe und wurde dann jahrelang ausgeliehen, bis sich schließlich zwanzig Jahre nach Röhlers Tod eine Lösung fand, die seinen testamentarisch bestimmten Bedingungen entsprach. Röhler wollte weder, dass seine Sammlung in einem Depot landet, noch in großen Räumen gezeigt wird. Sie sollte für Publikum zugänglich, die Einzelstücke aber sollten auch nah bei den Besuchern sein. 1994 wurde die Sammlung dem Nachbarschaftsheim Darmstadt e.V. übergeben. Die Stadt stellte einen Theaterwissenschaftler ein, der zusammen mit Ehrenamtlichen die Sammlung ordnete und erschloss. Seit 1997 ist die Sammlung im Gebäude des Nachbarschaftsheims e.V. in der Darmstraße 2 in zwei Räumen auf etwa 40 Quadratmetern zugänglich. Ehrenamtliche Mitarbeiterinnen und Mitarbeiter des Vereins Nachbarschaftsheim bieten Führungen und Vorstellungen an.

Das Offene Haus/Evangelisches Forum

Das Offene Haus in der Rheinstraße 31 ist Sitz und Veranstaltungsort des Evangelischen Dekanats Darmstadt-Stadt. Es wurde 2005 eröffnet. Neben den Büros der Dekanatsverwaltung und der Fachstellen für Bildung und gesellschaftliche Verantwortung, Öffentlichkeitsarbeit, Ökumene und interreligiöses Gespräch, gibt es im Erd- und im ersten Obergeschoss Veranstaltungsräume, das Café im Erdgeschoss, einen Raum der Stille und den ökumenischen Kirchenladen Kirche & Co. Im großzügigen Foyer werden gelegentlich Ausstellungen gezeigt.

Das Veranstaltungsprogramm des Offenen Hauses wird weitgehend getragen von der Evangelischen Erwachsenenbildung, die zweimal im Jahr das umfängliche Programmheft „Bildung, Kultur, Glaube" herausgibt. Daneben prägt die Evangelische Stadtakademie unter ehrenamtlicher Leitung mit ihrem Vortragsprogramm im Winterhalbjahr die Arbeit des Hauses. Im Kirchenladen Kirche & Co. werden die Eintretenden über alle Fragen, Möglichkeiten und Angebote der evangelischen und der katholischen Kirche in Darmstadt unterrichtet und beraten. Auch Kircheneintritte sind möglich. Gesprächsangebote für Trauernde gehören ebenso dazu. Mit dem Namen „Offenes Haus" ist der Name der Einrichtung gleichsam Programm. Das Haus will für alle in der Stadt da sein.

John-F.-Kennedy-Haus

Das nach Plänen des Darmstädter Oberbaudirektors Peter Grund 1951 errichtete Gebäude diente verschiedenen Zwecken als Haus der Kulturgesellschaften und beherbergte lange Jahre das Amerikahaus. 1995 wurde es zum Haus der literarischen Vereine bestimmt. Dazu gehören die Goethe-, die Lichtenberg-, die Langgässer-Gesellschaft, die Gesellschaft Hessischer Literaturfreunde und das P.E.N.-Zentrum. Deutschlandweit aktiv ist die von dem Schriftsteller Kurt Drawert initiierte und geleitete Darmstädter Textwerkstatt. Das Literaturhaus hat ein eigenes Programm mit Lesungen im Herbst und im Frühjahr. Diese und andere Veranstaltungen wie die Lesebühne Kurt Drawerts finden im Erdgeschoss statt.

Die Räume werden auch von anderen im Haus ansässigen Vereinen genutzt. Die Chopin-Gesellschaft gibt Konzerte. Die Dante-Gesellschaft organisiert Vorträge, Lesungen usw. Die Gesellschaft für Christlich-Jüdische Zusammenarbeit unterhält die Alexander-Haas-Bibliothek. Zu nennen sind weitere kulturelle Vereine mit Büro im Kennedy-Haus wie die Luise-Büchner-Gesellschaft und die Darmstädter Tage der Fotografie. Über eigene Räume mit Ausstellungsmöglichkeiten verfügt das Kunst Archiv Darmstadt. Da des Öfteren kritisiert wurde, dass die unterschiedlichen Institutionen im Haus kein gemeinsames Bild ergeben, präsentieren sie sich einmal im Jahr mit einem Tag der offenen Tür.

Kunst Archiv Darmstadt

Zu den kulturellen Vereinen und Institutionen im Kennedy-Haus gehört auch das Kunst Archiv Darmstadt (so genannt seit 1998). Es wurde durch Initiative des Galeristen Klaus Netuschil 1984 als Archiv Darmstädter Künstler gegründet, um Kunst von Darmstädter Künstlerinnen und Künstlern bis in die Gegenwart hinein zu sammeln, zu archivieren, zu dokumentieren und durch Ausstellungen und Publikationen öffentlich zugänglich zu machen.

Der etwa 550 Mitglieder starke Verein hat eine umfangreiche Sammlung aufgebaut, mit der er über die Jahre eine lebhafte, vielbeachtete Ausstellungsszenerie in einem hellen und großzügigen Galerieraum bestreitet. Dazu stehen Archivalien in gut 600 Ordnern, eine Präsensbibliothek mit etwa 4000 Bänden und eine Sammlung von Videofilmen in den archiveigenen Räumen für alle Interessenten zur Verfügung. Es werden Atelierbesuche und überregionale Kunstreisen angeboten.

Das Kunstarchiv sammelt und betreut auch Nachlässe, wie beispielsweise den des Bildhauers Fritz Schwarzbeck oder des Kunstkritikers Robert D'Hooge. Es stößt dabei allerdings bald an die räumlichen Möglichkeiten zur dauerhaften Lagerung. Ein Glanzstück ist das 1987 herausgegebene preiswerte Handbuch „Kunstszene Darmstadt A–Z. Verzeichnis Bildender Künstler in und um Darmstadt", überarbeitet und erweitert 1997 und 2012.

Das Achteckhaus

Das tatsächlich achteckige Haus in der Mauerstraße hat eine lange und sehr wechselvolle Geschichte mit ganz unterschiedlichen Nutzungen hinter sich. Bereits Anfang des 17. Jahrhunderts errichtet und zwischendurch immer mal wieder umgebaut, diente es u.a. als Wohnhaus, Magazin (der „Alte Holzhof"), Heilanstalt (das „Mauerspitälchen"), Notlazarett, Betsaal und Badeanstalt. In den 70er und 80er Jahren des 20. Jahrhunderts erfolgte eine grundlegende Sanierung, die dem markanten Gebäude das charakteristische Zeltdach zurückgab und wertvolle Fresken aus dem 17. Jahrhundert im Innenbereich freilegte. Heute dient das Achteckhaus kulturellen Zwecken. Im Keller residiert der Jazzclub Darmstadt, in dem er auch auftritt, im Erdgeschoss und Obergeschoss hat der Konzertchor Darmstadt seinen Sitz.

Kinos – Citydome und Pali

In der Darmstädter Innenstadt gibt es zwei Kinostandorte. Der erste ist die Kinopassage zwischen Wilhelminenstraße und Grafenstraße. Sie besteht aus dem Citydome und Citydome Rex. Die Programme des Citydome mit mehreren Vorführsälen bestehen vor allem aus einer bunten Mischung populärer Filmneuheiten. Sie werden mit einem gut sicht- und lesbaren Bild- und Textfries oberhalb des Passageneingangs und mit Informationen in der Passage beworben, ein belebendes Element in der Straßenfolge von Einzelhandelsgeschäften gegenüber dem architektonisch monumentalen Luisencenter.

Das Citydome Rex ist im Sinne künstlerischer Filme deutlich ehrgeiziger und entspricht eher einem Programmkino. Es hat ein geräumiges Foyer im Stil der Nachkriegskinos. Man kann sich dort gut aufhalten. Der zweite Kinostandort ist das Pali im nach ihm genannten Pali-Block nordöstlich vom Luisenplatz. Auch das Pali strahlt etwas Kinoatmosphäre aus, wurde aber kürzlich mit frischen Farben und kinogerechten Wandbildern modernisiert. Es zeigt ein teils populäres, teils anspruchsvolles Programm. Dieser Standort könnte einmal ein wichtiges Bindeglied zu den kulturellen Einrichtungen rund um den Friedensplatz werden, wenn der benachbarte Parkplatz vielleicht eines Tages – seinem städtebaulichen Wert entsprechend – grundlegend neu gestaltet wird. Weniger bekannt ist der Studentische Filmkreis der TU Darmstadt e.V. im Gebäude des Audimax. Leider stellt es sich nicht nach außen dar und erweckt damit den Eindruck, dass es sich hier um eine universitätsinterne Einrichtung handelt. Sie kann aber von allen genutzt werden.

Kunsthalle
Ein in seiner lichtvollen Klarheit besonders gelungener Bau der Nachkriegsmoderne ist die Kunsthalle an der Rheinstraße. Sie ist in dieser Lage am „Eingang" zur Innenstadt auch als eine Art Schaufenster der Kunst in Darmstadt gedacht. Bauherr und Träger ist der mitgliederstarke, traditionsreiche Darmstädter Kunstverein.

Der Entwurf für zwei Ausstellungshallen von 200 und 65 Quadratmetern stammt von dem Darmstädter Architekturprofessor Theo Pabst. Feierliche Einweihung war im April 1957. Seitdem bietet der Kunstverein eine Fülle von Ausstellungen, die auch überregional beachtet werden.
1987 baute der Darmstädter Architekt Hans-Henning Heinz einen Erweiterungsbau nach Norden in die Grünanlage. So wurde die Vorderfront komplett erhalten. Das Rheintor wurde deutlich zur Rheinstraße hin mit den Originalsäulen der historischen, früher hier gelegenen Stadtwache von Georg Moller in moderner Fassung sichtbar gemacht. Es entstand auch ein eingezäunter Skulpturengarten.
2017 fand ein Wettbewerb statt, wie der Vorplatz der Kunsthalle zur Rheinstraße, auch in Relation zum gegenüberliegenden Haus der Gewerkschaft und zur überdimensionalen Straßenkreuzung als Platz und Tor zur Innenstadt gestaltet werden kann.

Kunstforum der Technischen Universität Darmstadt.
Im Zuge der Sanierung des repräsentativen Alten Hauptgebäudes der Technischen Universität Darmstadt am Herrngarten konnte 2015 im zweiten Stockwerk ein Raum von etwa 100 Quadratmeter für Kunstausstellungen ausgebaut werden: das neu gegründete Kunstforum der Technischen Universität Darmstadt. Die Leiterin des Kunstforums legt

den Schwerpunkt auf die Präsentation von Gegenwartskunst und auf zeitgenössische Themen wie beispielsweise die Ausstellung „unbehaust", die für die Problematik der Flüchtlinge sensibilisiert. Das Kunstforum kooperiert mit dem Atelierhaus in der Riedeselstraße.

Atelierhaus Riedeselstraße

Das Atelierhaus ist eine Kultureinrichtung der Wissenschaftsstadt Darmstadt. Das Gebäude in der Riedeselstraße war bis 2006 von der Alice-Eleonoren-Schule genutzt. Dann wurde es zum Atelierhaus der Stadt Darmstadt umgebaut. Das Haus hat seinen baulichen Charme dadurch, dass es noch Teile eines Baus vor der Zerstörung Darmstadts 1944 enthält wie beispielsweise Bogenfenster im Parterre. Acht Künstlerinnen und Künstler bilden in dem Gebäude eine Ateliergemeinschaft. Sie organisieren Ausstellungen, Workshops, Werkstattgespräche, Vorträge, Lesungen und Konzerte. Einmal im Jahr werden die Ateliers für die Öffentlichkeit geöffnet. Die Ateliergemeinschaft pflegt Kooperationen mit anderen Kultureinrichtungen, die in der Nähe liegen wie das Moller-Haus oder das halbNeun-Theater.

Schader-Stiftung und Galerie der Schader-Stiftung

Am Ende der Wilhelminenstraße, aber noch leicht von der Innenstadt aus in Richtung Bessungen zu erreichen, liegt das von den Darmstädter Architekten Prof. Rüdiger Kramm und Andrea Jörder (Büro Kramm & Strigl) entworfene und 2010 eröffnete Gebäude der Schader-Stiftung, ihm direkt gegenüber hat die Galerie der Schader-Stiftung ihren Standort. Aufgabe der Schader-Stiftung, die 1988 von Alois M. Schader gegründet wurde, ist die Förderung des Dialogs zwischen Sozialwissenschaften und gesellschaftlicher Praxis. Dazu gehört ein breites Themenspektrum wie Wohnen, Urbanität, Arbeit, Jugend, Kultur, Gesundheit und Nachhaltigkeit. Die Schader-Stiftung hat dazu neben einer Fülle von Veranstaltungen und Kooperationen einige feste Einrichtungen innerhalb der Stiftung geschaffen, wie das Schader-Forum, den Schader-Preis oder auch den Großen Konvent, in dem vor allem Wissenschaftlerinnen und Wissenschaftler interdisziplinär Schwerpunkte der Stiftung diskutieren und für die zukünftige Arbeit empfehlen. Konzeption und Organisation dieser Arbeit obliegt einem mehrköpfigen Team in der Geschäftsstelle.

Aus der Vielzahl der Themen hat sich mittlerweile eine lange Liste von Publikationen entwickelt. Unterstützt wird die Arbeit auch von der Schader-Galerie. In Kooperation mit dem Hessischen Landesmuseum Darmstadt zeigt sie zeitgenössische Künstlerinnen und Künstler, die sich besonders mit sozialwissenschaftlich relevanten Fragestellungen befassen. So führte beispielsweise das mehrjährige Schwerpunktthema Transit, das der Kulturfonds RheinMain als regionaltypisch ausgegeben hatte, zu Ausstellungen der Schader-Galerie.

Jazzinstitut und andere kulturelle Einrichtungen

Im ehemaligen großherzoglichen Jagdhof (Bessunger Kavaliershaus, 18. Jahrhundert) wurde nach umfangreicher Sanierung 1990 das Jazzinstitut mit Archiv und Gewölbekeller für Konzerte und Veranstaltungen eingerichtet. Es vermittelt zwischen Wissenschaft und Praxis der internationalen Jazzszene. Das Jazzinstitut umfasst europaweit die größte öffentliche Sammlung mit Büchern, Zeitschriften, Tonträgern, Fotos, Videos und Plakaten zum Thema Jazz. Diese Medien werden auch in Ausstellungen gezeigt.

Von den regelmäßigen Veranstaltungen ist besonders der JazzTalk mit Jazzmusikerinnen und Jazzmusikern bekannt geworden, ebenso die Kooperation mit der Bessunger Knabenschule. Das Jazzinstitut stellt heute eine Institution von überregionaler Bedeutung dar.

Wenn auch nicht unmittelbar im topografischen Bereich der Kulturellen Mitte Darmstadts liegend, so gehören doch, wie das oben beschriebene Jazzinstitut, einige weitere bedeutende Institutionen zu den unverzichtbaren Bestandteilen des kulturellen Lebens dieser Stadt: Kulturzentrum Bessunger Knabenschule, Kikeriki Theater in Bessungen, Glückert-Haus mit der Deutschen Akademie für Sprache und Dichtung, Pauluskirche, Orangerie – Neue Bühne Darmstadt, Akademie für Tonkunst, Institut für neue Musik und Musikerziehung, Internationales Musikinstitut Darmstadt (Ferienkurse für neue Musik), Bioversum, Jagdschloss Kranichstein, als Stadtkrone das Ensemble auf der Mathildenhöhe und andere.

Teil II:
Der Blick von außen

Es folgen die Bilder der 11. Darmstädter Stadtfotografin, die 2017 zum Thema Kulturelle Mitte Darmstadt entstanden sind.

Stadterkundung

Die Bilder der Stadtfotografin 2017

Seit 2001 wählt die Werkbundakademie Darmstadt mit Hilfe einer ehrenamtlichen Jury und mit Unterstützung der Stadt Darmstadt einen Stadtfotografen, eine Stadtfotografin, die sich mit dem Stadtbild Darmstadts im Allgemeinen oder mit besonderen Aspekten, zum Beispiel Wissenschaftsstadt Darmstadt, im künstlerischen Medium der Fotografie beschäftigt. So hatte sich der 10. Stadtfotograf 2014/15, Waldemar Salesski, auf den großherzoglichen Baumeister Georg Moller konzentriert, auf das, was heute noch in Stadt und Region von seinen Bauten und Anlagen zu sehen ist.

Anna Lehmann-Brauns hat die jahrelange Kooperation der Darmstädter Agenda21 Themengruppe StadtGestalt und der Werkbundakademie mit dem komplexen Thema Kulturelle Mitte Darmstadt 2017 aufgegriffen und auf ihre Weise fotografisch interpretiert. Ihre sehr eigenwilligen Bilder zeigen ungewohnte Aspekte von repräsentativen Bauten, Straßen und Plätzen ebenso wie überraschende, vielen sicherlich auch unbekannte, manchmal fast geheimnisvolle Details aus Unterführungen, Schaufenstern oder Fassaden. All das wurde letztlich von Menschen dieser Stadt geschaffen oder veranlasst, es gehört deshalb auch alles zusammen zur kulturellen Atmosphäre einer Stadtmitte, so ihre Aussage. Damit hat sie, die Darmstadt schon aus ihrer Jugendzeit kannte, ein sehr persönliches Panorama dieser Stadtmitte geliefert, das noch vom Wiederaufbau geprägt ist, aber auch viele Absonderlichkeiten aufweist, wie sie nur in einer vitalen, aber immer auch unfertigen Stadt der Gegenwart zu finden sind.

Diese fotografische Arbeit zeigte das Kunstforum der Technischen Universität Darmstadt im Februar/März 2018 in einer Ausstellung, zu der auch ein Katalog vorliegt. Wir danken Anna Lehmann-Brauns, dass sie ihre Bilder dafür zur Verfügung gestellt hat. Vollständig sind die Fotos im Katalog zur Ausstellung zu sehen, zu beziehen über die Werkbundakademie Darmstadt oder über das Kunstforum der TU Darmstadt.

Marktplatz 9–14 | 2017

Landgraf-Georg-Straße, Ecke Kaplaneigasse | Sauerland | 2017

Rheinstraße, Ecke Steubenplatz | Kunsthalle Darmstadt und Rheintor | 2017

Sandstraße 10 | Loge und Theater Moller Haus | 2017

Georg-Büchner-Platz | Eingang zum Theaterparkhaus | 2017

Friedensplatz 11 | Das Waben, Extasis | 2017

Magdalenenstraße 6 | TU Darmstadt, Maschinenbauhalle | 2017

Landgraf-Georg-Straße 2 | TU Darmstadt, Elektrotechnik und Informationstechnik | 2017

Georg-Büchner-Platz 1 | Staatstheater Darmstadt | 2017

Karolinenplatz 5 | TU Darmstadt, Audimax | 2017

City-Ring (Holzstraße), Ecke Marktplatz | Saladin-Eck und Goldene Krone | 2017

Kasinostraße 123 | Mehrparteienwohnhaus | 2017

Wilhelminenstraße | Luisencenter | 2017

Im Carree | Centralsation | 2017

Kirchstraße/Große Bachstraße | Unterführung | 2017

Landgraf-Georg-Straße 5 | Eis-Café Roth | 2017

Alexanderstraße 4 | TU Darmstadt, Mensa Stadtmitte | 2017

Schloßgraben | Neuschloß, Südöstlicher Eckpavillon | 2017

Rheinstraße 39 | Restaurant Istanbul | 2017

Goethestraße 1 | Galerie der Schaderstiftung | 2017

Im Carree | Markthalle Vapiano | 2017

Fraunhoferstraße | TU Darmstadt, Hochspannungshalle | 2017

Schulstraße/Kapellplatz | Unterführung | 2017

Der neue Georg-Büchner-Platz und das Hessische Staatstheater | 2017

Anna Lehmann-Brauns, geboren 1967, lebt und arbeitet in Berlin. Sie studierte Fotografie an der Hochschule für Grafik und Buchkunst Leipzig, wo sie Meisterschülerin von Joachim Brohm wurde. Seitdem hatte sie zahlreiche Ausstellungen im In- und Ausland und wurde mehrfach ausgezeichnet.

Ausgewählte Ausstellungen [(E) = Einzelausstellung]
2018 | Raum/Räume | Galerie Springer | Berlin | Fotografien | Kunstverein Konstanz (E) | Der Blick von Außen | Kunstforum der TU Darmstadt (E) | 2017 | Wilsidewest | Galerie 94 | Baden | Schweiz (E) | Fotografien | Galerie Greulich | Frankfurt am Main (E) | Fotografien | Haus am Kleistpark | Berlin (E) | 2017 | First choice photography II | Galerie Springer | Berlin | Fotografien | Galerie Grashey | Junimond | Konstanz (E) | Seepferdchen und Flugfische | 100 Jahre Dada | Arp Museum | Bahnhof Rolandseck | Strümpfe | the supper artclub (E) | Mannheim | 2015 | New Photographs | Galerie Springer Berlin (E) | Nachbarschaft | DAM – Deutsches Architekturmuseum | Frankfurt am Main | Gegen den Tag | HaL – Haus am Lützowplatz | Berlin | Paradies/Schwarz | Galerie Greulich | Frankfurt am Main (E) | 2014 | Paradise Lost | zusammen mit Sabine Dehnel | LSD Galerie | Berlin | Drive the change @100plus | Hohlstraße | Zürich | Werkhallen Obermann | Burkhard | Permanent Exhibition | 2013 | First Choice Photography | Galerie Springer | Berlin | Miss You | LSD Galerie | Berlin (E) | Raum/Räume | Galerie Springer | Berlin | 2012 | Schwarzmalerei | Kunsthalle Frisch | Berlin (E) | Lucy in the sky with diamonds | LSD Galerie | Berlin | Fotografien | Kunstvilla Bregenz (E) | 2011 | Innenwelten – Erinnerung | Nostalgie und Exotik | Museum Kunst der Westküste | Alkersum/Föhr | Feature | Morgen Contemporary | Berlin (E) | Still love you | Galerie Greulich | Frankfurt am Main (E) | 2010 | Fiction Rooms | Galerie Lichtpunkt | München | 2009 | Wege zum Glück | Galerie Greulich | Frankfurt am Main (E).

Ausgewählte Stipendien und Preise
Darmstädter Stadtfotografin 2017 | Fotopreis Haus am Kleistpark 2017 | Stipendiatin Schloss Balmoral 2015 | Anerkennungspreis Europäischer Architekturfotografie-Preis 2015 | Gastprofessur an der Universität für Angewandte Kunst Wien 2010 | Art Prize Hospiz, Kunstquartier Arlberg 2009 | DAAD Travel Grant 2002 | Stipendiatin Heinrich Böll Stiftung 2001 | Kodak Nachwuchsförderpreis 1999 | BRITA Kunstpreis 1. Preis 1999.

Kontakt: Anna Lehmann-Brauns
annalehmannbrauns.de

Jurymitglieder

Reinhold Fischenich DWB
Biologe, Oberstudienrat a. D., freier Fotograf in Mainz/Wiesbaden

Franziska von Gagern
freie Fotografin in München, Darmstädter Stadtfotografin 2003

Prof. Michael Kerstgens
freier Fotograf Oberhausen, Prof. an der Hochschule Darmstadt h-da

Dipl.-Ing. Andreas Löhr
Architekt in Darmstadt, 2. Vorsitzender der Werkbundakademie Darmstadt

Julia Reichelt
Kuratorin in Darmstadt, Leiterin des Kunstforums der Technischen Universität Darmstadt

Die Werkbundakademie Darmstadt bedankt sich herzlich für die ehrenamtliche Jurytätigkeit.

Teil III:
Luft nach oben
Arbeiten aus dem Sommersemester 2016

Es folgen zwölf Seiten Text mit Fotos und Zeichnungen als Zusammenfassung der Ergebnisse von Studierendenarbeiten der FH Geisenheim und der TU Darmstadt zu diesem Thema. Das Layout entstand durch die Autoren.

Inga Bolik, Constanze A. Petrow, Jörg Dettmar und Martin Biedermann

Luft nach oben
Entwürfe für die zentralen öffentlichen Freiräume der Darmstädter Innenstadt

erarbeitet am Fachgebiet Freiraumplanung des Fachbereichs Architektur der TU Darmstadt
und am Studienbereich Landschaftsarchitektur der Hochschule Geisenheim University

Anlass

„Armes Darmstadt, deine Plätze" lautet der Titel einer Publikation aus dem Jahr 1969. Genauso gut könnte er aus der heutigen Zeit stammen. Denn Darmstadt, eine kleine Großstadt im Süden der prosperierenden Metropolregion RheinMain, hinkt vielen deutschen Städten in Hinblick auf die Attraktivität ihrer zentralen öffentlichen Freiflächen hinterher.

Dabei blickt die Stadt auf eine abwechslungsreiche Geschichte zurück, welche bis heute im Stadtbild ablesbar ist. Bis zum Beginn des 20. Jahrhunderts war es das Zentrum des Großherzogtums Hessen. Trotz massiver Zerstörungen im Zweiten Weltkrieg zeugen davon noch viele Bauten, aber auch Parks, Gärten und Platzanlagen. Während des Zweiten Weltkriegs in der sogenannten „Brandnacht" vom 11. auf den 12. September 1944 fast vollständig zerstört, wurde die Innenstadt in den 1950er und 1960er Jahren nach dem architektonischen Leitbild der Nachkriegsmoderne und den städtebaulichen Leitbildern der „Autogerechten Stadt" und „Aufgelockerten Stadt" wiederaufgebaut. Dabei wurde sie zu einem wichtigen Experimentierfeld für Architektur und Städtebau. Auch diese Epoche bestimmt das Stadtbild Darmstadts bis in die Gegenwart.

Heute ist Darmstadt eine lebendige Stadt mit hoher Lebensqualität. Rund 160000 Menschen leben hier, und die Bevölkerung wächst weiter. Die Technische Universität und die Hochschule Darmstadt ziehen Studierende an, gut bezahlte Jobs junge Familien. Entsprechend hoch ist auch die Zahl der Kinder, die in Darmstadt leben. Dass eine prosperierende Stadt mit überdurchschnittlicher Kaufkraft dennoch massive Haushaltsprobleme hat, verwundert. Die Gründe dafür liegen eher in der Haushaltsführung in der Vergangenheit als in mangelnden Einnahmen in der Gegenwart. Trotzdem bildet sich die Haushaltslage der Stadt deutlich im Erscheinungsbild der Innenstadt ab. Auf Plätzen und in der Fußgängerzone bestehen erhebliche Defizite. Die Umgestaltung des Friedensplatzes begann nach jahrzehntelangen Diskussionen und mehrfachen Planungsansätzen endlich im Jahr 2017. Zuvor wurde der Georg-Büchner-Platz vor dem Staatstheater neu gestaltet. Er macht deutlich, welche Anziehungskraft ein attraktiver öffentlicher Freiraum entfalten kann und wie er die Aufenthaltsqualität der Innenstadt zu steigern vermag.

All das war im Sommersemester 2016 Anlass, sich im Rahmen eines Semesterentwurfs an der TU Darmstadt und der Hochschule Geisenheim University systematisch mit den Defiziten, Potenzialen und Chancen der öffentlichen Freiräume in der Darmstädter Innenstadt auseinanderzusetzen. Angeregt wurde das Projekt durch den Arbeitskreis Kulturelle Mitte Darmstadt, der sich dafür engagiert, die öffentliche Aufmerksamkeit auf das Potenzial und die Bedeutung gut gestalteter öffentlicher Räume in der Innenstadt zu lenken.

An dem freiraumplanerischen Entwurf „Luft nach oben. Freiraumstrategien für die Darmstädter Innenstadt" nahmen 35 Studierende der Architektur an der TU Darmstadt unter der Leitung von Prof. Dr. Jörg Dettmar, Inga Bolik und Martin Biedermann sowie 17 Studierende der Landschaftsarchitektur an der Hochschule Geisenheim University unter der Leitung von Prof. Dr. Constanze A. Petrow teil.
Ziel des Entwurfs war es, die Darmstädter Innenstadt mit ihren verschiedenen Plätzen und Grünräumen zunächst zu verstehen und darauf aufbauend eine übergeordnete innerstädtische Strategie sowie Gestaltungsvorschläge für einzelne Freiräume zu entwickeln. Eine wichtige Rolle spielte im Entwurfsprozess die Auseinandersetzung mit „Zukunftsthemen", die künftig für Darmstadt relevant werden könnten, sowie mit der Frage, wie diese die Anforderungen an öffentlichen Stadträumen und deren Gestaltung beeinflussen werden.

Arbeitsprozess und Entwurfsergebnisse des Projekts an der TU Darmstadt

Die Bearbeitung erfolgte in vier Schritten: Auf eine städtebaulich-freiraumplanerische Analyse der Innenstadt folgte eine vertiefende Analyse von zwanzig ausgewählten Freiräumen. Im Anschluss wurden von den Studierenden freiraumplanerische Strategien für die Innenstadt entwickelt und diese im letzten Schritt in einem Entwurf für einen konkreten Freiraum ausgearbeitet.

1. Gesamtstädtische Analyse

Im ersten Schritt, der städtebaulich-freiraumplanerischen Analyse, befassten sich die Studierenden mit der geschichtlichen Entwicklung, den baulichen Strukturen und den Freiraumtypologien, den Verkehrsinfrastrukturen sowie den sozio-kulturellen Rahmenbedingungen in Darmstadt. Mit Hilfe von Plänen, Piktogrammen und fotografischen Dokumentationen stellten sie ihre Erkenntnisse aus der Literaturrecherche und der Bestandsaufnahme vor Ort vor.

2| Verkehrssituation und 3| Gebäudenutzungen,

(Bui, Eckes, Mohammadi, Lewalder, Nehm, Lai, Rieke, Vehrenberg)

Dabei zeigte sich, wie stark das Erscheinungsbild Darmstadts von der Nachkriegsmoderne geprägt ist. Die Bausubstanz der Innenstadt stammt zum überwiegenden Teil aus den 1950er und 1960er Jahren. Es sind zumeist drei- bis fünfgeschossige Gebäude im Blockrand mit Geschäftsnutzung im Erdgeschoss und Wohnnutzung in den oberen Etagen. Diese Struktur wird durch großmaßstäbliche Einkaufskomplexe ergänzt wie dem bis 1977 erbauten Luisencenter am Luisenplatz am Standort des ehemaligen Stadtpalais.
Die Innenstadt ist für den Individualverkehr gut angebunden und es ist ein ausreichendes Parkplatzangebot durch große Tiefgaragen gewährleistet. Ebenfalls besteht eine gute An-

bindung durch den öffentlichen Nahverkehr, welcher in der Innenstadt über die Knotenpunkte Luisenplatz und Schloss verteilt wird. Darüber hinaus prägen das Schloss und andere Bauten aus Darmstadts Zeit als Residenz der Landgrafen von Hessen-Darmstadt (1568–1806), Hauptstadt des Großherzogtums Hessen (bis 1919) sowie hessische Landeshauptstadt das Stadtbild. Diese Geschichte zeigt sich auch in einer reichen Freiraumausstattung: Darmstadt gilt als sehr grüne Stadt. Es gibt ein umfängliches Erbe an historischen Parks, zum Beispiel den Herrngarten, die Orangerie, Rosenhöhe, Mathildenhöhe und der Prinz-Georg-Garten. Auch viele kleinere Grünflächen und Grünzüge sowie baumgesäumte Alleen prägen das Stadtbild. Darmstadt ist zudem von einem Waldgürtel umgeben, der 49 Prozent der Gemarkungsfläche bedeckt, und gehört damit zu den waldreichsten Großstädten Deutschlands.

Ebenso zählt Darmstadt zu den sogenannten Schwarmstädten, welche aufgrund ihrer zentralen Lage und einem breiten Angebot an Bildungsstätten für die Gruppe der jungen Erwachsenen besonders attraktiv sind. Für Darmstadt wird nicht nur das oben erwähnte Anwachsen der Bevölkerung prognostiziert, es wird sich darüber hinaus auch das demografische Verhältnis ändern.

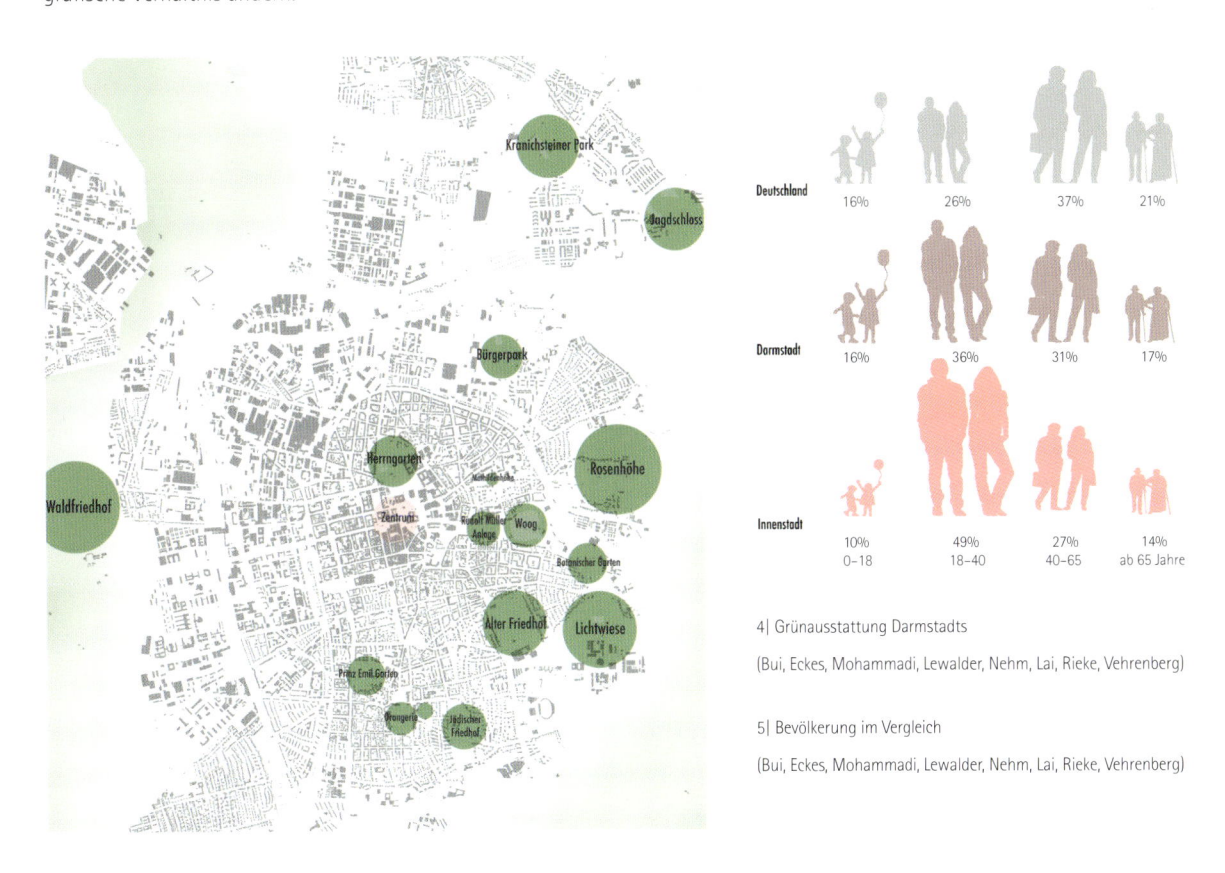

4| Grünausstattung Darmstadts
(Bui, Eckes, Mohammadi, Lewalder, Nehm, Lai, Rieke, Vehrenberg)

5| Bevölkerung im Vergleich
(Bui, Eckes, Mohammadi, Lewalder, Nehm, Lai, Rieke, Vehrenberg)

Das hat Auswirkungen auf die Art und Intensität der Nutzung der Freiräume. Zugleich zieht der Bevölkerungszuwachs eine erhöhte Nachfrage nach Wohnraum nach sich. Hier stößt die Stadt deutlich an ihre Grenzen: 290 Hektar prognostizierter Nachfrage stehen

60 Hektar Flächenressourcen gegenüber. Es wird also zukünftig nicht mehr Freiräume als bereits vorhanden geben können. In der Summe stehen gestiegene Nutzungsansprüche und -intensitäten einem gleichbleibenden, wenn nicht sogar schrumpfenden Freiflächenpotenzial gegenüber.

Das Angebot öffentlicher Freiräume in Darmstadt ist vielfältig, wobei die Nutzungs- und Gestaltungsqualitäten äußerst unterschiedlich sind. Besonders charakteristisch ist die weitläufige Fußgängerzone, die mit ihren Materialien und Ausstattungselementen noch immer das Flair der 1970er Jahre verströmt. Außerhalb der Ladenöffnungszeiten bietet sie kaum Aufenthaltsqualität und ist zu dieser Zeit ein relativ toter Ort.

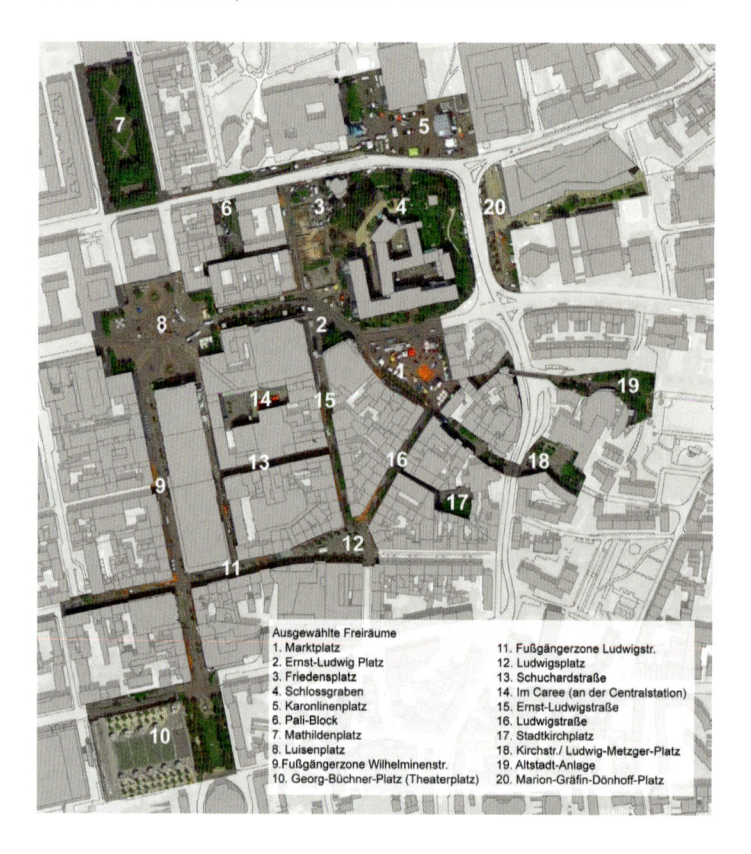

6| Überblick über die ausgewählten Freiräume

Ausgewählte Freiräume
1. Marktplatz
2. Ernst-Ludwig Platz
3. Friedensplatz
4. Schlossgraben
5. Karonlinenplatz
6. Pali-Block
7. Mathildenplatz
8. Luisenplatz
9. Fußgängerzone Wilhelminenstr.
10. Georg-Büchner-Platz (Theaterplatz)
11. Fußgängerzone Ludwigstr.
12. Ludwigsplatz
13. Schuchardstraße
14. Im Caree (an der Centralstation)
15. Ernst-Ludwigstraße
16. Ludwigstraße
17. Stadtkirchplatz
18. Kirchstr./ Ludwig-Metzger-Platz
19. Altstadt-Anlage
20. Marion-Gräfin-Dönhoff-Platz

2. Vertiefte Analyse ausgewählter Freiräume

Im zweiten Schritt des Entwurfsprojekts wurden zwanzig ausgewählte Freiräume der Innenstadt tiefergehend analysiert. Ziel dieses Arbeitsschrittes war es, die Potenziale und Defizite der einzelnen Freiräume und ihre individuellen Begabungen herauszuarbeiten. Methodisch wurden hierfür Post-Occupancy-Evaluations (modifiziert nach Cooper und Francis 1998) und Nutzerbefragungen in Form von informellen Interviews sowie mittels des Semantischen Differentials („Stimmungsdifferenzial", modifiziert nach Osgood, Tannenbaum und Suci 1957; BBSR 2008) durchgeführt sowie thematische Fotoserien erstellt. Die Post-Occupancy-Evaluation (POE) besteht aus zwei Analyseteilen. Im ersten Schritt wird die physische Gestalt eines Freiraums erfasst. Hierzu gehören die Darstellung des Freiraums in seinem städtebaulichen Kontext und seiner Zonierung in unterschiedliche Funktionsbereiche, die Analyse der aktuellen Gestaltung, eine Dokumentation der vorhandenen Ge- und Verbote (z.B. in Form von Schildern oder symbolischen Zeichen wie Hecken oder Gittern) sowie einer Bewertung des Zustands.

POE Karolinenplatz: 7| Zonierung und 8| Tracing
(Eckes und Rieke)

Im zweiten Schritt der POE steht die Analyse der sozialen Leistungsfähigkeit des Freiraums sowie die Wahrnehmung durch seine Nutzerinnen und Nutzer im Vordergrund. Hierfür wird die individuelle sinnliche Wahrnehmung des Ortes durch die Untersuchenden aufgenommen. Darüber hinaus werden an verschiedenen Wochentagen und zu unterschiedlichen Tageszeiten Aktivitäten, Bewegungsmuster und Nutzungsspuren durch Vor-Ort-Beobachtungen protokolliert und kartiert. Vervollständigt wird die Vor-Ort-Analyse durch Nutzerbefragungen, die als informelle Interviews geführt werden, um den Grund des Aufenthalts, die Bedeutung, die der Ort für die jeweilige Person spielt, die Aktivitäten, denen diese nachgeht, die Häufigkeit und Dauer des Aufenthalts, die Zufriedenheit mit der Gestaltung und den Nutzungsangeboten sowie Missfallen und Änderungswünsche zu erfragen.

Vertiefend wurden die Befragten in Darmstadt gebeten, den jeweiligen Freiraum mit Hilfe des „Stimmungsdifferenzials" zu beschreiben. In diesem werden 15 Adjektive als Gegensatzpaare (schön – hässlich, erholsam – hektisch, vernachlässigt – gepflegt etc.) gegenübergestellt, wobei jedes Gegensatzpaar die Endpunkte einer Skala mit Zwischenstufen von 1–7 markiert. Durch Ankreuzen der für die Befragten zutreffendsten Zwischenstufe können die empfundenen Eigenschaften und damit die Charakteristik des Freiraums erfragt werden.

Der Platz wirkt auf mich sehr leer und einsam!

Es stehen zu wenig Fahrradstellplätze zur Verfügung!

Auf dem Platz ist zu wenig Grünfläche angelegt!

Es ist keine zusammenhängende Planung ersichtlich!

Der Platz hat nur wenig Angebote!

Ich empfinde den Straßenlärm am Platz als sehr störend!

Ich vermisse Sitzmöglichkeiten zum Verweilen!

Umgestaltung des Platzes mit einheitlichem Konzept!

Mehr Sitzmöglichkeiten zum Entspannen schaffen!

Den City-Ring abschaffen!

Mehr Veranstaltungen auf dem Platz ausrichten!

Besserer Belag zum Skaten vor dem Archiv!

Mehr Cafés und Bars, um den Platz zu beleben!

Büsche zur Straße hin würden diese etwas abschirmen!

9| Nutzerumfrage Karolinenplatz (Eckes und Rieke)

Durch diesen vertiefenden Analyseschritt konnten sehr differenzierte Bilder von den ausgewählten zwanzig Freiräumen erstellt und Aussagen zu ihren Qualitäten, Defiziten und Potenzialen getroffen werden.

Hinsichtlich ihrer Vernetzung und ihrer Attraktivität sowie ihrer Rolle für das städtische Leben zeigte sich in der Analyse insbesondere für die Freiräume der Fußgängerzone (Elisabethenstraße, Luisenstraße und Ludwigsplatz), die großen Stadtplätze Karolinenplatz, Friedensplatz und Ernst-Ludwigs-Platz sowie für die Altstadtanlage und den Ludwig-Metzger-Platz noch viel „Luft nach oben" und damit ein erhebliches Potenzial für eine Neugestaltung.

3. Strategiephase

Nach der Analyse wurden übergeordnete Strategien für das Netz der Freiräume der Innenstadt entwickelt. Im Kontext des Masterplan-Prozesses hatte die Darmstädter Stadtpolitik und -verwaltung u.a. die „Qualität der öffentlichen Räume" als eine zentrale Herausforderung benannt. Darüber hinaus wurden soziale Ziele aufgestellt, wie die Vermeidung von Gentrifizierung, die Integration von Flüchtlingen und die Förderung von Partizipation, sowie stadtökologische Anforderungen thematisiert wie die Klimaanpassung, die Förderung der Biodiversität, aber auch Fragen moderner Mobilität.

Um den Studierenden Ansatzpunkte für ihre Entwürfe zu geben, wurde in Workshops über mögliche Leitthemen für die künftige Innenstadtentwicklung diskutiert. Diese übergeordneten Themen sollten verhindern, dass die Studierenden nur „kosmetische" Verbesserungen für die Freiräume vorschlagen. Über ein thematisch begründetes Gerüst ließen sich Veränderungen und Umgestaltungen der Freiräume nachvollziehbarer herleiten und qualifizierter entwickeln.

Dazu wurde eine Auswahl von aktuellen und zukünftigen Stadtentwicklungsthemen, die derzeit in der Stadtplanung und Architektur diskutiert werden, vorgegeben. Aus insgesamt dreizehn Themen konnten die Studierenden eines oder mehrere auswählen, um ein sinnvolles thematisches Gerüst für die Entwicklung der Darmstädter Innenstadt zu bilden. Die Themen waren folgende:

> Demografie: Funktionen der Freiräume für unterschiedliche Generationen –
   Wie reagiert man auf die Zunahme älterer Menschen in der Gesellschaft?

> Nachhaltige Mobilität: neue Anforderungen an die öffentlichen Räume, Verbesserung des ÖPNV, Förderung des Radverkehrs, intelligente Nutzung verschiedener Verkehrsmittel etc.;
> Bürgerengagement: Wie reagiert man auf das zunehmende Interesse von Bürgerinnen und Bürgern für die aktive Entwicklung und Gestaltung ihres Lebensumfelds?
> Klimawandel: Bei der Anpassung an den Klimawandel spielen Freiräume in der Stadt in Hinblick auf Begrünungen oder die Regenwasserbewirtschaftung eine wichtige Rolle;
> Stadt als Labor: Städte sind „melting pots", in welchen das Miteinander über gesellschaftliche, soziale und religiöse Unterschiede hinweg ausprobiert wird, und öffentliche Räume sind Treffpunkte der Stadtgesellschaft;
> Medien: In der Informationsgesellschaft verändern sich Funktion und Nutzung der öffentlichen Freiräume – wie reagiert man darauf?
> Do-it-yourself: Die „shareculture" mit entsprechenden Plattformen lässt sich gut in öffentliche Räume integrieren und bietet Potenzial für nachhaltiges Wirtschaften;
> Soziale Fragen: Integration, Migration, Gentrifizierung, die Spaltung der Gesellschaft – hier spielt eine sozial gerechte Freiraumversorgung eine wichtige Rolle;
> Lebensstile, Individualisierung vs. Homogenisierung: Die Stadtgesellschaft verändert sich dynamisch zwischen inszenierter Individualität und konsumbedingter Uniformität; die Aufmerksamkeit für Inszenierungen finden gerade in öffentlichen Räumen statt;
> Sicherheit: Angesichts diffuser Bedrohungen ist sie in öffentlichen Räumen ein Thema – was sind hier angemessene und akzeptable Maßnahmen?
> Gesundheit: Die Gesundheitsvorsorge wird immer wichtiger und betrifft auch die Ausstattung, Angebote und Nutzbarkeit öffentlicher Räume sowie die Minderung negativer Effekte von Umweltstressoren;
> Privatisierung vs. Öffentlichkeit: Wieviel Kommerzialisierung vertragen die öffentlichen Räume und wie sichert man konsumfreie Angebote?
> Stadtidentität: Was macht Darmstadt aus? Wie lassen sich ein charakteristisches Stadtbild, die Ablesbarkeit der Stadtgeschichte, die Vielfalt der Stadtgesellschaft und die Sichtbarkeit sozialer Prozesse verbinden?

In dem auf die Analysephase folgenden Arbeitsprozess entwickelten die fünf Entwurfsgruppen an der TU Darmstadt Strategien, die sich auf verschiedene Zukunftsthemen beziehen: „Darmstadt wächst diagonal", „Patient 64283", „Klimaresiliente Stadt", „Lebendiges Zentrum" und „Dynamische Mitte".

> Die Strategie „Patient 64283" hat das Thema der Gesundheit als Leitbild gewählt. Damit wird die „aktive" und „passive" Gesundheit angesprochen. Zum einen geht es um die Motivierung der Bevölkerung zu alltäglicher Bewegung und wie sich dies in den öffentlichen Räumen realisieren lässt. Passive Faktoren betreffen die Verbesserung der Umweltqualität in Hinblick auf Umweltstressoren wie Lärm und Schadstoffemissionen und wie sich städtische Räume in dieser Hinsicht optimieren lassen.
> Die Strategie „Klimaresiliente Stadt" bezieht sich auf das Zukunftsthema „Klimawandel" und fragt danach, wie sich stadtklimatische Extreme wie Starkregenereignisse und Hitzeperioden reduzieren und Umweltstressoren mindern lassen.

> Die Strategie „Darmstadt wächst diagonal" setzt den Schwerpunkt auf sozio-kulturelle Herausforderungen wie die wachsende Multikulturalität und ethnische Diversifizierung, die zunehmende Spaltung der Gesellschaft in Arm und Reich und den demografischen Wandel. Durch eine Vielfalt an Angeboten und Gestaltungen sollen möglichst viele Nutzergruppen, die mit ihren Lebensstilen und Bedürfnissen unterschiedliche Anforderungen an die öffentlichen Freiräume stellen, angesprochen werden. Der Titel bezieht sich auf das prognostiziere Bevölkerungswachstum bei gleichbleibendem Freiflächenpotenzial, so dass eine multifunktionale Nutzung der Stadträume forciert werden muss.

10| Strategie „Darmstadt wächst diagonal"
(Bui, Eckes, Mohammadi, Lewalder, Nehm, Lai, Rieke, Vehrenberg)

4. Konzept und Entwurfsphase

Innerhalb der beschriebenen Strategien wählten die Studierenden jeweils einen strategisch bedeutsamen Freiraum aus. Basierend auf den in der Analyse herausgestellten Potenzialen und Begabungen der Orte erarbeiteten sie Konzepte für die Neugestaltung aus.
Um eine Rückkopplung zu ersten Ideen von Darmstädter Bürgerinnen und Bürgern zu erhalten, wurden diese an einem Samstag im Juni 2016 vor Ort in der Innenstadt präsentiert und diskutiert. Hierzu entwarfen die Entwurfsgruppen verschiedene interaktive Modelle

und Pläne, welche die Passanten dazu animierten, ihre Meinung und eigene Ideen zu äußern. Mit diesem Input im Gepäck konnten die insgesamt zwanzig Entwürfe für Freiräume in der Innenstadt fertiggestellt und vor den eingeladenen Gastkritikern von der Initiative Kulturelle Mitte Darmstadt und dem Verein Urban Gardening Darmstadt präsentiert werden.

11 + 12| Innenstadtaktion (TU Darmstadt, Fachgebiet Entwerfen und Freiraumplanung)

Exemplarisch werden aus diesen im Folgenden sieben Freiraumentwürfe vorgestellt.

Living room Elisabethenstraße (Strategie: „Darmstadt wächst diagonal")

Die Elisabethenstraße ist eine der wichtigen Einkaufsstraßen in Darmstadt und verbindet die Mollerstadt mit dem Ludwigsplatz. Gemäß der Analyse der Entwurfsverfasser kann die Elisabethenstraße gestalterisch in drei Teilbereiche gegliedert werden:

> Der Abschnitt zwischen Ludwigsplatz und Luisenstraße wird von den Arkaden und Baumreihen auf der Nordseite angenehm beeinflusst. Den Baumstandorten sind Fahrradständer und einzelne Sitzgelegenheiten zugeordnet. Die Gebäude entstammen überwiegend den 1950er Jahren und damit der für Darmstadt wichtigen Epoche des Wiederaufbaus.

> Den Bereich zwischen Luisen- und Wilhelminenstraße dominiert das Karstadt-Gebäude aus den 1970er Jahren mit einer optisch schweren Fassade. Die Erschließungssituation des Kaufhauses mit seinen Auf- und Abgängen prägt den Stadtraum.

> Die Zone zwischen Wilhelminenstraße und dem Bürgeramt an der Grafenstraße wird von den Außenbereichen der anliegenden Gastronomie geprägt.

Tung Bui und Philipp Vehrenberg

13| Blick in die Elisabethenstraße (Bui, Vehrenberg)

Die Elisabethenstraße zeigt sich – wie viele andere Straßen in der Darmstädter Innenstadt auch – als gestalterisch „in die Jahre gekommen". Schäden an den Bodenbelägen und Mängel in der Pflege der wenigen Pflanzflächen bestimmen das Bild.

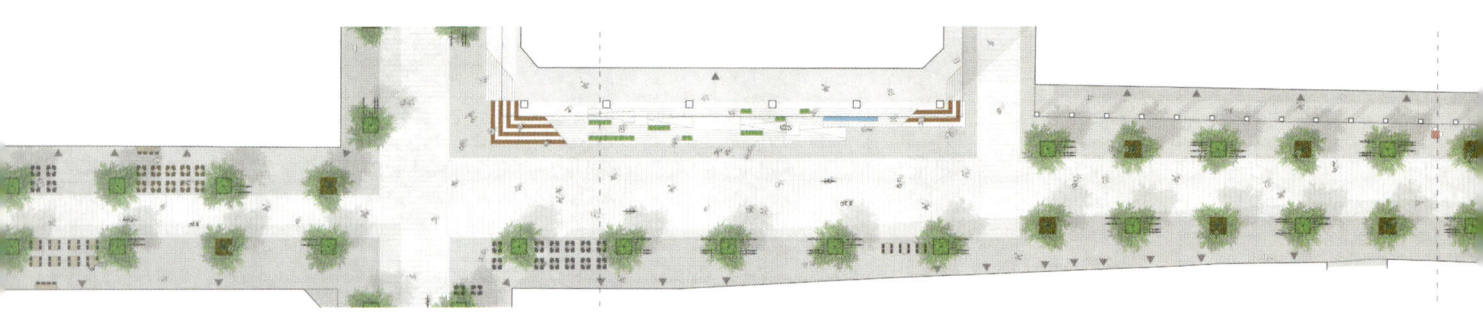

14| Überarbeitung der Treppensituation vor dem Karstadt-Gebäude (Bui, Vehrenberg)

15| Überarbeitete Treppensituation am Karstadt-Gebäude (Bui, Vehrenberg)

Die Gestaltungsvorschläge der Verfasser des Entwurfes „Living Room Elisabethenstraße" stärken die Aufenthaltsqualität und geben der Straße ein neues Gesicht. Die Studierenden entwickelten ihre Vorschläge aus der Strategie „Darmstadt wächst diagonal" und versuchten, über zusätzliche Aufenthaltsangebote das Freiflächenpotenzial der Elisabethenstraße besser auszuschöpfen und Multifunktionalität zu erreichen. Im Zentrum steht die Umplanung der bisher negativ wahrgenommenen Situation vor dem Karstadt-Gebäude. Über eine zeitgemäße Neuformulierung der Eingangssituation wandelt sich die fragmentierte Treppenanlage in ein gestalterisches Ganzes. Sitzstufen bieten Aufenthaltsmöglichkeiten und werden zu einer Art Zuschauerraum, von dem aus das Leben auf der Elisabethenstraße beobachtet werden kann. Die Integration einer Rampe ermöglicht den barrierefreien Zugang zum Kaufhaus. Die schwere Betonfassade wird durch eine intensive Begrünung aufgewertet. Ein Wasservorhang soll zusammen mit der Begrünung eine Atmosphäre erzeugen, die an einen Dschungel erinnert. Neben einer verbesserten Ästhetik und Aufenthaltsqualität lassen diese Maßnahmen auch einen positiven Einfluss auf das Mikroklima erwarten.

Weiterhin sieht der Entwurf die Fortführung der Baumreihen auf der Südseite der Elisabethenstraße vor. Den bestehenden und zu ergänzenden Baumstandorten werden großzügige Holzbänke zugeordnet. Der Bodenbelag wird überarbeitet. Dabei wird eine Zonierung vorgeschlagen, die durch unterschiedliche Belagsfarben unterstützt wird. Die Gebäude und Läden bekommen eine Vorzone, die als räumliche Erweiterung dienen soll. Der zentrale Bewegungsbereich erhält eine helle und deutlich strukturiertere Oberfläche.

Karolinenplatz (Strategie: „Darmstadt wachst diagonal")

Christian Eckes und Tanja Rieke

Als Teil eines Platzensembles, das das Stadtschloss umgibt, bildet der Karolinenplatz den Stadtraum zwischen Schloss, Mollerbau und Empfangsgebäude der Technischen Universität. Die Übergänge zum Friedensplatz vor dem Hessischen Landesmuseum und zu den angrenzenden Bereichen sind nicht klar definiert. Das Areal ist Austragungsort der großen Darmstädter Stadtfeste. Die Bundesstraße 26 schneidet den Platz vom Stadtschloss ab und prägt maßgeblich die Atmosphäre des Karolinenplatzes. Die Analyse der Studierenden identifizierte dies als einen der zentralen Defizite des Platzes. Weiterhin werden der schlechte Zustand der Pflanzungen in den Hochbeeten sowie der Platzbeläge, aber auch das Fehlen von Bäumen und Sitzgelegenheiten als Probleme angesehen.

16| Wasserspiel und Hochbeete vor dem Mollerbau (Eckes, Rieke)

Der Entwurf antwortet auf die Defizite und verfolgt den strategischen Ansatz „Darmstadt wächst diagonal". Eine Integration unterschiedlicher Nutzergruppen über eine angemessene und zugleich wenig regulative Gestaltung der Aufenthaltsangebote ist dabei eine der entwurfsleitenden Prämissen.

Die Konzeption „Karolinenplatz – From space to place" versucht, Platz und Straße deutlicher als bisher zu trennen. Vegetationsflächen, die dem Wunsch nach mehr Grün auf dem Platz folgen, werden kombiniert mit zeitgemäßen Aufenthaltsbereichen. Das Material Holz erzeugt dabei eine angenehme Atmosphäre. Ein Kiosk verbindet als Anlaufpunkt die Aufenthaltsbereiche mit den offenen Platzflächen und belebt diese. Der Bereich vor dem Mollerbau erhält einen Belag aus großformatigen Platten, die sich farblich von den Oberflächen der angrenzenden Plätze absetzen und dem Gebäude einen eigenen Rahmen geben. In diese Fläche wird ein rechteckiges Feld aus Wasserdüsen integriert, das sich in seiner räumlichen Ausdehnung auf den Mollerbau bezieht. Es ist nicht nur eine visuelle Attraktion, sondern durch in den Boden eingelassene Wasserdüsen zugleich ein Wasserspielplatz. Durch das Versprühen und Verdunsten des Wassers auf dem Platz entsteht ein leichter Kühleffekt.

Der Karolinenplatz erhält damit ein zeitgemäßes und dem Ort angemessenes neues Gesicht. Gleichzeitig erfährt der Platz durch Sitzgelegenheiten, Vegetationsflächen und das Wasserspiel eine funktionale Aufwertung, ohne seine bisherigen Kernfunktionen als Raum für

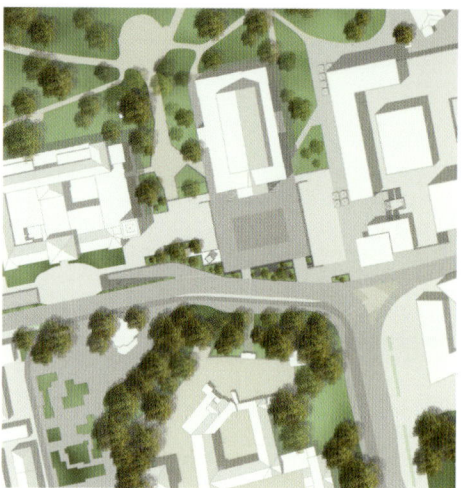

17 + 18| Darmstadt wächst diagonal;
Lageplan (Eckes, Rieke)

Stadtfeste, Bewegungsraum zwischen Innenstadt und Martinsviertel sowie als Vorplatz des Mollerbaus zu beinträchtigen. Über die Oberflächen und die Neuordnung der topografischen Elemente – der Treppen östlich und westlich des Mollerbaus – definiert sich der Platz räumlich klarer als dem Mollerbau zugehörig.

19| Karolinenplatz mit Mollerbau und
Landesmuseum (Eckes, Rieke)

Nao Matsuyama, Zhicheng Song

Altstadtanlage (Strategie: „Patient 64283")

Die sogenannte Altstadtanlage verbindet das Zentrum Darmstadts mit den Quartieren außerhalb der ehemaligen Stadtmauer. Zugleich ist sie die gedankliche Verbindung zwischen dem historischen Darmstadt – in Form von Resten der Stadtmauer – und dem Darmstadt des Wiederaufbaus. Letzteres wird insbesondere durch das Kuriosum einer Outdoor-Rolltreppe im Westen der Altstadtanlage verkörpert, welche den Höhenunterschied in Richtung Stadtzentrum überwindet. Im Norden und Süden flankieren Bauten der Nachkriegsmoderne diesen Teil der Darmstädter Innenstadt.

20| Altstadtanlage (Matsuyama, Song)

In ihrer Analyse des Platzes kritisieren die Entwurfsverfasser die in die Jahre gekommene Gestaltung der Freiräume und die Schäden an Ausstattung und Oberflächen. Ebenso wird auf den schlechten Pflegezustand der Vegetation hingewiesen. Die Anlage wird als monofunktionale Wegeverbindung beschrieben; nur wenige Menschen halten sich dort länger auf.

Potenziale ergeben sich aus der ruhigen Lage trotz der Nähe zur B 26. Die historische Stadtmauer ist eine ansprechende und mit Bedeutung aufgeladene Kulisse. Zudem sind ihr Freiflächen vorgelagert, die sich stärker nutzen ließen.

Der Entwurf „2 zu 1" antwortet auf die Gegebenheiten und Potenziale des Ortes, indem er zusätzliche Aufenthaltsbereiche vorsieht. Er knüpft an die Strategie „Patient 64283" an, welche öffentliche Räume stärker zur Gesundheitsvorsorge aktivieren will. Dafür sieht er Hochbeete für Urban Gardening vor sowie Baumpflanzungen, deren Obst geerntet werden kann.

Die Hochbeete grenzen die Sitzbereiche auch gegen die vielbenutzten Wege ab. Eine zeitgemäße Pergola betont diesen Ort. Die Bereiche an der Stadtmauer werden zum einen für Spiel und Sport weiterentwickelt, dabei wird die Nähe zum Skateplatz jenseits der Stadtmauer aufgegriffen. Zum anderen wird die Fläche südlich des Mauerdurchbruchs als Außenbereich der Stadtbibliothek gestaltet. Sitz- und Lesegelegenheiten werden um ein zentrales Outdoor-Bücherregal angeordnet.

Die verschiedenen Angebote, vor allem das Urban Gardening, sollen mehr Menschen in diesen Bereich der Stadt locken und seine Wahrnehmung stärken. Dabei ist darauf zu achten, dass die jetzigen Nutzer, die eher Randgruppen angehören, nicht vertrieben, sondern integriert werden.

21| Altstadtanlage (Matsuyama, Song)

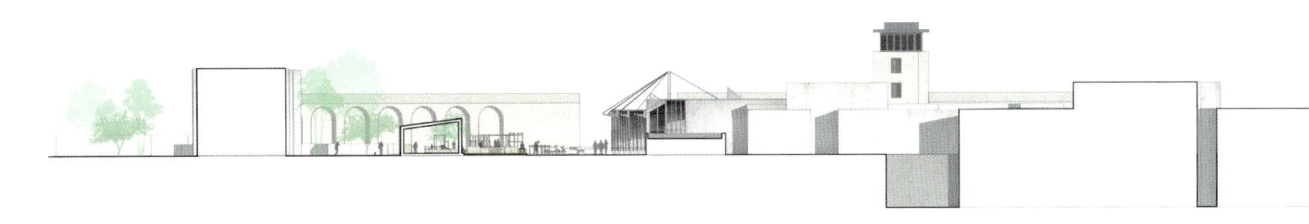

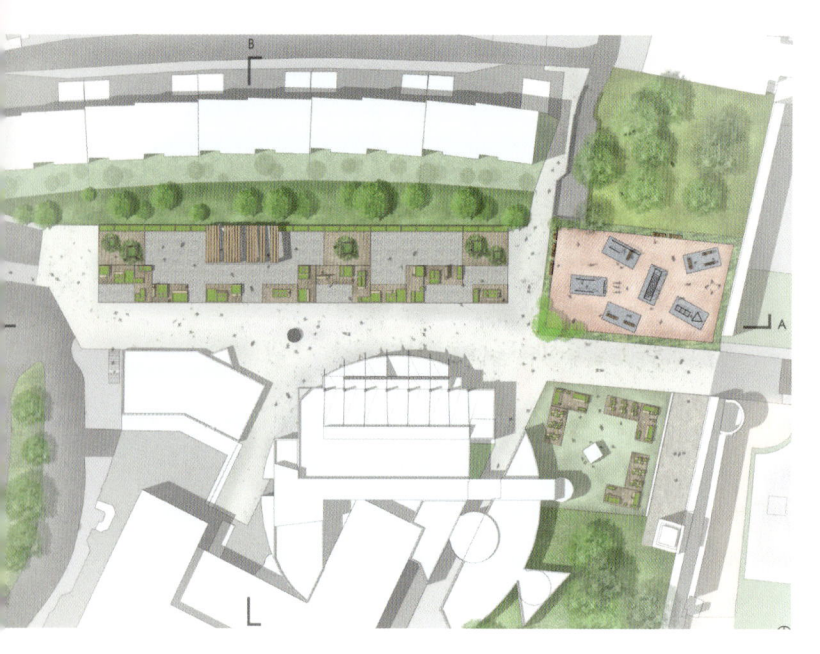

22 + 23| Lageplan; Nutzungsangebote
(Matsuyama, Song)

Lea Claußen, Thomas Wieschmann

Friedensplatz (Strategie: „Klimaresiliente Stadt")

Der Friedensplatz als Vorplatz des ehemaligen Stadtschlosses hat funktional und gestalterisch eine wechselvolle Geschichte. Anfänglich als Reitbahn und später als Paradeplatz genutzt, erhielt er Mitte der 1960er Jahre seine bis 2016 prägende Gestaltung voller Hochbeete mit Betoneinfassungen. Derzeit wird der Platz erneut umgestaltet.

Die Analyse des Platzes bezog sich auf den Zustand im Jahr 2016. Zu großen Teilen auf einer mehrstöckigen Tiefgarage errichtet, sind die Gestaltungsmöglichkeiten aufgrund der Statik und des geringen Bodenaufbaus einschränkt. Defizite des Platzes sahen die Verfasserinnen und Verfasser im schlechten Unterhaltungszustand der Hochbeete, Oberflächen und Zugänge zur Tiefgarage, welche vermüllt oder verschmutzt und auch schlecht einsehbar waren. Der Platz vermittelte einen heruntergekommenen Eindruck. Die hohe Zahl an Sitzmöglichkeiten, die Eisdiele im Süden und das Café im Norden wurden als Potenziale gesehen, Nutzer zu einem längeren Aufenthalt einzuladen.

Das Entwurfsteam schlägt Maßnahmen zur Regenwasserbewirtschaftung vor und thematisiert damit einen wichtigen ökologischen Aspekt in hochversiegelten Städten wie Darmstadt. Ein zentrales Element des Entwurfs ist ein System von unterirdischen Zisternen und oberirdischen Wasserläufen und -flächen. Dieses sammelt das anfallende Regenwasser der umgebenden Gebäude und gibt es zeitverzögert über eine oberflächliche Verdunstung dem Wasserkreislauf zurück. Dazu wird der westliche Teil des Platzes topografisch intensiv überformt und als „Wasserpark" gestaltet. Eine expressive Stufenanlage bildet den Übergang zum Ernst-Ludwigs-Platz. In Kombination mit intensiv bepflanzten Hochbeeten ergibt sich eine skulpturale, topografisch wirksame Gestalt. Nach Norden fällt die Fläche ab und endet in einem Spielbereich, der das Element Wasser einbezieht. Der Verkehr wird östlich der Platzskulptur entlanggeführt. Die Eisdiele bekommt ein neues Gebäude. Ebenso wird der Bereich um das Café im Norden umgestaltet.

Die expressive Gestaltung und skulpturale Erscheinung des „Wasserparks" zeigt an dieser prominenten Stelle Darmstadts spielerisch die Vorteile, die eine Regenwasserbewirtschaftung stadträumlich bieten kann. Auch wenn die Formensprache des „Wasserparks" polarisiert, erzeugt die topografisch intensive Durcharbeitung spannende und vielfältige Räume und Aufenthaltsbereiche.

24| Friedensplatz (Claußen, Wieschmann)

25| Lageplan mit Materialbeispielen (Claußen, Wieschmann)

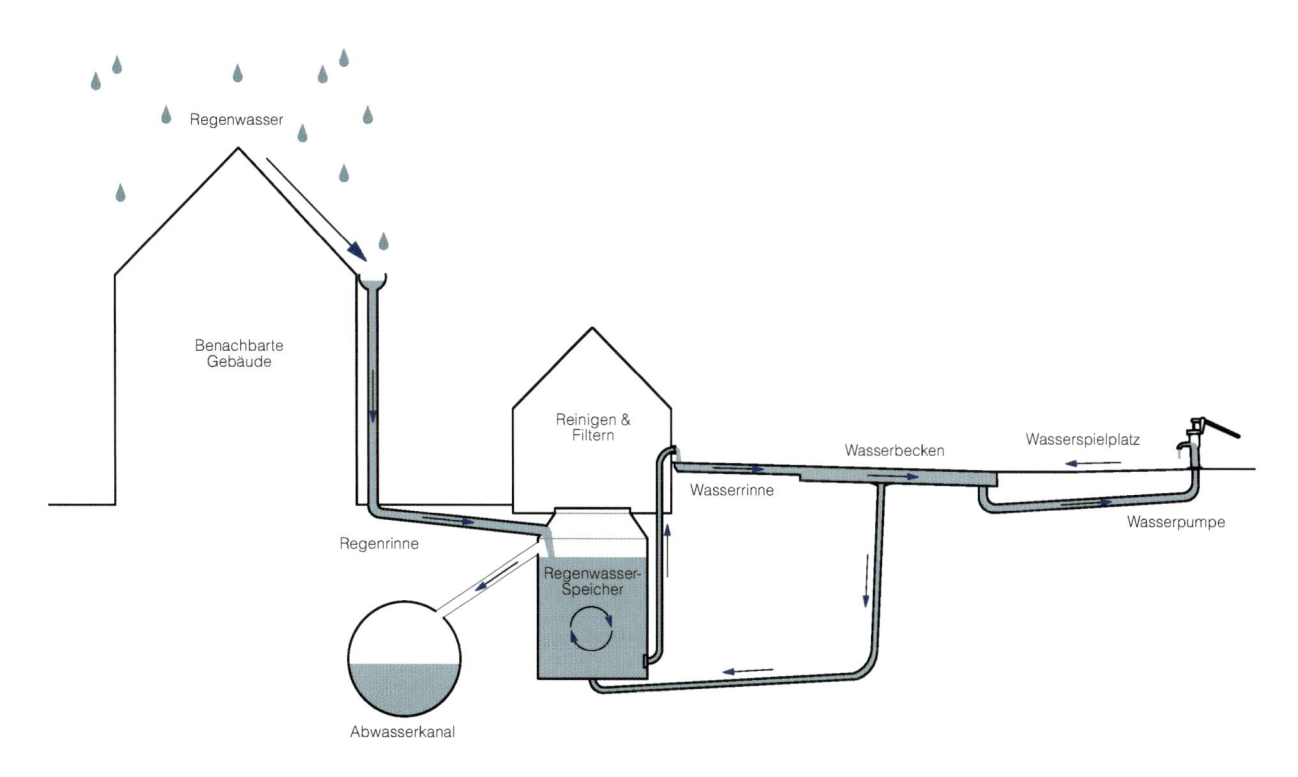

26| Regenwassernutzung (Claußen, Wieschmann)

Aufgabe, Arbeitsprozess und Entwurfsergebnisse des Planungsprojekts an der Hochschule Geisenheim

Während die Studierenden der TU Darmstadt bereits ihr Masterstudium absolvierten, waren die Studierenden der Hochschule Geisenheim erst im vierten Semester ihres Bachelor-Studiums. Entsprechend weniger umfangreich wurde die Entwurfsaufgabe gestellt. Sie bestand in der Entwicklung von Ideen zur attraktiveren Gestaltung ausgewählter Freiräume in Darmstadt bei gleichzeitiger Erhöhung ihrer sozialen Leistungsfähigkeit und Alltagstauglichkeit. Auch die oben genannten sozio-kulturellen Herausforderungen und die notwendige Anpassung der Stadträume an den Klimawandel bildeten den Rahmen der Entwürfe. Die Planung sollte strategisch erfolgen, das heißt im Rahmen einer Vorstellung von der künftigen Rolle des einzelnen Freiraums im Kanon der wichtigsten Freiräume der Innenstadt.

Das Projekt gliederte sich in vier Arbeitsphasen: Im Rahmen einer thematischen Annäherung beschäftigten wir uns im ersten Schritt mit den Aufgaben des öffentlichen Raumes in der europäischen Stadt, mit aktuellen, die Planung bestimmenden gesellschaftlichen Entwicklungen, mit den Innenstadtkonzepten anderer Städte sowie mit Erfolgsrezepten zur Gestaltung leistungsfähiger öffentlicher Freiräume. Im zweiten Schritt sollte die Stadt Darmstadt mittels einer Analyse hinsichtlich ihrer sozio-kulturellen, ökonomischen und ökologischen Bedingungen sowie ihrer Freiraumstruktur und -ausstattung verstanden werden. Genauer betrachtet wurden dabei die heutige Gestaltung und Nutzung ausgewählter Freiräume, welche auch die späteren Entwurfsorte bildeten: der Luisenplatz, die Fußgängerzone mit der Elisabethenstraße, dem Ludwigsplatz, der Wilhelminenstraße und der Adelungstraße, die Kirchstraße und der Ludwig-Metzger-Platz, die Altstadtanlage, der Marktplatz, der Friedensplatz und der Karolinenplatz. Vor diesem Hintergrund entwickelten die Studierenden in einem dritten Schritt eine Vorstellung von der zukünftigen Rolle dieser Freiräume, ihren Beziehungen untereinander und ihrem Zusammenspiel. Dabei schlugen sie zunächst nur Maßnahmen zur Verbesserung des Status quo vor. Im Rahmen der Entwicklung der Konzepte präzisierte jedes Entwurfsteam seine Ideen und entwickelte für „seinen" Freiraum eine passende Programmatik und tragfähige Gestaltungsidee. Den vierten Schritt schließlich bildete der Entwurf, also die bauliche Ausformulierung.

Entstanden sind insgesamt sieben Entwürfe, von denen drei im Folgenden vorgestellt werden.

Fußgängerzone „Grün im Grau"

Magdalena Böhmer, Rebecca Gohlke

Die Fußgängerzone befindet sich zentral in der Darmstädter Innenstadt. Sie besteht aus einem System großer und kleiner Straßenzüge sowie dem Ludwigsplatz. Nach der Beobachtung der Studierenden fehlen dort ausreichend Sitzmöglichkeiten und Fahrradstellplätze. Für Kinder gibt es keine Spielmöglichkeiten. Weitere Defizite sind der schlechte Zustand des westlichen Eingangsbereichs, der sehr heterogene Bodenbelag und der Vorplatz des Karstadt-Gebäudes. Bei einer kleinen Umfrage vor Ort wurde deutlich, dass die Fußgängerzone zwar viele Einkaufsmöglichkeiten bietet, aber als unattraktiv und ohne

Straßen nach Pflanzkonzept

Pflanzkonzept - Wilhelminenstraße
Celtis australis

Pflanzkonzept - Ludwigsstraße
Ginkgo biloba

Pflanzkonzept - Ernst-Ludwig-Straße
Zelkova serrata 'Green Vase'

Pflanzkonzept - Nebenstraßen und Carré
Fraxinus ornus

Luisenstraße · Ernst-Ludwig-Straße · Wilhelminenstraße · Carré · Ludwigsstraße · Elisabethenstraße

● ergänzende Baumstruktur
● erhaltene Baumstruktur

Pflanzkonzept Fußgängerzone, Entwurf Böhmer/Gohlke

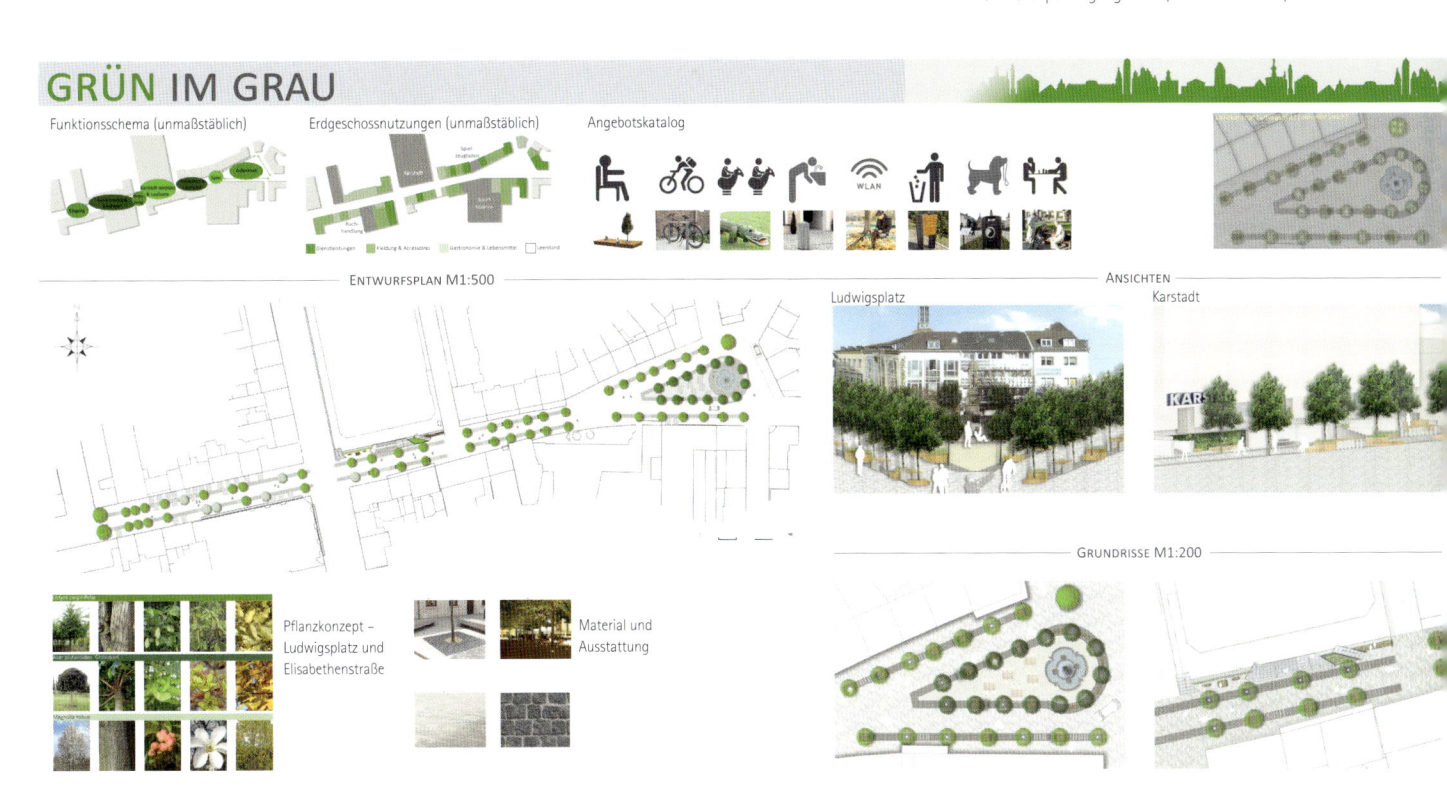

GRÜN IM GRAU

Funktionsschema (unmaßstäblich) · Erdgeschossnutzungen (unmaßstäblich) · Angebotskatalog

WLAN

Entwurfsplan M1:500 — Ansichten — Ludwigsplatz · Karstadt

Pflanzkonzept – Ludwigsplatz und Elisabethenstraße

Material und Ausstattung

Grundrisse M1:200

Charme wahrgenommen wird. Außerdem seien die Gebäude nicht schön anzusehen. „Kein Grün, nur Grau" war die Hauptaussage der Befragten. Ziel der Neuplanung war es, Lösungen für die Defizite zu finden und eine belebte, facettenreiche Fußgängerzone zu schaffen. Unter dem Motto „Grün im Grau" konzentriert sich das Konzept zunächst auf die Bepflanzung der Straßenzüge in der gesamten Fußgängerzone. Als Haupteinkaufsstraßen erhalten die Wilhelminenstraße und Elisabethenstraße ein individuelles Design und ein besonderes Pflanzkonzept. Die Ludwigstraße und Ernst-Ludwigs-Straße werden gleichwertig als wichtige Verbindungswege zum Weißen Turm sowie zum Marktplatz behandelt und mit Baumpflanzungen in „Viererpäckchen" begrünt. Für beide Straßen wurden Baumarten mit prägnantem Wuchs und intensiver Herbstfärbung ausgewählt, um ihre Funktion als Eingangswege zur Fußgängerzone zu untermalen. Die untergeordneten Einkaufsstraßen sowie die Luisenstraße werden durch akzentuierende Pflanzungen ausgestattet. Das Bismarckdenkmal auf dem Ludwigsplatz wird durch eine Öffnung zum Platz und eine Ergänzung durch alleeartig angeordnete Bäume hervorgehoben und die Blickachse darauf gestärkt. Zwei längs führende Bänder aus Basaltpflaster teilen die Elisabethenstraße in eine mittlere dynamische Hauptstraße und seitliche Nebenbereiche. Die Straße wird mit Betonpflaster in hellem Grau gepflastert und bietet Fahrradfahrern, Fußgängern und dem dort erlaubten Verkehr ein hindernisfreies, schnelles Durchqueren. Die Nebenbereiche laden zum Flanieren ein. Innerhalb der Basaltstreifen werden Bäume und verschiedene Aufenthaltsangebote platziert. Die Anzahl der Sitzmöglichkeiten wird durch Sitzkombinationen aus Holz deutlich erhöht. Sitzpodeste werden teilweise durch Hochbeete flankiert, die mit Gräsern und Lavendel bepflanzt sind. In jedem Straßenabschnitt werden Fahrradständer installiert. Vor dem Spielwarengeschäft wird ein bespielbares Holzkrokodil aufgestellt. Trinkwasserstationen sorgen im Sommer für ein erholsameres Shoppingerlebnis, WLAN-Stationen erhöhen das Aufenthaltsangebot auf dem Ludwigsplatz. Genügend Mülleimer und Hundestationen sollen Sauberkeit gewährleisten. Als Freizeitangebot werden außenraumtaugliche Brettspieloberflächen auf einzelnen Holzpodesten installiert. Das Karstadt-Kaufhaus, zentral gelegen und in seiner Architektur auffällig unattraktiv, wird im Entwurf besonders sorgsam behandelt: Die Qualität des Vorplatzes soll durch eine begrünte Wand, Hochbeete und Sitztreppen gesteigert werden. Um nachts das Sicherheitsgefühl zu erhöhen, erhellen Bodenleuchten entlang der Baumreihen die Elisabethenstraße. In der Summe erfährt die Fußgängerzone sowohl eine visuelle als auch funktionale Aufwertung und erhält Angebote für verschiedene Nutzergruppen auch jenseits des Konsums.

Claudia Heike Eckel

„Die entblößte Farbe Rosa"

Der Entwurf behandelt das Areal um den Ludwig-Metzger-Platz. Im Zuge der Analyse fiel der Verfasserin der große Anteil von Jugendlichen in diesem Gebiet auf, der auf die verschiedenen dort ansässigen weiterführenden Schulen zurückzuführen ist. Obwohl die Jugendlichen, meist Mädchen, die Hauptnutzergruppe der Freiräume darstellen, geht die Gestaltung kaum auf sie ein. Deshalb bildet der Entwurf die Raumfolge Ludwig-Metzger-Platz, Große Bachgasse, Döngesborngasse und Pädagogstraße inklusive der beiden Unterführungen zu einem Treffpunkt der Jugendlichen aus. Die Unterführungen werden zu eigenständigen Orten mit Aufenthaltsqualität und stellen nicht mehr nur Wegeverbindun-

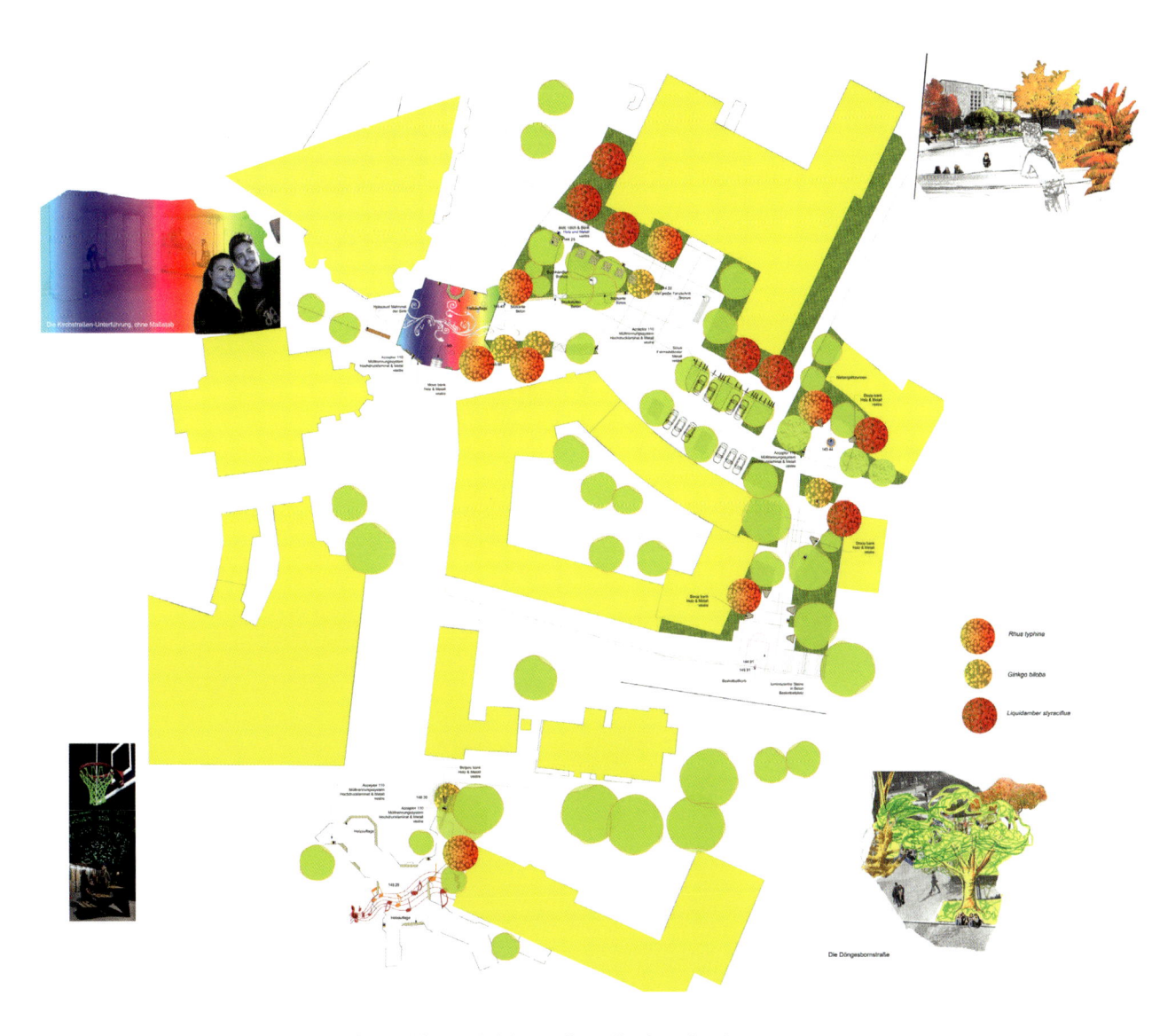

Ludwig-Metzger-Platz, Entwurf Eckel

gen unter der vielbefahrenen Hügelstraße dar. Hierzu wird der an dieser Straße stehende, etwas vergessen wirkende Einhorn-Brunnen in die Unterführung umplatziert und unter regenbogenfarbener Illumination, Graffiti und mit musikalischer Rahmung in den Mittelpunkt gestellt und damit neu interpretiert. Die Unterführung, so hofft die Entwurfsverfasserin, wird auf diese Weise zu einer Attraktion für Fotos und Selfies werden, wodurch ihre Internetpräsenz steigt und die Identifikation der Jugendlichen mit diesem Ort gestärkt wird. Diese können in der Unterführung auch bei schlechtem Wetter Musik hören und zusammen Zeit verbringen, ohne Anwohnerinnen und Anwohner zu stören. Für die Döngesborngasse ist ein neues Basketballfeld vorgesehen, welches dank eines fluoreszierenden Basketballnetzes und in Beton eingelassener Leuchtsteine auch im Dunkeln genutzt werden kann. Modernes, junge Leute ansprechendes Mobiliar sowie Gehölze mit starken Farbaspekten – in Laub, Frühjahrsblüte oder Herbstfärbung – ergänzen die Installationen. Zusätzlich können temporäre Veranstaltungen wie Flohmärkte, Streetfood-Festivals oder Fahrradkinos dort angeboten werden.

Doch warum heißt der Entwurf „Die entblößte Farbe Rosa"? Rosa wirkt verletzlich und zart, aber auch friedlich, offen sowie unkonventionell. Wie die Jugend ist diese Farbe häufig verpönt und mit Vorurteilen belastet. In dem Entwurf wird dieser Widerspruch auf die Spitze getrieben. Somit steht das Rosa stellvertretend für die Jugend, welche in städtischen Räumen oft unerwünscht ist, aber auch für die Unterführungen, welche unbeliebte Aufenthaltsorte darstellen. „Die entblößte Farbe Rosa" feiert die Jugend und gibt ihr im Darmstädter Stadtraum ein Zuhause.

Come together – Friedensplatz

Cordula Schill, Ruben Neweklowsky

Unsere Gesellschaft, so postulieren die Verfasserinnen und Verfasser dieses Entwurfs, wird durch ethische Grundsätze zusammengehalten, nicht durch wirtschaftliche. Deshalb umfasst ihr Konzept neben einem landschaftsarchitektonischen Gestaltungsvorschlag für den Friedensplatz auch Initiativen, die über die eigentliche Freiraumplanung hinausgehen. Das Konzept hat zwei Schwerpunkte. Der erste antwortet auf die Erwärmung des Stadtklimas und umfasst einen Katalog von fünf Maßnahmen, um die erwarteten Auswirkungen auf die Menschen in Darmstadt zu mildern. Vier dieser Maßnahmen bestehen aus Wasserinstallationen auf dem Platz, die fünfte in einer Dachbegrünung auf den angrenzenden Gebäuden. Diese soll das Engagement der Anlieger unterstützen, welche ihrerseits von der Attraktivität des Friedensplatzes profitieren.

Die vorgesehenen Maßnahmen manifestieren sich in einer Gestaltung von vier unterschiedlichen Bereichen auf dem Platz. Der nördliche Bereich ist durch den Verkehrslärm der B 26 belastet, die umliegenden Gebäude beherbergen Museen und Läden. Dies sind ideale Bedingungen für eine Skatefläche, da kaum Anwohnerinnen und Anwohner gestört werden. Jugendliche und Skater bevorzugen als Treffpunkte zentrale Plätze mit Publikum. Deshalb sehen die Verfasserinnen und Verfasser für sie einen eigenen Raum in der Stadtmitte vor (Area 1). Die daran angrenzende Fläche ist Teil einer stark frequentierten Wegebeziehung zwischen der Innenstadt und der Universität. Da auch die Skater Lärm verursachen, vermittelt ein größerer Brunnen zwischen dem Skatebereich und einer Tribüne. Eine in den Boden eingelassene Fontänenfläche soll hier akustisch und optisch Beruhigung schaffen. Die Durchgangsfläche steht temporär für Veranstaltungen zur Verfügung (Area 2). Die Mitte des Platzes gegenüber dem Schloss ist am wenigsten lärmbelastet und wird als leicht erhöhte, mit Bäumen überstandene Terrasse angelegt. Sie dient als Ruhezone und erhält die Funktion eines Dorfplatzes. Farbe und Materialität der Stufen und Rampen verbinden diesen Teil mit dem baulichen Umfeld des Friedensplatzes. Frei bewegliche Stühle laden zum längeren Aufenthalt ein (Area 3). Am südlichen Platzrand ist ein weiteres Wasserbecken und ein Neubau für das Eiscafé vorgesehen. Durch die leichte Verschiebung des Standorts des Cafés wird nicht nur eine Sichtbeziehung zur Ludwigssäule, sondern auch ein Überblick über den gesamten Platz ermöglicht (Area 4).

Der zweite Schwerpunkt des Entwurfs zielt auf die Schaffung eines identitätsstiftenden Ortes für alle. Nicht jeder Nutzungskonflikt ist lösbar, aber er ist zumindest minimierbar, ermöglicht durch das sinnvolle Nebeneinander sowie zeitlich gestaffelte Nutzungen. Öffentlicher Raum ist für alle da und darf auch sozial Benachteiligte wie Wohnungslose nicht ausgrenzen. Die Verfasserinnen und Verfasser sehen es als ihre Aufgabe an, sich bei der Planung von öffentlichen Räumen auch diesen Herausforderungen zu stellen. Eine Möglichkeit dazu stellen zum Beispiel Food Trucks dar. Angelehnt an Non-Profit-Konzepte wie die People's Food Trucks in Atlanta, Georgia, verkaufen sie Essen an die, die es sich leisten können und verschenken an die, die es sich nicht leisten können. Eigennutz und Gemeinsinn schließen sich nicht aus.

In der Summe erhalten mit diesem Konzept alle ihren Platz auf dem Platz: Darmstädter, Weltbürger, Ältere, Jüngere, Lärmende, Ruhesuchende, Eilige, Langsame, flüchtige Passanten, Besucher der Gastronomie und der Einkaufszone und auch arme Menschen. Daher der Name dieses Konzepts: Come together.

SKATER'S CORNER — BEREICH #1

See you there!
- Junges Publikum braucht einen Treffpunkt in der Stadtmitte
- Laut ist erlaubt
- Verkehr der B26 stört Skater wenig
- Museen und Geschäfte sind abends geschlossen
- Sitztreppe für Zuschauer
- Zwei alte Bäume werden erhalten
- Ein Bogenelement trennt den Skate- Bereich vom Durchgangsverkehr

FOUNTAIN SPLASH — BEREICH #2

Hier kommen alle durch
- In der Platzmitte sprudeln im Sommer die Fontänen
- Das Rauschen des Wassers beruhigt
- Ein Gefühl von Kurzurlaub entsteht
- Fontänen werden bei Veranstaltungen abgeschaltet
- Bei Veranstaltungen als Stellfläche nutzbar
- Das Wasserspiel dient als Klimaanlage
- Die eingebaute Beleuchtung belebt am Abend den Platz

URBAN VILLAGE — BEREICH #3

Die innere Mitte finden
- Bäume, Bänke und Kopfsteinpflaster prägen das Bild
- Der Platz im Platz ist drei Stufen erhöht
- Entschleunigung und Barrierefreiheit wird sichergestellt
- Durchgangsverkehr wird außen herumgelenkt
- Boulebahn und Freilandschach suchen Spieler und Kommentatoren
- Mobile Stühle und Bänke laden zum Verweilen ein
- Ein Friedens-Platz für alle wird hier gebaut

BELLAVISTA — BEREICH #4

Ein Cafe im Süden
- Sehen und gesehen werden heißt die in diesem Bereich die Devise
- Kaffee trinken und Zeitung lesen am Morgen
- Eis essen oder ein erfrischendes Getränk trinken am Nachmittag
- Ein flaches Wasserbecken beschäftigt die ganz Kleinen
- Warten auf die Shopping Queens
- Beste Aussichten auf die Innenstadtbereiche Luisenplatz und Marktplatz
- Hier scheint die Sonne den ganzen Tag

N

SKATER'S CORNER

CAFÉ IM SÜDEN

Entwurf Neweklowsky/Schill

Fazit

Mit den Entwürfen der Studierenden für wichtige Freiräume in Darmstadt verbindet sich unweigerlich auch eine Kritik am heutigen Zustand der Innenstadt und der jahrzehntelangen Vernachlässigung ihrer Gestaltungs- und Aufenthaltsqualitäten. Es ging in den Entwurfsprojekten an beiden Hochschulen um Darmstadt, aber: Darmstadt ist überall. Nahezu jede deutsche Großstadt krankt bis in die Gegenwart am städtebaulichen Erbe der Nachkriegszeit, an dem noch in den 1970er Jahren verfolgten Paradigma der Funktionstrennung, an der Dominanz des Autos und am Verlust öffentlichen Lebens jenseits der Ladenöffnungszeiten. Auch die Eventisierung und Kommerzialisierung öffentlicher Räume, die die städtische Entwicklungspolitik seit den 1990er Jahren bestimmen, haben innerstädtische Räume im Alltag veröden lassen, indem diese möglichst großräumig und leer gehalten wurden. Nicht zuletzt ist Ödnis in den Innenstädten eine Folge von Fantasielosigkeit und fehlendem Verständnis über die Stellschrauben vitaler öffentlicher Räume seitens der Planer, Behörden und der Politik. So zeigen die hier vorgestellten Entwürfe für den Friedensplatz exemplarisch, was aus diesem für Darmstadt wichtigen Stadtplatz hätte werden können, wenn man nicht der Eventtauglichkeit, sondern den Wohlfühlqualitäten, der Alltagstauglichkeit und der Nutzungsvielfalt die oberste Priorität eingeräumt hätte (vgl. dazu Grosch und Petrow 2016). Leider wird ein weit weniger ambitionierter Entwurf für diesen Platz zeitgleich mit dem Erscheinen dieses Buches realisiert. Die studentischen Entwurfsprojekte führen vor Augen, wie viel Potenzial in Freiräumen steckt, die man mit dem Ziel der Erhöhung der Lebensqualität plant, nicht als Laufflächen von Shoppingzonen oder als (in der meisten Zeit des Jahres leere) Bühnen für Großveranstaltungen. Mit gezielten landschaftsarchitektonischen Eingriffen könnte man in Darmstadt die Fußgängerzone beleben, die heute nach Ladenschluss ein toter Ort ist. Man könnte Kindern überall in der Stadt Spielräume und Jugendlichen die Zwischenräume mit ihren bislang unentdeckten Begabungen bieten. Man könnte die Steinwüsten begrünen, Plätze für den geselligen Aufenthalt gestalten, mit Bäumen Schatten spenden, mit Wasser Erfrischung und in der Summe viele Menschen in die Innenstadt ziehen. Diesen böte sich dann das „große Kino" belebter öffentlicher Räume. „What attracts people most in an urban space is other people" – diese fundamentale Erkenntnis gab uns der amerikanische Stadtsoziologie William H. Whyte (1980) mit auf den Weg. Durch gute Freiraumgestaltung könnte die Darmstädter Innenstadt deutlich lebendiger werden und der Aufenthalt in den steinern geprägten Bereichen wesentlich angenehmer. Damit würde sich die Lebensqualität dieser Stadt erhöhen und ihr Selbstbild, aber vor allem auch ihr Fremdbild bessern. Kurzum, es könnte richtig schön in Darmstadt werden.

Quellen

Bundesinstitut für Bau-, Stadt- und Raumforschung (BBSR) (Hg.) (2008). Leben in deutschen Städten. Jährliche BBR-Umfrage nach den Wohn- und Lebensbedingungen 2007, Bonn

Cooper Marcus, Clare; Francis, Carolyn (1998). Post-Occupancy Evaluation. In: People Places: Design Guidelines for Urban Open Space, New York

Grosch, Leonard; Petrow, Constanze A. (2016). Parks entwerfen. Berlins Park am Gleisdreieck oder die Kunst, lebendige Orte zu schaffen, Berlin

Whyte, William H. (1980). The Social Life of Small Urban Spaces. Washington D.C.

Martin Knöll, Sabine Hopp, Marianne Halblaub Miranda

Stadtgestaltung für eine inklusive Stadtmitte Darmstadt

1| Mobilität und Aufenthalt auf dem Luisenplatz
Bild: uhg/Florian Faeth

Zusammenfassung

Der Artikel beschäftigt sich mit der Zugänglichkeit und Nutzbarkeit des Luisenplatzes für Menschen mit Mobilitäts- und Seheinschränkungen. In einer Sequenz mit drei Etappen – dem Hinkommen mit dem öffentlichen Verkehr; dem Ankommen durch Orientierung und Bewegung auf dem Luisenplatz; und dem Reinkommen in die umliegenden Gebäude – werden Problemstellen aufgezeigt und Lösungsansätze im Sinne des Access for All vorgestellt. Dem Text liegen Analysen und Entwürfe zugrunde, die von Studierenden des Fachbereich Architektur der Technischen Universität Darmstadt im Wintersemester 2016/17 im Rahmen des städtebaulichen Entwurfs „Lui rennt! Stadtgestaltung für eine inklusive Stadtmitte Darmstadts" entwickelt wurden.

Das gestresste Herz

Der Luisenplatz ist ein wichtiger Teil und Auftakt der Darmstädter Fußgängerzone und schon seit Ende des 19. Jahrhunderts ein zentraler Mobilitäts-Knotenpunkt – selbst nach der Herausnahme des motorisierten Individualverkehrs in den 1960er Jahren.
Der Platz erweist sich als Herzstück in der Stadt, indem er seine Rolle als Umsteigeort im Alltag und als Ausgangspunkt zu vielen Aktivitäten in der Innenstadt zugleich erfüllt. In den 1990er Jahren wurde der Luisenplatz als ein Beispiel eines öffentlichen Platzes gelobt, in dem die Balance zwischen Verkehrsknotenpunkt und Aufenthaltsort besonders gut gelungen sei (Gehl & Gemzøe, 2008). Hier treffen sich acht der insgesamt neun Linien der Darmstädter Straßenbahn. Seitdem sind die Bushaltestellen dazugekommen und die Frequenz der Busse und Trams hat sich stetig erhöht.

In einer Umfrage zur Aufenthaltsqualität in öffentlichen Räumen in Darmstadt unter Studierenden wurde der Luisenplatz 2014 als der „stressigste Ort" bewertet, gefolgt von Bahnhofsvorplatz und in starkem Gegensatz zu dem naheliegenden Marktplatz oder dem Herrngarten (Knöll, Neuheuser, Vogt, & Rudolph-Cleff, 2014). Die Verantwortlichen im Planungsamt bewerten die aktuelle Situation des Luisenplatzes als Problemfall und Herausforderung zugleich. Unter anderem wird der Bodenbelag, der sich an die orthogonalen und diagonalen Platzachsen orientiert, als kritisch bewertet. Das geometrische Muster ist aus der Fußgängerperspektive nur eingeschränkt wahrnehmbar und der Bodenbelag ist mittlerweile stark beschädigt und voller Unebenheiten. Vor kurzem wurden die Fahrgastunterstände leicht vergrößert wiederhergestellt, wobei der ursprünglich als Sozialraum vorgesehene Kiosk nicht wieder aufgebaut wurde. In seinem gegenwärtigen Zustand erscheint der Luisenplatz als das gestresste Herz Darmstadts, dessen Balance sich weg von einem Ort mit Aufenthaltsqualitäten hin zu einem Verkehrsknotenpunkt verschoben hat.

2| Der Luisenplatz als gestresstes Herz der Darmstädter Mobilität
Quelle: Kathleen Spanel, Matthias Gilles, Martin Wilfinger, Carsten Schuetz, 2017

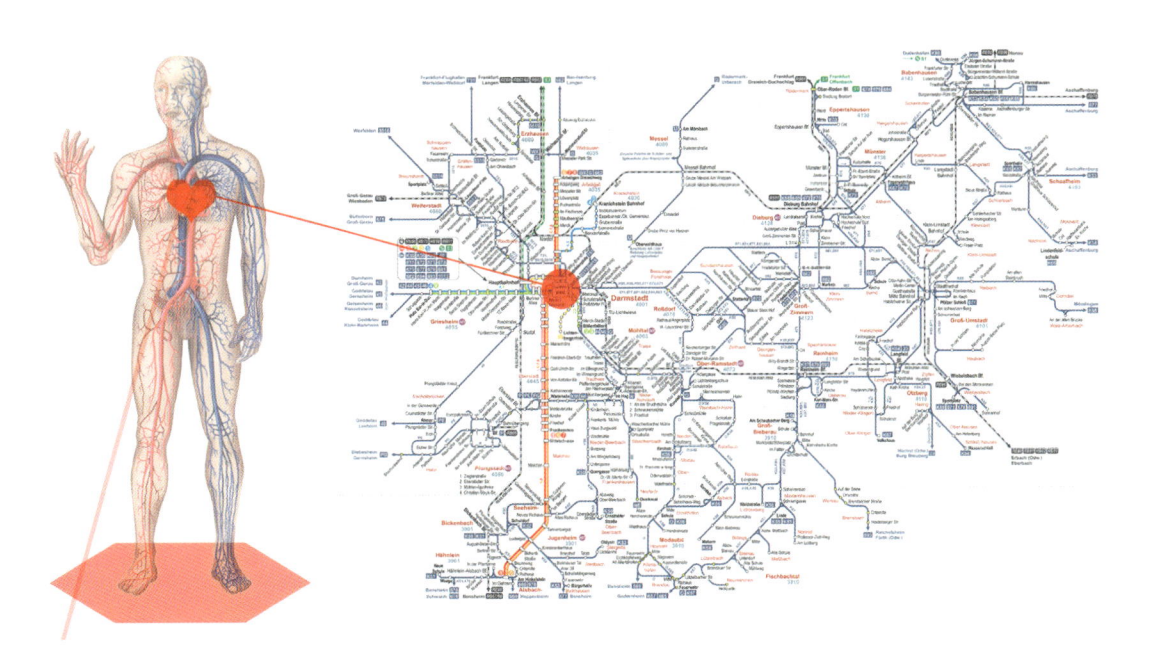

Perspektivenwechsel

„Nun liegt der Charme von Universal Design gerade darin, dass die Rechte von Minderheiten und Spezialgruppen geschützt werden und sie als härteste Tester und anspruchsvollste Nutzer gleichsam die Türöffner bilden für Produktinnovationen und gesellschaftliche Veränderungen, die allen zu gute kommen. Es geht längst nicht mehr um Speziallösungen für wenige, sondern Erleichterungen für alle, übersichtliche Menüs, breit nutzbare Räume und Dinge." (Herwig, 2008)

Inklusion im Sinne des Universal Design ist in der Darmstädter Innenstadt und am Luisenplatz aktuell nur eingeschränkt erkennbar. Das Leitmotiv Access for All (Zugänglichkeit und Nutzbarkeit für Alle) – einer Gestaltungsphilosophie, die barrierefreie sowie sichere Nutzung und Mobilität für Menschen aller Altersstufen und Fähigkeiten besonders berücksichtigt – ist planerisch nur marginal umgesetzt. Wir nehmen die kritische Situation zum Anlass, Überlegungen zu einer zukünftigen stadtgestalterischen Entwicklung des Luisenplatzes im Sinne des Universal Design vorzustellen.

Die Motivation für diesen Perspektivenwechsel kommt durch gesellschaftliche Herausforderungen wie der zunehmenden Migration und dem demografischen Wandel. Beides zusammen lässt unsere Gesellschaft vielfältiger und älter werden, und das länger bei guter Gesundheit und (eingeschränkter) Mobilität (Herwig, 2008). Der Stadtplaner Jan Gehl zeigt, wie eine „menschengerechte Stadtplanung", die Anforderungen von Fußgängern und Radfahrern aufgreift und gerade hierdurch zu mehr städtischer Lebensqualität für einen Großteil der Menschen führt (Gehl, 2012). In Kopenhagen leben heute 96 Prozent der Bürgerinnen und Bürger innerhalb von 15 Minuten eines grünen Freiraumes, mehr Berufstätige fahren mit dem Rad zur Arbeit als mit dem Auto, die Aufenthaltsaktivitäten für Fußgängerinnen und Fußgänger haben sich vervierfacht im Vergleich zu 1968 und damit ebenso die Dichte und Attraktivität von öffentlichen Nutzungen, Veranstaltungen oder Straßencafés (Gehl, 2012). Universal Design geht nach unserer Meinung noch einen Schritt weiter. In diesem Ansatz streben Designer Lösungsansätze an, die eine leichtere und vielfältigere Nutzung für Menschen mit spezifischen Anforderungen ermöglichen und dabei einen Mehrwert in der urbanen Aufenthaltsqualität für Alle aufzeigen. Der Entwurf versteht sich dabei als einen Prozess, in dem zwischen den genau studierten Anforderungen der Nutzer, wie zum Beispiel Familien mit kleinen Kindern oder Senioren mit Mobilitätseinschränkungen, und den übergeordneten, ortsspezifischen Gegebenheiten und gesellschaftlichen Zielen vermittelt wird. Als ersten Schritt fordert dieser Perspektivenwechsel Architektinnen und Architekten dazu auf, genau hinzuschauen, wie Menschen Stadträume tatsächlich nutzen.

Hinkommen, Ankommen und Reinkommen

Im Folgenden stellen wir anhand einer typischen Sequenz im Alltag vieler Darmstädterinnen und Darmstädter einige Problempunkte vor. Aus unserer Sicht dient die Unterteilung in drei Etappen – Hinkommen, Ankommen und Reinkommen – als Stütze in der Analyse und im Entwurf von inklusiven Stadt- und Mobilitätsräumen.

1. Hinkommen

Darunter verstehen wir die Zugänglichkeit zu einem Quartier bzw. Freiraum von der Stadt aus kommend, z.B. durch den ÖPNV oder Radverkehr zum Luisenplatz hin.

Es finden sich bisher keine verständlichen Leitsysteme und visuelle Orientierungspunkte zur schnellen und sicheren Ortung sowie keine ausreichenden Sicherheitszonen für Senioren, Kinder und Mobilitätseingeschränkte im Bereich der ÖPNV-Haltepunkte und Streckenführung. Generell hat die ebene Fläche des Luisenplatzes Vorteile für die Navigation über den Platz, aber auch den Nachteil, dass Mobilitätseingeschränkte Hilfestellung beim Einstieg in Bus und Tram benötigen. Des Weiteren sind am Luisenplatz die normativ verbindlich geforderten Vorgaben nach DIN 18040-1, trotz technischer Aufrüstung der Haltepunkte, u.a. das Zwei-Sinne-Prinzip, noch nicht erfüllt. Dieses Prinzip basiert auf den klassischen „Informations- und Orientierungssinnen", das heißt Sehen und Hören. Ein eingeschränkter Sinn ist zu kompensieren zum Beispiel durch technische oder bauliche Hilfen. Bei Blinden/Seheingeschränkten oder Gehörlosen/Höreingeschränkten, muss der „fehlende" Sinn durch einen „vorhandenen" Sinn ersetzt werden. Die nächste barrierefreie Haltestelle für die Innenstadt befindet sich am Marktplatz.

2. Ankommen

Darunter verstehen wir die Orientierung und darauffolgend die zielgerichtete Bewegung in einem Freiraum, z.B. von der Haltestelle der Tram hin zu einem Service- und Dienstleistungsangebot in unmittelbarer Nähe. Das Ankommen in einen Freiraum wird beeinflusst durch Fußgängerinfrastruktur, Bodenbeschaffenheit, die Zonierung der Flächen und komplementäre Nutzungen.

Aktuell finden sich mannigfaltige Strukturen und Nutzungen auf engstem Ort ohne klare Systematik sowie Funktionstrennung. Eine Zonierung der Bewegungs-, Gefahren- und Aufenthaltszonen ist nur mit Einschränkungen erkennbar. Das lässt sich am Beispiel der Außengastronomie festmachen, die sich ohne erkennbare Systematik auf Bewegungsflächen ausbreitet, oder in unmittelbarer Nähe an den Bus und Tramverkehr angrenzt. Dies gilt auch für die mobilen und temporären Einrichtungen, etwa Möbel und Einfriedungen der Außengastronomie, oder Werbematerial des Einzelhandels. Der unebene Zustand des Bodenbelags verschärft die Situation für Mobilitäts- und Seheingeschränkte.

3| Eindrücke zur Zonierung, Zugänglichkeit und Nutzbarkeit auf dem Luisenplatz, Bilder: uhg/Florian Faeth

3. Reinkommen

Darunter verstehen wir die Zugänglichkeit und Nutzbarkeit eines Ortes in einem Freiraum, z.B. das Auffinden und Eintreten in ein Geschäft oder das Erholen auf einer Sitzmöglichkeit. Das Reinkommen ist die dritte, positiv besetzte Phase einer Bewegungssequenz. Es wird erleichtert durch eine gute Lesbarkeit der Bebauungsstruktur und Eingänge sowie einem schwellenfreien Zugang.

Des Weiteren besteht ein Zwiespalt zwischen den Vorgaben des barrierefreien Zugangs vom öffentlichen Raum zu privaten Geschäften nach DIN 18024-1 versus DIN 18024-2 (alt) und DIN 18040-1 versus DIN 18040-2 (neu) und HBO § 46 Absatz 1 sowie den historischen baulichen Gegebenheiten, beispielsweise von Läden aus den 1950ern, die einen durch eine Stufe höher angesetzten Vorbereich haben (Abb 3). Hier gilt es zwischen den Anforderungen des schwellenfreien Zugangs und den Qualitäten, wie etwa der Bildung eines räumlich wahrnehmbaren Übergangs zwischen Stadt- und Innenraum, zu vermitteln.

Lui rennt!

Im folgenden sollen mögliche Lösungsansätze skizziert werden, die von Studierenden des Fachbereich Architektur der Technischen Universität Darmstadt im Rahmen des städtebaulichen Entwurfs „Lui rennt! Stadtgestaltung für eine inklusive Stadtmitte Darmstadts" erarbeitet wurden. Eine ausführliche Dokumentation der Ansätze ist online erschienen (Knöll, Halblaub Miranda, Hopp, 2017). Beispielsweise schlagen Carolin Simon, Jana Weber, Frederik Dauphin und Susanne Krug (2017) in ihrem Entwurf „Selbstsicher!" vor, die raumbildenden Strukturen der Umgebungsbebauung und der Tramgleise durch ein Leitliniensystem für Blinde und Seheingeschränkte zu ergänzen. Die Leitlinien doppeln die Gleise im sicheren Abstand. Sie kanalisieren die Querungen an neuralgischen Stellen und führen von den Haltestellen zu den sicheren Gebäudekanten. Eine zweite, untergeordnete Hierarchie der Leitlinien, fördert das Ankommen auf dem Luisenplatz, indem sie zu Eingängen von öffentlichen Nutzungen, Geschäften und Cafés führt.

4 | Leitsystem und intergierte Neugestaltung des Luisenplatzes im Entwurfsprojekt von Carolin Simon, Jana Weber, Frederik Dauphin und Susanne Krug (2017)

Entwurf

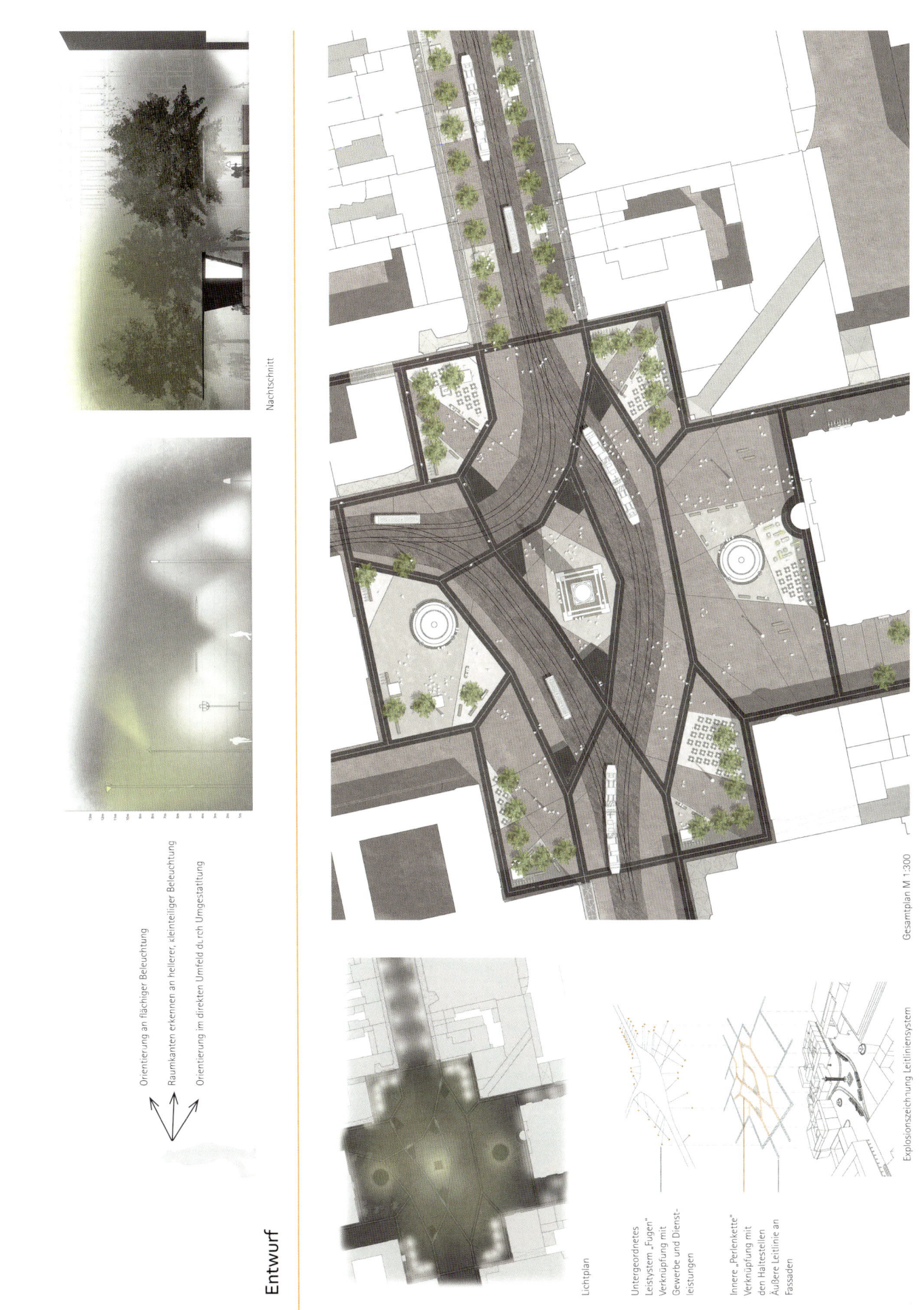

Nachtschnitt

Orientierung an flächiger Beleuchtung
Raumkanten erkennen an hellerer, kleinteiliger Beleuchtung
Orientierung im direkten Umfeld durch Umgestaltung

Lichtplan

Untergeordnetes Leistsystem „Fugen" Verknüpfung mit Gewerbe und Dienstleistungen

Innere „Perlenkette" Verknüpfung mit den Haltestellen Äußere Leitlinie an Fassaden

Gesamtplan M 1:300

Explosionszeichnung Leitliniensystem

Aus dem Konzept folgt eine Bodengestaltung, die durch Farb- und Materialwechsel klar zwischen Bewegungs-, Gefahren- und Ruhezonen unterscheidet. Der geometrische Zuschnitt zeichnet die strukturgebenden Tramgleise nach und vermittelt durch großformatige, polygonale Flächen zur Umgebungsbebauung.

In ihrer Detaillierung schlägt Jana Weber (2017) vor, die Leitlinie als eine Abfolge von Bewegungs- und Gefahrenzonen auszubilden. Sie bildet eine abgesenkte Furche aus, die mit dem Langstock ertastet werden kann. In den Abzweigungen der Leitlinie wird eine Zone von Aufmerksamkeitspunkten integriert. In den Abend und Nachtsunden soll das Leitsystem durch im Boden eingelassene energiesparsame LEDs hinterleuchtet werden. Die Orientierung auf dem Luisenplatz, wird in diesem Konzept durch Tastmodelle erleichtert, die an ausgesuchten Punkten zum Auftakt der Leitlinien aufgestellt und mit akustischen Hilfen ergänzt werden (Krug, 2017). Hierdurch soll das Erlernen und sprichwörtliche Erfassen des Systems für Seheingeschränkte erleichtert und auch für Sehende leicht begreifbar gemacht werden.

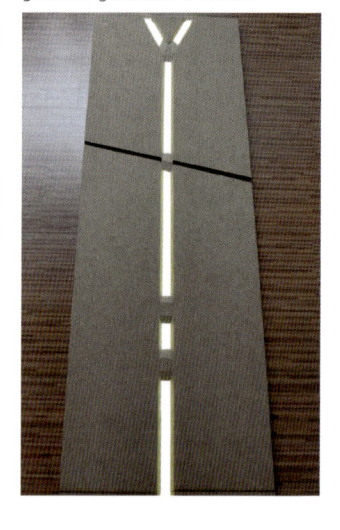

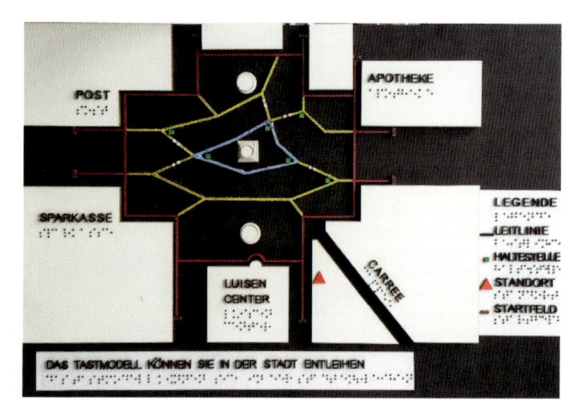

5| Detaillierung der Leitlinie, Jana Weber (2017)

6| Vertiefung des Tastmodells, Susanne Krug (2017)

Alena Hänsel und Sophie Weber (2017) stellen in ihrem Entwurf „Orientierung durch Sinne" die Möglichkeiten in den Vordergrund, durch Stadtgestaltung das sensorische Erlebnis – wie Gerüche, Vegetation, starke farbliche Kontraste und Geräusche – auf dem Luisenplatz zu verstärken. Dies soll zu einer Steigerung der Aufenthaltsqualität aber eben auch zur besseren Orientierung, z.B. von Seheingeschränkten, beitragen (Abb. 7). Die Autorinnen schlagen hierfür einen neugestalteten Aufenthaltsbereich um den südlichen Brunnen vor dem Luisencenter vor. Sie entwickeln lange Tische und Sitzmöbel, die radial um den zentralen Brunnen angeordnet werden. Die Oberflächenmaterialien bieten starke farbliche Kontraste und unterschiedliche Geräusche beim Gang darüber und werden ergänzt durch integrierte Vegetation und Kräuter (Abb. 7). Zur besseren Lesbarkeit der Eingänge zum Luisenplatz entwickeln Hänsel und Weber eine Design-Guideline für die Fassaden- und Bodengestaltung. Sie empfehlen eine Hervorhebung des Sockelgeschosse sowie Eingangszonen durch starke Hell-Dunkel-Kontraste, sowie eine visuelle Hervorhebung der Eingänge (Abb. 8). Sie entwickeln hierdurch ein Set von konkreten Lösungsvorschlägen, die das Reinkommen in die umliegenden Gebäude deutliche verbessern würden.

7| Diagramm „Orientierung durch Sinne", inspiriert durch den Marktstand Obst Rebell und barrierefreie Stadtmöbel, Hänsel und Weber, 2017

8| Guideline zur Verbesserung der Lesbarkeit der Fassaden mit starken Hell-Dunkel-Kontrasten, Hänsel und Weber, 2017

Schnitt | ÖPNV-Zone und Warten | 1:150

Dunkles, kleinteiliges Pflaster
Raue Oberfläche, 5x5 cm
Aufenthalt

Helles, großformatiges Pflaster
Glatte Oberfläche, 30x30 cm
Laufwege

Dunkle Gummimatte
Gibt bei Belastung nach
Gefahrenzone

Helle Gummimatte
Gibt bei Belastung nach
Gefahrenzone

Dunkler Noppenstein
Kontrast zu hellen Pflaster
Aufmerksamkeitsfeld

Dunkler Rillenstein
Kontrast zu hellen Pflaster
Leitstreifen

Heller Sichtbeton
Kontrast zu dunklen Pflaster
Akustik-Pilz

Holz
Angenehm zum Sitzen
Bänke

Fazit

Der Luisenplatz ist einer der wenigen urbanen Orte Darmstadts. Er erfreut sich großer Beliebtheit, wird aber auch kritisch gesehen. Insbesondere unter den Gesichtspunkten des Access for All. Der vorliegende Artikel zeigt erhebliche Mängel in der barrierefreien Erreichbarkeit, dem Hinkommen zum Luisenplatz, der mangelnden Zonierung von Bewegungs- und Aufenthaltsflächen, der mangelnden Unterstützung der Orientierung, u.a. durch in die Jahre gekommene Bodengestaltung. Es fehlen auch einheitliche Leitsysteme, welche es den Nutzern erleichtern, sprichwörtlich in den Freiraum reinzukommen. Und es fehlen Sitzmöglichkeiten sowie gut lesbare Umgebungsfassaden und schwellenlose Eingänge, um das Ankommen zu unterstützen.

Die Verantwortlichen im Stadtplanungsamt sind sich der Herausforderungen bewusst und haben sich aktiv in den hier geschilderten Analyse- und Entwicklungsprozess im Rahmen des Entwurfsprojektes „Lui rennt!" eingebracht. Aus dieser gemeinsamen Arbeit zeichnen sich erste Handlungsfelder und -optionen zur Verbesserung der Zugänglichkeit und Nutzbarkeit für Menschen mit Einschränkungen ab, die in den Entwürfen der Studierenden exemplarisch aufgezeigt werden. Hervorheben möchten wir zum Abschluss, dass die Mehrheit der Studierenden ein prozesshaftes Vorgehen vorschlägt, in denen verschiedene Maßnahmen der Stadtgestaltung als Etappen eines Masterplans aufeinanderfolgen, sich an bestehende Vorhaben wie dem Masterplan 2030+ anschlussfähig zeigen, den Austausch mit Verbündeten suchen und die Bürgerinnen und Bürger miteinbeziehen wollen (Knöll, Halblaub Miranda, Hopp, 2017). Als einen ersten Schritt schlägt zum Beispiel Matthias Gilles (2017) vor, Bürgerinnen und Bürger spielerisch für das Thema des Universal Design zu sensibilisieren. Er entwickelte ein Brettspiel „Run, Lui, Run!" zum Luisenplatz, das den Perspektivwechsel ermöglicht. Man spielt zum Beispiel mit Charakter „Luise", die nur mit eingeschränkter Geschwindigkeit auf dem Luisenplatz vorwärts kommt, regelmäßig für eine kleine Pause eine Sitzgelegenheit sucht und durch Ereignisse wie Regen und rutschigem Boden oder dem Halten eines K-Busses verunsichert wird (Abb. 9). Gilles stellt sich „Run, Lui, Run!" als ein „Analyse- und Vermittlungstool", um alternative stadtgestalterische Lösungen für den Luisenplatz unter dem Gesichtspunkt des Universal Design und Access for All zu optimieren. Und tatsächlich ergibt sich beim Spielen die Diskussion zu Problemzonen und der Austausch zu möglichen Lösungen. Also spielen Sie: Zurück auf Start!

Dank an die Beteiligten

Besonderer Dank gilt Frau Shaddel, Leo Jarolimek und Jonas Philippi – Studierende und Engagierte in Sachen Studium und Behinderung an der Technischen Universität Darmstadt sowie der Frankfurt University of Applied Science, Masterstudiengang „Barrierefreies Bauen und Planen" –, Frau Dipl.-Ing. Andrea Haas vom Stadtplanungsamt der Wissenschaftsstadt Darmstadt sowie Dr. Oliver Herwig, den Studierenden der HFG Karlsruhe für die wertvollen Hinweise als Gastkritikerinnen und Gastkritikern und allen Teilnehmenden des städtebaulichen Entwurfs „Lui rennt!" am Fachbereich Architektur der Technischen Universität Darmstadt. Die Lehrveranstaltung wurde durch Mittel des Hochschulpakts 2020 (HSP 2020) der TU Darmstadt im Rahmen des Projektes „Smart und Inclusive City" gefördert.

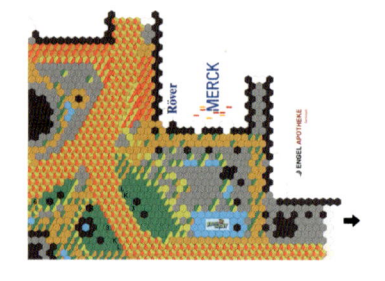

9| Matthias Gilles, „Run Lui Run!", 2017.

Referenzen

DIN 18040-1: 2010-10 Barrierefreies Bauen – Planungsgrundlagen – Teil 1: Öffentlich zugängliche Gebäude. Berlin 2010.

DIN 18040-2: 2011-09 Barrierefreies Bauen – Planungsgrundlagen – Teil 2: Wohnungen. Berlin 2011.

Gehl, J., & Gemzøe, L. (2008). New City Spaces (3. Ausg.). Copenhagen: Danish Architectural Press.

Gehl, J. (2012). Cities for people. London: Island Press.

Herwig, O. (2008). Universal Design – Lösungen für einen barrierefreien Alltag. Basel: Birkhäuser.

Hessische Bauordnung (HBO). In der Fassung der Bekanntmachung vom 15. Januar 2011 (GVBl. I S. 46, 180) Zuletzt geändert durch Artikel 2 des Gesetzes vom 15. Dezember 2016 (GVBl. S. 294). Wiesbaden 2016.

Hopp, S. (2016). Behinderung und Stadt: Darmstadt – Zürich, ein Vergleich. Dissertation, Technische Universität Berlin.

Karssenberg, H., Laven, J., Glaser, M. & van 't Hoff, M. (2016). The city at eye level: lessons for street plinths. Delft: Eburon.

Knöll, M., Neuheuser, K., Vogt, J., & Rudolph-Cleff, A. (2014). Einflussfaktoren der gebauten Umwelt auf wahrgenommene Aufenthaltsqualität bei der Nutzung städtischer Räume. Umweltpsychologie, 18 (2), S. 84–102.

Studentische Arbeiten

Gilles, M. „ run lui run – a speed run game."
Hänsel, A. & Weber, S. „Orientierung durch Sinne."
Krug, S. „Selbstsicher – Das Tastmodell."
Simon, C., Weber, J., Dauphin, F. und Krug, S. „Selbstsicher."
Spanel, K., Gilles, M., Schuetz, C., Wilfinger, M. „Take away."
Weber, J. „Selbstsicher – Die Leitlinie."

Alle Arbeiten erschienen in Knöll, M., Hopp, S und Halblaub Miranda, M. (Hg.) Lui rennt! Stadtgestaltung für eine inklusive Stadtmitte Darmstadts – Städtebaulicher Entwurf im Wintersemester 2016/17. Darmstadt: Technische Universität Darmstadt, Fachbereich Architektur, Forschungsgruppe Urban Health Games, 2017, tuprints.ulb.tu-darmstadt.de/6703/

Anhang

Im Anhang bringen wir mit fünf Vorschlägen ein Beispiel, wie aktive Partizipation bei einem so komplexen Thema wie der Kulturellen Mitte Darmstadt in einfacher und anschaulicher Weise betrieben werden kann.
Dieser Text ist auch als separate Broschüre erschienen: Wolfgang Lück. Kulturelle Mitte Darmstadt. Vorschläge zur Stadterkundung mit kritischem Blick für alle, die ihre Stadt attraktiver gestaltet sehen wollen. Es kann bei der Werkbundakademie Darmstadt (vorstand@wba-darmstadt.de) angefordert werden (Schutzgebühr 5 EUR).

Wer durch Darmstadt flaniert, entdeckt vieles. Mehr sieht, wer in Begleitung ist und auf dies oder jenes aufmerksam gemacht wird, was leicht übersehen wird oder was einer Information bedarf.
Im Folgenden sind Stadtgänge skizziert, die mit Führung wiederholt angeboten worden sind. Die Beschreibung dieser Gänge kann auch Einzelwandernden wichtige Hinweise geben. Bei den einzelnen Stationen mögen Fragen anregen zu eigenen Vorstellungen, wie der jeweilige Bereich weiterentwickelt werden könnte. Dieser Rundgang soll helfen, ein Gespür für die Eigenlogik dieser Stadt und ihrer Mitte zu entwickeln, für ihre Identität und die prägenden Züge ihres Stadtbildes. Das bedeutet auch, den Blick zu schärfen für Stärken wie für Schwächen, für Chancen, Optionen und Potenziale wie für Missstände und Risiken, für die Widersprüchlichkeiten und Ambivalenzen wie für ihre Harmonien.
Wir blicken aus dem Jetzt ein wenig in die Vergangenheit, fragen aber auch nach der Zukunft, die wir durch unser Tun oder Lassen mitbeeinflussen können.

1. Stadtgang
Um das Darmstädter Schloss

Text: Karl-Theodor Kanka

Das Schloss ist Ursprung und Mitte der Stadt. Es besteht aus dem mittelalterlichen Altschloss mit seinen Bastionen und dem südlich vorgelagerten spätbarocken Neuschloss.
Heute steht es allseitig frei innerhalb seines breiten grünen Grabens, eingerahmt von *vier Plätzen*:

- den beiden stadtseitigen Plätzen im Süden *(Marktplatz)* und Westen *(Ernst-Ludwigs-Platz und Friedensplatz)*

- sowie den beiden universitätsseitigen im Norden *(Karolinenplatz)* und Osten *(am Schlossgraben/Gräfin Dönhoffplatz)*, an denen der Verkehr des City-Einbahnrings (B 26) vorbei braust.

Der City-Einbahnring ist hochbelastet und wird schnell befahren, so dass er die Umgebung schwer beeinträchtigt und nur an zu wenigen Stellen locker überquert werden kann. Dieser Fahrzeugverkehr muss auf ein stadtverträgliches Maß bei gedrosselter Geschwindigkeit und rücksichtsvollem Verkehrsverhalten eingeschränkt; die Übergänge müssen verbessert werden.

Bis zur Zerstörung 1945 war die städtebauliche Konstellation anders: Es gab keinen City-Ring und die ummauerte mittelalterliche Altstadt war direkt an den östlichen Schlossgraben angebaut; dies ist an dem Bodenrelief beim Hinkelsturm gut nachzuvollziehen.

1

1. Stadtgang
Um das Darmstädter Schloss

Das Schloss wendet seine Hauptfront dem Marktplatz zu. Die Korrespondenz zwischen dem spätbarocken Residenzschloss und dem alten Renaissance-Rathaus mit dem Marktbrunnen, überragt vom Turm der Stadtkirche, ist ein Charakteristikum der Stadt.

Zwischen Schloss und Markt liegen stark frequentierte Straßenbahn- und Bushaltestellen. Das Alte Rathaus wird heute als Standesamt genutzt. Es beherbergt außerdem den Ratskeller. In der Diskussion über den Wiederaufbau Darmstadts nach dem Zweiten Weltkrieg spielte der Vorschlag Karl Grubers eine Rolle, den Renaissancebau als Rathaus zu nutzen und mit einer Brücke zu einem geplanten Neubaukomplex zu verbinden, der den Verwaltungsteil des Rathauses aufnehmen sollte.

Station 1 | Marktplatz
Plan 1.1

Zukunftsfragen:

Die Rathausfrage ist in Darmstadt nicht wirklich gelöst.

Sollte das Alte Rathaus künftig wieder intensiver als Rathaus genutzt und mit Brücken in die Obergeschosse der Nachbarblöcke erweitert werden?

Sollten am Marktplatz nicht-gastronomische Sitzgelegenheiten (Bänke) angeboten werden?

An welchen Tagen sollte Wochenmarkt stattfinden?

Welche anderen Standorte für Wochenmärkte wären denkbar und wünschenswert?

Sollten Einkaufswagen vom Markt zur Tiefgarage unter dem Friedensplatz (hoffentlich bald mit Aufzug) angeboten werden?

Wo sind und wo sollten wie viele Taxi-Standplätze zu finden sein?

1. Stadtgang
Um das Darmstädter Schloss

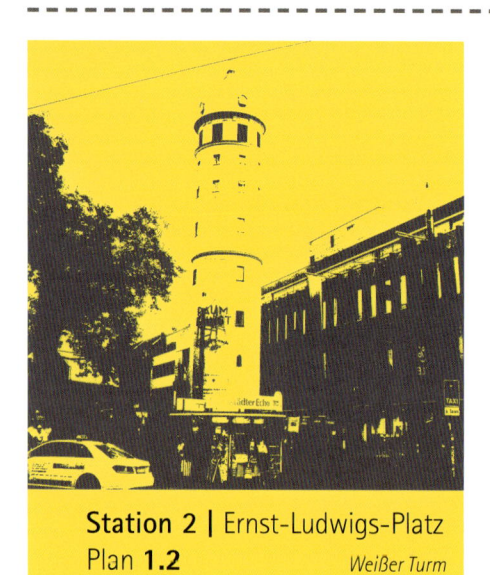

Station 2 | Ernst-Ludwigs-Platz
Plan **1.2** *Weißer Turm*

Dieser Platz liegt zwischen dem Weißen Turm und dem Reiterdenkmal des Großherzogs Ludwig IV.

Der Weiße Turm war bis zur Barockzeit der westliche Eckpunkt der Stadt. 1695 wurde hier mit der Neuen Vorstadt die erste westliche Stadterweiterung bis zur Luisenstraße und zum Luisenplatz begonnen. Hier endet oder beginnt die Rheinstraße am Schloss; sie ist die Hauptachse der barocken und klassizistischen wie auch der heutigen Stadtanlage.

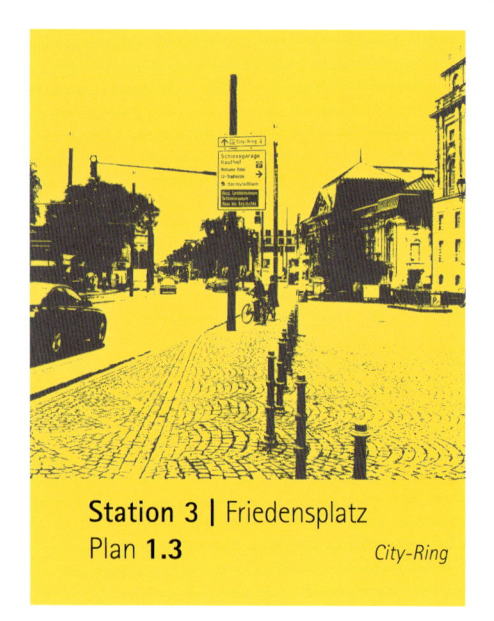

Station 3 | Friedensplatz
Plan **1.3** *City-Ring*

Der Friedensplatz trägt diesen Namen erst seit 1950; zuvor hieß er (und war er) Paradeplatz. Er ist zugleich Vorfeld für das Schloss und das Landesmuseum, er dient als Passage vom Herrngarten und der Technischen Universität zur City. Er wurde 1966 mit Darmstadts erster Tiefgarage unterbaut und war mit diversen Betontrögen möbliert. Eine charmante, charakteristische und prägende Nutzung fand hier kaum statt, weder durchgängig noch periodisch. Der gegenwärtigen Neugestaltung sind enge Grenzen gesetzt durch die darunter liegende Tiefgarage und die mangelnde Tragfähigkeit der Decke. Für das jetzt geplante Baumpodest muss eine zusätzliche Verstärkung eingebaut werden.

1962 wurde im Norden des Platzes der erste Abschnitt des City-Rings angelegt, um die Rheinstraße vom individuellen Fahrzeugverkehr zu entlasten. Dies geschah damals sehr autogerecht auf Kosten der Fußgänger-Verbindungen und verbunden mit erheblichen Gefährdungen und Emissionen; im Zuge des weiteren Ausbaus wurden diese Beeinträchtigungen

1. Stadtgang
Um das Darmstädter Schloss

nicht korrigiert, sondern zugunsten des schnellen Fahrkomforts sogar noch verstärkt und ausgeweitet.

Das kurz nach der Kriegszerstörung wieder aufgebaute spätbarocke Gebäude Langes Bäuchen war das kleine Stadtbüro des Prinzen Ludwig, dem die Stadt im kulturellen und ökonomischen Wiederaufbau sehr viel zu verdanken hat.

Zukunftsfragen:

Nach welchen Kriterien und für welche Wünsche und Bedürfnisse sollte der Platz neu gestaltet werden?

Welche Korrekturen könnten und sollten am City-Ring vorgenommen werden, um den Verkehr erträglicher zu machen und damit den City-Ring besser in den städtischen Kontext zu integrieren?

Der Karolinenplatz, das nördliche Vorfeld des Schlosses mit den kulturellen Repräsentationsbauten der Residenzstadt, dem Landesmuseum und dem Haus der Geschichte (im früheren Hoftheater) wurde durch den Bau des City-Rings vom Friedensplatz und Schloss abgetrennt.

Auch dieser Platz wurde mit einer Tiefgarage unterbaut, glücklicherweise aber weniger als der Friedensplatz mit Betonelementen möbliert. Dennoch sind Brüstungen und das große Wasserbecken zwischen City-Ring und Museumsturm sehr störend. An der Ostseite vor dem Empfangsgebäude der TU Darmstadt wurden eine Treppe und eine Rampe eingebaut. Der Karolinenplatz ist die Herrngarten-Seite des Schlossbezirks. Die TU Darmstadt hat in mehreren Etappen nach 1945 am Karolinenplatz ein Gesicht zum Schloss hin entwickelt, als neuesten Beitrag den Bau des Empfangsgebäudes Karo 5 zeitgleich mit dem Bau des Kongresshauses darmstadtium.

Station 4 | Karolinenplatz
Plan **1.4** *Treppe auf dem Karolinenplatz*

Zukunftsfragen:

Welche Kriterien, Wünsche und Bedürfnisse lassen an eine Umgestaltung des Platzes denken?

1. Stadtgang
Um das Darmstädter Schloss

Am Übergang zur nächsten Station queren wir die Alexanderstraße, die seit dem Ende des 17. Jahrhunderts einen Zugang vom Schloss in die Alte Vorstadt des 16. Jahrhunderts herstellte.

Stadtmauerrest, Kongressgebäude, Wasserrinne, Universitätscampus, Stadtallee

Ursprünglich drängte sich hier die mittelalterliche (obere) Altstadt am Fuße der Mathildenhöhe eng an den Schlossgraben – ein Stadtmauerrest im darmstadtium erinnert daran. Das darmstadtium ist ein Kongressgebäude der Stadt und der Universität, die seit der Kriegszerstörung das gesamte Gelände der ausradierten (oberen) Altstadt belegt.

Die Wasserrinne vor dem darmstadtium soll an den Darmbachverlauf erinnern, der natürlich ursprünglich den Schlossgraben durchfloss.

Station 5 | Östl. Schlossgraben
Plan 1.5 *Darmbachrinne*

Zukunftsfragen:

Wie könnte und sollte die breite City-Ring-Schneise am Rande des östlichen Schlossgrabens neu gefasst und zu einem ansprechenden Stadtraum umgeformt werden?

Wie könnte und sollte sich der Uni-Campus der 50er bis 70er Jahre in der Innenstadt entwickeln oder umstrukturieren – funktional und städtebaulich?

Wie könnte und sollte die Landgraf-Georg-Straße umgestaltet werden, so dass sie als Stadt-Allee am Südrand der Universität zum Stadtpark Woog, zum Botanischen Garten und zum "Campus Lichtwiese" zu einem kultivierten Element der Stadtlandschaft wird und den Habitus einer Einfalls-/Ausfallsstraße ablegt?

Zu diesen Fragen wären auch die Anliegerinnen und Anlieger auf der Südseite der Straße zu hören.

1. Stadtgang
Um das Darmstädter Schloss

Bevor wir von dieser Station unseres Rundgangs zum Ausgangspunkt am Marktplatz zurückkehren, sollten wir noch einen Abstecher zur ehemaligen unteren Altstadt rund um das Justus-Liebig-Haus vornehmen. Wir finden hier keine plausiblen Sicht- und Wegebeziehungen in dieses eigentümliche Stadtquartier, der Kleinschmidt-Steg über und die Unterführung am Chor der Stadtkirche unter dem City-Ring sind isolierte Verlegenheitslösungen.

Gebäudeensemble des Schlosses

Dieses vielteilige Gebäudeensemble aus Alt- und Neuschloss mit seinen unterschiedlichen Bauwerken und Höfen im Schutz des umlaufenden Grabens und der Bastionen um das Altschloss hat eine bewegte Bau-, Zerstörungs- und Wiederaufbaugeschichte. Auch die Nutzungen, die es beherbergte, waren sehr unterschiedlich: Residenz, Archiv, Museum, Bibliothek, Universität usw.

Derzeit müssen alle Fundamente von Grund auf saniert werden. Die Universität ist Besitzer, Bauherr und Hauptnutzer. Es ist eine spannende Herausforderung, wie das Schloss künftig seine zentrale Rolle als Repräsentationsraum und als Begegnungsraum zwischen Stadtgesellschaft und Stadtuniversität wahrnehmen soll.

Es ist daran gedacht, dass der Präsident der Technischen Universität dort einziehen soll. Das Deutsche Polen-Institut hat bereits seinen Sitz im Herrenbau. Pläne bestehen für den Kirchenbau. Die Schlosskirche brannte wie das gesamte Schloss 1944 aus. In den 50er Jahren wurde im entsprechenden zeitgenössischen Stil eine neue Kirche mit Emporen eingebaut. Sie wurde von der evangelischen Studentengemeinde genutzt. In den Jahren nach 1968 gab die Evangelische Kirche in Hessen und Nassau den Kirchenbau auf. Die Hochschulgemeinde verzichtete in dieser "revolutionären" Zeit auf Gottesdienste. Die Schulbuchsammlung zog ein. Sie hat inzwischen neue Räume. Jetzt gibt es einen Vertrag der Universität mit der Landeskirche. Danach richtet die Universität einen Feierraum her, der auch als Gottesdienstraum genutzt werden kann. Ein Stifter für eine Orgel hat sich bereits gefunden. Neue Nutzungen wird es auch für die Räume der Hochschulbibliothek geben, die einen Neubau erhielt.

Station 6 | Stadtschloss
Plan **1.6**

2. Stadtgang
Die Rheinstraße vom Ernst-Ludwigs-Platz zum Rheintor

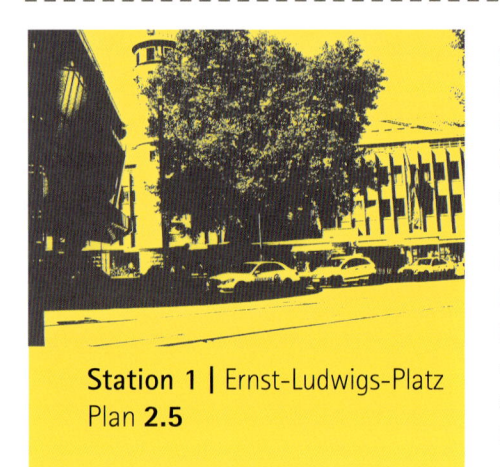

Station 1 | Ernst-Ludwigs-Platz
Plan **2.5**

Ernst-Ludwigs-Platz – Anhängsel an den Friedensplatz?
Der Ernst-Ludwigs-Platz hieß bis 1860 "Weiße-Turm-Platz". Er bekam seinen Namen erst, als die Ernst-Ludwig-Straße vom Ludwigs-Platz her erschlossen worden war. Der nördlich anschließende Friedensplatz (früher Reitbahn, später Paradeplatz) war ursprünglich abgetrennt mit einer an Pollern aufgehängten Kette. Er diente – wie die Namen sagen – als Reitbahn und Paradeplatz. Er gehörte zum Schlossareal. Der Ernst-Ludwigs-Platz war ein öffentlicher Stadtplatz. Er wurde durchschnitten von der Fahrbahn für Straßenbahn, Fuhrwerke und Autos von der Rheinstraße zum Marktplatz. Lange befand sich hier die Haltestelle Schloss und von 1907 bis 1944 der erste Pavillon und Informationsstand des Verkehrsvereins. Heute ist nicht mehr zu erkennen, wo die Begrenzung des Ernst-Ludwigs-Platzes verläuft.

Zukunftsfragen:

Sollte man Friedens- und Ernst-Ludwigs-Platz wieder deutlicher voneinander trennen?

Welche Funktion könnte der Platz haben?

Wie könnte der Platz gestaltet werden?

Wohin mit den Taxis?

Welche Rolle könnten die Platane, der Kiosk und der Weiße Turm spielen?

Station 2 | Luisenplatz
Plan **2.2** *Kollegiengebäude*

Luisenplatz – "Bahnhof" für Busse und Straßenbahnen?
Der werktags recht wuselige Platz war vor 1945 das politische Zentrum der Hauptstadt und des Großherzogtums Hessen-Darmstadt bzw. nach 1918 des Volksstaats Hessen. Doch die Ökonomie hat die Politik weitgehend verdrängt. Einzig das Kollegiengebäude mit dem Regierungspräsidium erinnert noch an diese Vergangenheit. Es war zur Erbauungszeit so etwas wie ein Haus der Ministerien. Davor geht es am ruhigsten zu. Wo heute die Sparkasse steht, stand der Hessische Landtag. An der Stelle des Luisencenters stand das Alte Palais, Residenz des Großherzogs und später der Landesregierung. Die Säule in

2. Stadtgang
Die Rheinstraße vom Ernst-Ludwigs-Platz zum Rheintor

der Mitte des Platzes, der "Lange Ludwig", erinnert an die erste Verfassung Hessens von 1820. Die Platzmitte ist heute geprägt von den Haltestellen der verschiedenen Linien des öffentlichen Personennahverkehrs. Da stehen in großer Zahl Hinweistafeln, Fahrkartenautomaten und Unterstände. Der Platz ist nach einem großflächigen Muster gepflastert. Erkennbar ist das Muster nur von oben, beispielsweise von der Plattform des "Langen Ludwigs" aus, die am ersten Samstag im Monat geöffnet ist.

Zukunftsfragen:

Wie ließe sich heute die politische Vergangenheit des Platzes vermitteln? Infotafeln? Hinweistafeln an den Gebäuden?

Gibt es Möglichkeiten, den Platz von der Rolle der Verkehrsdrehscheibe zu entlasten?

Könnte die Zahl der Gleise und Fahrspuren überhaupt verringert werden?

Die überbordende Möblierung der Haltestellen ließe sich sicher reduzieren. Wie könnte das geschehen?

Was stört die Würde des Platzes sonst noch?

Was wäre wünschenswert?

Offenes Haus – Neuanfang für die Kolonnaden?

In Darmstadt werden die Gänge unter den Häuserfronten Arkaden genannt. Arkaden jedoch sind Bogengänge. Die gibt es in Darmstadt nicht. Die hiesigen Gänge sind Kolonnaden, Säulengänge mit flacher Decke. Bis zum Zweiten Weltkrieg gab es in Darmstadt derlei Gänge nicht. Sie sind ein Produkt des Wiederaufbaus. Der Straßenraum sollte verbreitert werden. Deshalb wurden die Gehwege teilweise in die Häuser verlegt. Die Kolonnaden sind in den Bebauungsplänen festgeschrieben. Beim Bau des Hauses Rheinstraße Nr. 31 (das Offene Haus, Evangelisches Forum Darmstadt) wurde abweichend von der Norm in der Reihe der eckigen Säulen auch eine runde Säule mit Mosaikbelag genehmigt. Mehr als ein wettergeschützter Fußweg scheinen die Säulengänge in Darmstadt nicht zu sein.

Station 3 | Kolonnadengänge
Plan **2.3**   *Offenes Haus | Kolonnaden*

2. Stadtgang
Die Rheinstraße vom Ernst-Ludwigs-Platz zum Rheintor

Zukunftsfragen:

Wie erleben Sie diese Gänge? Wie ließen sie sich aufwerten?

Was wäre nötig, damit wir gern unter den Säulengängen flanieren?

Welche Vorteile könnten die Säulengänge für die angrenzenden Geschäfte bieten?

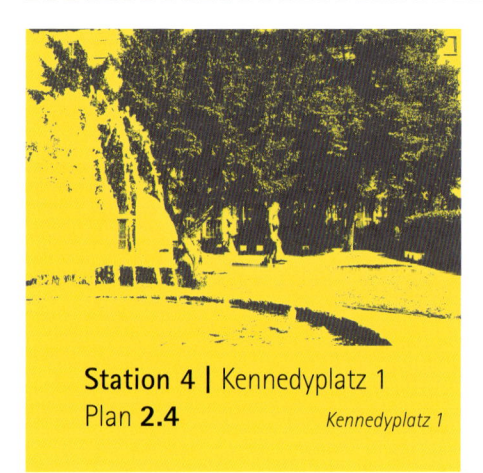

Station 4 | Kennedyplatz 1
Plan 2.4   *Kennedyplatz 1*

Kennedyplatz 1 – nur eine Straßenkreuzung?

Hier zweigt die Neckarstraße nach Süden von der Rheinstraße ab. Mit der einstmals vornehmen Straße wollte der Stadtplaner Georg Moller zu Beginn des 19. Jahrhunderts ein Gegengewicht zur Rheinstraße erreichen. Die Kasinostraße wurde erst später angelegt, und zwar ca. 20 Meter zur Neckarstraße versetzt. Erst durch den verkehrsverträglichen Nachkriegsausbau mit gleichzeitiger Fahrbahnverbreiterung wurde die heutige Kreuzungsanlage geschaffen. Der auch ursprünglich unregelmäßig angelegte Platz bildete das bürgerliche Gegenstück zum politisch bestimmten Luisenplatz. An der Stelle des Hochhauses stand bis zum Krieg das Haus der Vereinigten Gesellschaft, das Kasino, in dem die Bürgerschaft Darmstadts zuhause war. Ringsum standen die Häuser des Bürgertums. Ein wenig vom alten Glanz lässt sich noch in der Ecke vor dem Kennedy-Haus (Literaturhaus, gebaut als Amerika-Haus) erahnen mit der kleinen Grünanlage, den Skulpturen, dem Brunnen und der Restaurant-Terrasse, einst zum Hotel Aachener Hof gehörig.

Zukunftsfragen:

Werden eigentlich all die Fahrspuren gebraucht, insbesondere die breiten Abbiegespuren?

Wie ließe sich mehr Platzcharakter gewinnen, weg von der autogerechten Stadt?

Ließe der Platz sich deutlicher als kultureller Ort hervorheben?

Was ist nötig, um hier gern zu verweilen?

2. Stadtgang
Die Rheinstraße vom Ernst-Ludwigs-Platz zum Rheintor

Kennedyplatz 2 – Anlage für ein Schaltkastendenkmal?
Nach Überqueren der Kasinostraße stehen wir auf dem westlichen Teil des Kennedyplatzes. Auch hier gibt es eine Grünanlage, aber weder Brunnen, noch Skulpturen. Da stehen Mülltonnen. Mitten im Rasen erhebt sich ein Ensemble aus Schaltkästen mit einseitiger Verblendung aus im Drahtgeflecht aufgeschichteten Natursteinen – soll das ein "Schaltkastendenkmal" sein? Die Läden und Restaurants unter den Kolonnaden wirken zum Teil wenig einladend.

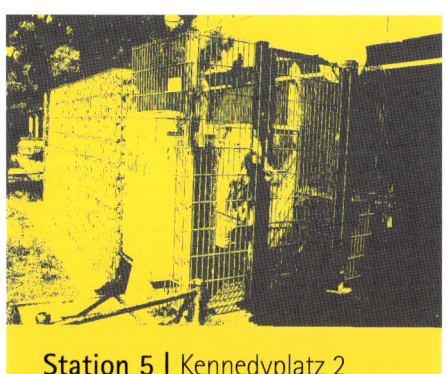

Station 5 | Kennedyplatz 2
Plan 2.4   *Schaltkastendenkmal?*

Zukunftsfragen:

Was ist hier los?

Was müsste geschehen, damit wir uns hier wohler fühlten?

Würde es etwas bringen, wenn die Stadt die Rasenflächen für ein Urban-Gardening-Projekt zur Verfügung stellte?

Rheintor – auf dem Weg zu einem Willkommen in Darmstadt?
Der Baukörper mit den zwei Säulen, der jetzt vor der Kunsthalle steht, ist der Torso eines von zwei Wachhäusern, die auf beiden Seiten der Rheinstraße standen und zusammen mit dem sie verbindenden Gitter und Gittertor das Rheintor bildeten. Der Bereich zwischen Kunsthalle rechts der Rheinstraße und Gewerkschaftshaus links der Rheinstraße wird gegenwärtig (4/2017) umgeplant. Beide Seiten der Rheinstraße sollen zusammen ein erkennbar torartig gestaltetes Willkommen werden. Die beiden quer zur Straße stehenden Wohnblocks aus der Nachkriegszeit bilden, wie städteplanerisch beabsichtigt, schon jetzt ein Tor. Ihre eingezogenen Ecken mit der Plattenpflasterung wirken heute aber öde und ungepflegt. Diskutiert wird auf der Seite der Kunsthalle für diese Ecke ein

Station 6 | Rheintor
Plan 2.5   *Platz für ein Café*

2. Stadtgang
Die Rheinstraße vom Ernst-Ludwigs-Platz zum Rheintor

Café. Hinter Kunsthalle und Gewerkschaftshaus zieht sich der von Georg Moller konzipierte Alleenring entlang, der als solcher kaum mehr erlebbar ist. Die Verkehrsführung ist in diesem Bereich ganz auf das Auto ausgerichtet. An der Hindenburgstraße teilen sich Fußweg und Radweg den schmalen Raum. Vor der Kunsthalle ist ein Radfahrstreifen auf den Gehweg gemalt, der Fußgängerinnen und Fußgängern kaum Platz lässt. Inzwischen (2017) hat ein Wettbewerb stattgefunden, der zunächst der Neugestaltung der Vorplatzes der Kunsthalle galt. Er sollte aber auch Ideen für die gesamte Platzsituation vor dem Rheintor liefern. Der Siegerentwurf sieht vor, den heutigen Zaun vor der Kunsthalle zu entfernen und damit den Bereich zu öffnen. Mit einer wassergebundenen Kiesdecke und einem lockeren Bewuchs von hohen Bäumen mit fiedrigem Blattwerk, die mit von unten beleuchteten Bänken umstellt werden, soll auch abends eine einladende Atmosphäre entstehen. In den eingezogenen Ecken des östlichen Platzbereichs erhofft man sich die Ansiedlung von Gastronomie. Die Grünfläche des Steubenplatzes hinter der Kunsthalle soll Platz für die Aufstellung von Skulpturen bieten. Vor dem Gewerkschaftshaus auf der anderen Seite der Rheinstraße könnte eine ähnliche Platzanlage entstehen.

Zukunftsfragen:

Unabhängig von dem, was schon geplant wird: Was würden Sie in diesem Bereich ändern?

Wie lässt sich mehr Grün erreichen?

Wodurch könnte der Alleenring erlebbarer werden?

Was gehört zum Vorplatz einer Kunsthalle, der ihrer würdig ist?

Auch jetzt die Frage: Was müsste geschehen, damit wir uns hier wohl fühlen?

3

3. Stadtgang
Wilhelminenstraße vom Mathildenplatz zum Zentrum der Schader-Stiftung

Mathildenplatz, Südostecke – Justizzentrum, Ort des Grundgesetzes

Den rechteckigen, rundum bebauten Mathildenplatz nennen Alteingessene die "grüne Schublade Darmstadts". An zwei Seiten ist er begrenzt von Justizgebäuden, an einer von Läden und an einer weiteren von der Neuen Kanzlei Georg Mollers. Der Löwenbrunnen von Franz Heger in der Mitte stand einst auf dem Luisenplatz. Die Südostecke des Platzes ist offen. Hier stehen noch niedrige Überbleibsel von Vorkriegsbauten. Die westliche Längsseite des Platzes wird von dem jüngsten Justizgebäude eingenommen. Der Fußgängerweg verläuft unter Kolonnaden. An der Decke und an den Pfeilern sind Text des Grundgesetzes und künstlerische Arbeiten dazu dargestellt. Auf dem Dach steht eine Justitia zwischen reichem und armem Mann. Das Problem des Platzes ist der Straßenverkehr. Vor der Neuen Kanzlei braust die B 26. Zu Füßen der Justitia fährt man von der Frankfurter Straße kommend auf den Tunnel unter dem Luisenplatz zu. Vor den Läden auf der Ostseite des Platzes haben Straßenbahn und Busse ihre Spur.

Gegenwärtig (2018) wird eine Neugestaltung der Verkehrsführung geplant. Auf der Ostseite des Platzes sollen Busse und Bahnen und nur ein geringer Anliegerverkehr angeordnet sein. Eine Durchfahrt zur Frankfurter Straße wird es nicht mehr geben. Der Autodurchgangsverkehr soll in beiden Richtungen auf der Westseite des Platzes gebündelt werden.

Station 1 | Mathildenplatz
Plan 3.1 *Offene Südostecke*

Zukunftsfragen:

Sie sollten die Darstellungen zum Grundgesetz u.a. mit Darmstädter Motiven anschauen.
Wie lässt sich darauf besser aufmerksam machen?

Was könnte geschehen, damit die Kolonnaden attraktiver werden?

Muss der Straßenverkehr so bleiben? Welche Lösungen wären denkbar?

Was könnte den Platz insgesamt attraktiver machen – z.B. frei bewegliche Stühle?

Wo bleiben eigentlich die Radfahrer?

3. Stadtgang
Wilhelminenstraße vom Mathildenplatz zum Zentrum der Schader-Stiftung

Station 2 | Luisencenter 1
Plan 3.2 *Yeans-Halle*

Luisencenter – vom Rathaus zur Yeans-Halle
Seit über hundert Jahren sind die Darmstädterinnen und Darmstädter auf der Suche nach einem ordentlichen Rathaus. Nachdem das Alte Rathaus am Markt zu klein geworden war, wurden Büroräume an verschiedenen Orten in der Innenstadt für die sich ausdehnende Verwaltung gemietet oder gekauft. Daraus entstanden Stadthäuser, aber nie ein Rathaus. 1944 waren alle Gebäude zerstört. Eine Schule im Johannesviertel war lange Sitz der Stadtverwaltung. Dann wurden wieder verschiedene Stadthäuser eingerichtet. Gern hätten die Verantwortlichen hier am Luisenplatz ihr Rathaus gehabt, anstelle des Alten Palais, da wo jetzt das Luisencenter steht. Es dauerte bis 1977, bis nach vielen Anläufen der Oberbürgermeister, der Magistrat, die Stadtverordneten hierher ziehen konnten. Wie bei mittelalterlichen Rathäusern wurde unten der Kommerz angesiedelt und darüber der Rat. Ganz oben rechts am Luisencenter ist noch das vom letzten Großherzog gestiftete Stadtwappen zu sehen. Doch schon 2002 wurde dieser an sich durchaus würdige Gebäudeteil verkauft, weil Geld für ein Kongresszentrum beschafft werden musste. So grüßt nun statt der Stadtregierung die Yeans-Halle die Bürgerinnen und Bürger auf dem Luisenplatz, einschließlich des Stadtwappens. Das Rathaus zog sich zurück in die Luisenstraße direkt gegenüber vom Luisencenter.

Zukunftsfragen:

Worin drückt sich das Selbstbewusstsein der Bürgerschaft aus?

Braucht eigentlich eine Stadt ein repräsentatives Rathaus? Reicht nicht ein einfacher Bürobau, zur Not auch auf der grünen Wiese?

In Darmstadt begegnet man vielfältig der großherzoglichen Vergangenheit. Braucht es daneben eigene Zeugnisse der Stadtkultur? Brauchen wir ein Stadtmuseum?

3. Stadtgang
Wilhelminenstraße vom Mathildenplatz zum Zentrum der Schader-Stiftung

Luisencenter Eingang Adelungstraße – wider die Alleinherrschaft des Betons

Die Fassade des Luisencenters entlang der Wilhelminenstraße ist grau, grauer Beton. Links vom Eingang Adelungstraße führt eine geschwungene Treppe auf eine Galerie hinauf in Höhe des ersten Stocks. Das Treppengeländer ist ebenfalls aus Beton, der mit Rauputz versehen ist. Seit 2014 ist dieser Bereich nicht mehr grau, sondern bunt besprüht. Die Leitung des Centers war es leid, dort immer wieder wilde Graffitis vorzufinden. Die graue Fläche von etwa 25 Quadratmetern war ihr nicht mehr attraktiv genug. Sie engagierte den Künstler Karl Lippok aus Neu-Isenburg. Der sprühte eine Collage von Darmstädter Motiven vom Hochzeitsturm bis zum Hundertwasserhaus auf die Fläche. Passanten begrüßten diese Straßenkunst. Private Sprayereien gibt es seitdem dort nicht mehr.

Station 3 | Luisencenter 2
Plan 3.2 *Straßenkunst*

Zukunftsfragen:

Wie wünschen sich die Bürgerinnen und Bürger die Fassaden der Häuser in der Innenstadt?
Beim Wiederaufbau nach dem Krieg waren sowohl Dekorationen wie auch Farbe nicht erwünscht. An herausgehobenen Stellen gibt es in Darmstadt allerdings auch Werke des Programms Kunst am Bau.

Wie müssen Häuserzeilen gestaltet sein, damit sie den Bürgerinnen und Bürgern gefallen?

Worauf sollten Ladengeschäfte achten, damit die Leute sich angesprochen fühlen?

Kreuzung Wilhelminenstraße – Elisabethenstraße – Urban Gardening

Viel Natur ist nicht zu sehen. Vor Karstadt steht allerdings eine Pyramideneiche. Die Bäume an der Wilhelminenstraße stehen erhöht in einer Art Blumentopf. Sie haben nicht viele Überlebenschancen. Unter ihren Wurzeln rauscht der Autoverkehr im Tunnel. Alle paar Jahre müssen die Bäume ausgewechselt werden.
Das Darmstädter Echo meldete, dass Karstadt auf dem Dach des Kaufhauses ein Urban-Gardening-Projekt plant. Zuvor müsse allerdings noch das Dach selbst saniert werden.

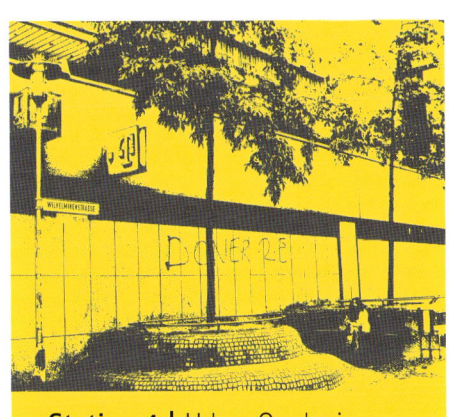

Station 4 | Urban Gardening
Plan 3.3 *Baum im Blumentopf*

Darmstadt Innenstadt

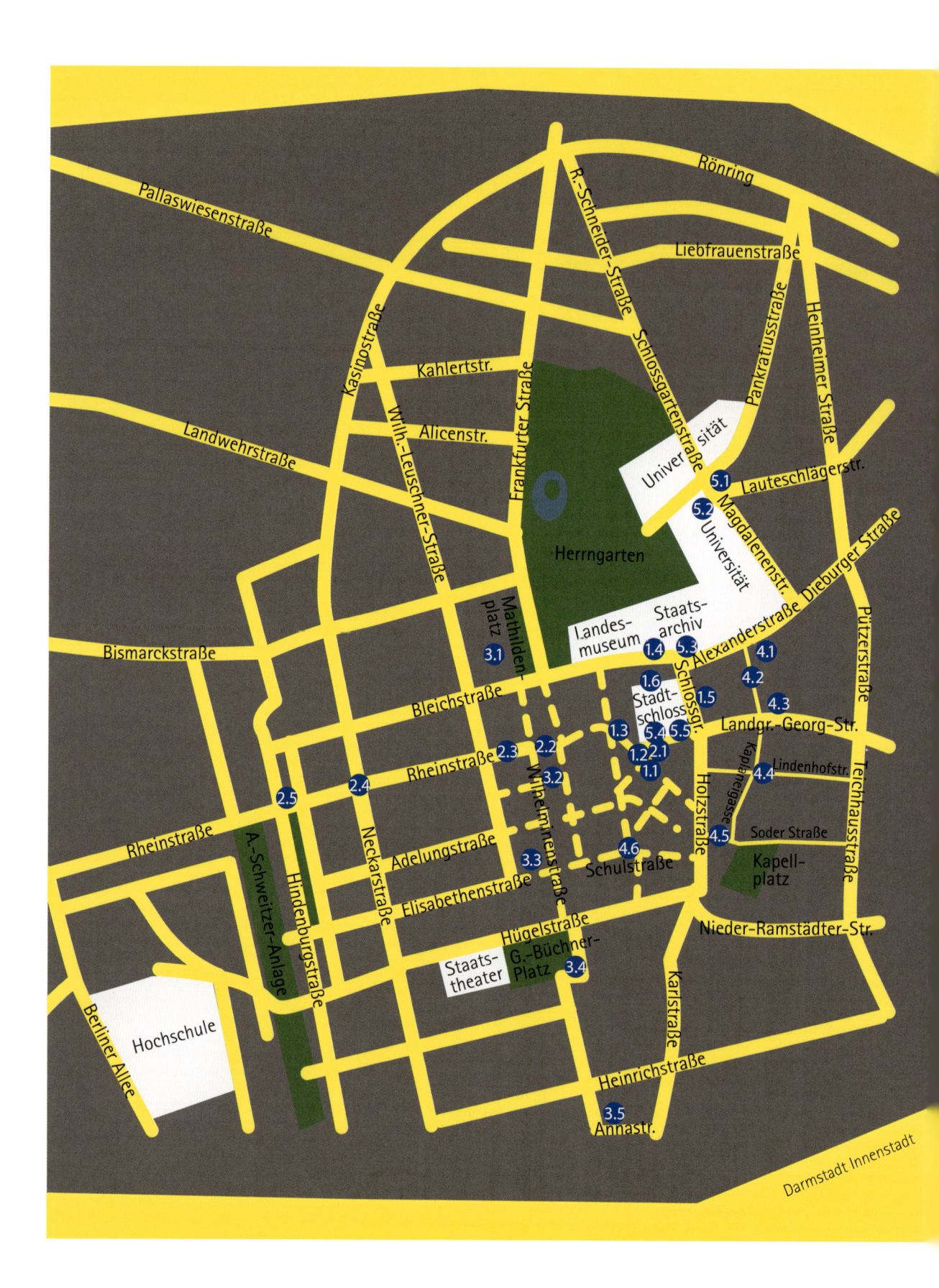

1.1 | Marktplatz, Rundgang 1
1.2 | Ernst-Ludwigs-Platz, Rundgang 1
1.3 | Friedensplatz, Rundgang 1 + 5
1.4 | Karolinenplatz, Rundgang 1
1.5 | Schlossgraben, Rundgang 1 + 5
1.6 | Stadtschloss, Rundgang 1 + 5

2.1 | Ernst-Ludwigs-Platz, Rundgang 2
2.2 | Luisenplatz, Rundgang 2
2.3 | Kolonnadengänge, Rundgang 2
2.4 | Kennedyplatz, Rundgang 2
2.5 | Rheintor, Rundgang 2

3.1 | Mathildenplatz, Rundgang 3
3.2 | Luisencenter, Rundgang 3
3.3 | Urban Gardening, Rundgang 3
3.4 | Wilhelminenplatz, Rundgang 3 + 4
3.5 | Wilhelminenstraße, Rundgang 3

4.1 | Alexanderstraße, Rundgang 4
4.2 | Erich-Ollenhauer-Prommenade, Rundgang 4
4.3 | Landgraf-Georg-Straße, Rundgang 4
4.4 | Hinkelsturm, Rundgang 4
4.5 | Altes Pädagog, Rundgang 4
4.6 | Schulstraße, Rundgang 4

5.1 | Kantplatz, Rundgang 5
5.2 | Universitätsbibliothek, Rundgang 5
5.3 | Karo 5, Rundgang 5
5.4 | Schlossbastion, Rundgang 5
5.5 | Glockenhof, Rundgang 5

3. Stadtgang
Wilhelminenstraße vom Mathildenplatz zum Zentrum der Schader-Stiftung

Zukunftsfragen:

Gibt es noch andere Möglichkeiten, Grün und Natur in die Stadt zurückzuholen?
Ideen sind offenbar auch bei der Geschäftswelt willkommen.

Station 5 | G.-Büchner-Platz
Plan 3.4

Wilhelminenplatz und Georg-Büchner-Platz

Der Wilhelminenplatz vor dem Kuppelbau der katholischen Kirche St. Ludwig von Georg Moller (1822–1827) unterteilt die untere und die obere Wilhelminenstraße. Hier verlassen wir das Geschäftsviertel. Eine Rasenfläche mit Baumreihen zu beiden Seiten holt das Grün in die Stadt und gibt zugleich den Blick auf die – wie in Darmstadt gesagt wird – "Runde Kirche" frei. Im rechten Winkel von der Achse Wilhelminenstraße – Wilhelminenplatz schließt sich der Georg-Büchner-Platz an, der einen großzügigen Bereich vor dem Hessischen Staatstheater bildet. Die Anlage entstand in dieser Form erst 2010. Sie ist der Oberbau einer für das Staatstheater errichteten Tiefgarage. Pergolen, Beton-Pilze und kastenartige Gebilde mit abends leuchtenden Rundfenstern verbergen die notwendige Technik von Abgasanlagen und Notausgängen. Rechts und links ist der Platz von baumbestandenen Kiesflächen begrenzt.
Der Mittelteil ist mit Stein- und Rasenstreifen abgestuft in Richtung Theater. In der warmen Jahreszeit ist der Platz ein beliebter Treffpunkt. Die Baupläne lösten seinerzeit heftige Diskussionen aus.

Zukunftsfragen:

Wie wirkt der Platz heute?
Nehmen wir die vor allem jungen Leute auf dem Platz zum Maßstab, scheint er eine hohe Aufenthaltsqualität zu haben. Bei der Vorgängeranlage mit verwinkelten Wegen, Wasserbecken, Strauchhochbeeten und Blumen war das anders.
Was macht die Wirkung aus?
Bei den Bauarbeiten wurde über der Tiefgarage eine hohe Schicht Erde aufgebracht. Das gibt den Bäumen – anders als in der Wilhelminenstraße - eine große Chance. Hier hat das Land Hessen entgegen mancher negativer Stimmen aus der Stadt Darmstadt eine Anlage von hoher urbaner Qualität entstehen lassen.

3. Stadtgang
Wilhelminenstraße vom Mathildenplatz zum Zentrum der Schader-Stiftung

Obere Wilhelminenstraße/Ecke Annastraße

Die obere Wilhelminenstraße beginnend hinter St. Ludwig ist Darmstadts erste Fahrradstraße. Diese Innovation passt zur Straßenanlage, die zu Beginn des 19. Jahrhunderts auch eine Neuheit war. Es fällt auf, dass diese Straße auf der Ostseite heute eine drei- und mehrgeschossige Blockrandbebauung hat. Vor dem Krieg war die Bebauung zwei- bis dreigeschossig. Auf der gegenüberliegenden Seite aber gibt es breite Vorgartenbereiche und größtenteils niedrige Einzelbebauung. Diese Anlage stammt von Georg Moller, der im Westen überhaupt keine Bebauung vorgesehen hatte. Moller hatte die Idee dafür aus England übernommen. Ihm ging es schon um eine durchgrünte Stadt. Er setzte auch andernorts das Pflanzen von Bäumen auf den Straßen durch.

Die obere Wilhelminenstraße gewann durch die Art ihrer Anlage einen recht repräsentativen Charakter mit einem hohen Wohnwert im Grünen. Von Georg Moller stammt auch das Palais des Prinzen Carl, das an der Ecke zur Annastraße errichtet wurde. Der Bau wurde im Laufe der Jahrzehnte sehr verändert. Er ist heute ein Verwaltungshaus. Verändert wurde auch die Anpflanzung von Bäumen, die Moller nur auf der Westseite der Straße vorgesehen hatte. Nach dem Zweiten Weltkrieg wurde die Blockrandbebauung zum Teil zugunsten von kleinen Vorgärten zurückgenommen. Moller kannte noch keine Vorgärten.

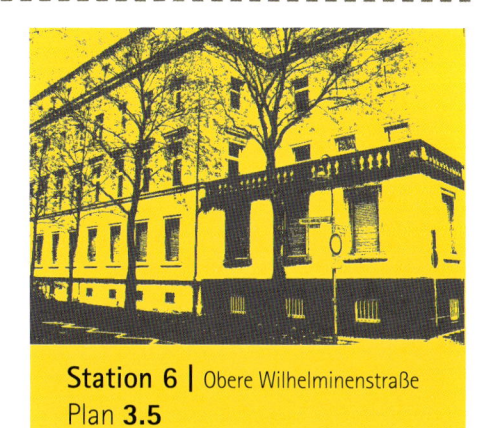

Station 6 | Obere Wilhelminenstraße
Plan **3.5**

Zukunftsfragen:

Wie könnten die Ideen von Durchgrünung und Fahrradstraßen heute weiterentwickelt werden?

Welche Möglichkeiten stecken noch in der Wilhelminenstraße drin?

Wovor sollte gewarnt werden?

4. Stadtgang
Entlang der Stadtmauer von der Alexanderstraße zum Wilhelminenplatz

Station 1 | Alexanderstraße
Plan 4.1   *Pissoir*

Alexanderstraße Eingang zur Kaserne von Franz Heger –
Jahrhunderte spiegeln sich im Glas des darmstadtiums
In der schräg nach oben ansteigenden Glasfassade des
Kongresszentrums darmstadtium (2007) spiegeln sich Renaissancebauten der alten Vorstadt, die ehemalige Infanteriekaserne von Franz Heger (1829/30), ein Pissoir aus der Zeit um 1900 und im Hintergrund Richtung Süden ein Überrest der Stadtmauer aus dem 14. Jahrhundert.

Heute wird der Bereich von der TU Darmstadt geprägt. Einige Häuser rechts der Alexanderstraße werden heute von studentischen Verbindungen genutzt. Die ehemalige Kaserne beherbergt Universitätsinstitute. Das Kongresszentrum wurde auch für Veranstaltungen der TU Darmstadt errichtet. Der Darmstädter Volksmund spricht von der "schepp Schachtel".

Zukunftsfragen:

Wie empfinden Sie diesen Bereich?

Was kann als gelungen gelten? Woran sollte noch gearbeitet werden?

Station 2 | E.-Ollenhauer-Promenade
Plan 4.2

Erich-Ollenhauer-Promenade - die TH Darmstadt "fraß" die nördliche Altstadt
Links steht noch ein Viertelrund der mittelalterlichen Stadtmauer. Viel mehr ist von der nördlichen Altstadt nach dem Zweiten Weltkrieg nicht geblieben. Rechter Hand ist in einiger Entfernung das Residenzschloss zu sehen. Von dort herauf führt die Erich-Ollenhauer-Promenade zur Mathildenhöhe. Von den Gässchen, kleinen Häusern und Werkstätten, die hier die Altstadt bis zur Brandnacht 1944 beherrschten, ist nichts mehr zu sehen. Große moderne Funktionsbauten sind an ihre Stelle getreten. Das Land Hessen enteignete in den Jahren nach dem Krieg alle Grundstücksbesitzenden hier, um der Technischen Hochschule Raum zu schaffen. So weit das Auge

4. Stadtgang
Entlang der Stadtmauer von der Alexanderstraße zum Wilhelminenplatz

blickt, reichen die Institutsgebäude der Elektrotechnik, des Wasserbaus und anderer Fachbereiche. Der vorletzte Bau an dieser Stelle ist das darmstadtium. Dafür hatten ältere Institute weichen müssen, denen wiederum ein Teil der Stadtmauer zum Opfer gefallen war. Ein letzter Rest ist jetzt in das Kongresszentrum integriert. Die Bauten in diesem Bereich könnten so auch auf der grünen Wiese stehen, kritisierte vor einiger Zeit selbst ein Verantwortlicher der Technischen Universität.

Zukunftsfragen:

Wo gibt es hier Aufenthaltsqualität?

Was könnte den Bereich, der wie ein Industriegebiet wirkt, aufwerten und erträglicher machen?
Wodurch ließe sich dem Bereich so etwas wie eine Seele geben?

Landgraf-Georg-Straße – freundlich nur beim Heinerfest
Über die ungepflegt wirkende Fraunhoferstraße parallel zur nur noch gedachten Stadtmauer entlang nach Süden erreichen wir die fünfspurige Landgraf-Georg-Straße. Erst kürzlich wurden dort die Straßenbahnschienen entfernt. Am ersten Juli-Wochenende sind hier Alt und Jung zum Heinerfest willkommen. Da werden die fünf Spuren für die Buden aller Art gebraucht. Die Landgraf-Georg-Straße entstand in mehreren Schritten zwischen 1905 (Altstadt-Durchbruch) und 1918 und reichte bis zum Ostbahnhof. Die heutige Trasse ist eine Begradigung und Verbreiterung der alten Straße als breite Ost-West-Verbindung nach dem Krieg. Auf der Südseite der heutigen Straße entstand eine Kammbebauung. Mehrstöckige Häuser wurden quer zur Straße gestellt und im Erd- und ersten Obergeschoss durch eine Ladenzeile miteinander verbunden. Diese Art der Bebauung war eine Innovation – eine Reaktion auf die Bombardierung, die das Übergreifen von Bränden auf ganze Karrees verhindern sollte.

Es wird schon länger diskutiert, wie dieses Straßenungetüm erträglich gestaltet werden könnte. Auf der Nordseite, wo die TU-Gebäude stehen, fehlt jede Begrenzung des Straßenraums.

Station 3 | Landgraf-Georg-Str.
Plan **4.3**

4. Stadtgang
Entlang der Stadtmauer von der Alexanderstraße zum Wilhelminenplatz

Zukunftsfragen:

Welche Möglichkeiten gibt es, wenigstens optisch mehr Geschlossenheit zu erreichen?

Die Straße führt vom Schloss zum grünen Bezirk am Woog. Soll sie allein den Autos überlassen bleiben?

Geplant ist hier ein Stadtumbauprojekt. Was könnten wir den Planenden empfehlen? Was sollten sie bedenken?

Station 4 | Hinkelsturm
Plan **4.4** *Reihenhäuser an der Stadtmauer*

Hinkelsturm – eine Ahnung von Altstadt

Nachdem wir die Landgraf-Georg-Straße – hier ohne jede Querungshilfe – passiert haben, haben wir nach einigen Metern zur linken Hand wieder die Stadtmauer in Sicht. Wir durchschreiten ein baumbestandenes Areal und machen Halt am Hinkelsturm, einem Verteidigungswerk in der Stadtmauer. Der Name rührt von einem in der Nähe befindlichen riesigen Stein her, dem Hünenstein, aus dem der Volksmund den Hinkelstein machte. Am Fuße des Turms informiert ein Modell aus Gusseisen über die ehemalige Gestalt der Altstadt. Der Turm trägt eine gläserne Bekrönung. Dort oben befindet sich das kleine Altstadtmuseum. Uns umgibt relativ viel Grün. Das war in der ehemaligen Altstadt ganz anders. Enge Gassen und winzige Häuser mit wenig Komfort drängten sich bis direkt an die Stadtmauer. Schon vor der Zerstörung im Krieg hatte es Sanierungspläne für dieses Viertel gegeben. Blicken wir geradeaus an der Stadtmauer entlang, so sehen wir am Ende der Grünanlage schmale Reihenhäuser. Solche Häuser gepaart mit kleinen Werkstätten stellten sich die Planenden in den 40er und 50er Jahren für das ganze Quartier vor.

Stattdessen wurde Anfang der 60er Jahre der große Komplex von Justus-Liebig-Haus mit Volkshochschule und Stadtbibliothek gebaut. Der kleinteilige Altstadtcharakter verschwand hier weitgehend. Auch dieser Bereich gehört zum Stadtumbauvorhaben.

Zukunftsfragen:

Welche Wünsche möchten wir den mit der Umgestaltung Befassten mit auf den Weg geben?

Was ist hier störend?

4. Stadtgang
Entlang der Stadtmauer von der Alexanderstraße zum Wilhelminenplatz

---

Lassen sich klare Linien erkennen oder müssten die erst geschaffen werden?

Müsste mal aufgeräumt werden?

Altes Pädagog – in unwirtlicher Umgebung
Wir folgen dem Weg entlang der Stadtmauer und kommen auf den freien Platz vor dem Justus-Liebig-Haus. Linker Hand hat der Niebergallbrunnen den Krieg und den Wiederaufbau an dieser Stelle überstanden. Die Häuserzeile gegenüber – wir lassen sie rechts liegen – bildet einen leichten Bogen. Darin folgt sie einem ehemaligen Altstadtplatz, der "Insel" genannt wurde. Die "Insel" entstand 1885 durch den Abriss von Häusern. Wir folgen einem mit Betonplatten belegten Weg und stoßen auf eine Waschbetonstützmauer. Oben führt die Pädagogstraße entlang. Dort steht das Alte Pädagog, die älteste Schule Darmstadts. Das Gebäude stand an der Stadtmauer, deren Wehrgang durch das Gebäude hindurchführte. Es wurde nach dem Krieg wieder aufgebaut. In den oberen Stockwerken befinden sich Schulräume. Der Pädagogkeller wird für ein buntes Kulturprogramm mit Lesungen, kleinen Konzerten und Theateraufführungen genutzt.
Links vom Pädagog – schon außerhalb der hier nicht mehr vorhandenen Stadtmauer – liegt der Kapellplatz, der erste Friedhof Darmstadts außerhalb der Stadt. An dessen Ende steht die Ruine der Stadtkapelle. Sie ist jetzt ein Mahnmal für den Frieden von hohen Bäumen parkartig umgeben.

Station 5 | Altes Pädagog
Plan **4.5** *Mahnmal Stadtkapelle*

Zukunftsfragen:

Der Aufgang zum Pädagog wirkt mit seinem Beton nicht einladend. Was könnte mehr Aufenthaltsqualität bringen?

Kürzlich wurde hier eine sehr schöne Büste als Denkmal für Luise Büchner allerdings etwas unscheinbar am Wegrand aufgestellt. Der Kapellplatz ist eingerahmt von Autostellplätzen. Was würden Sie den Stadtumbauplanenden zur Frage von Parkanlagen und Parkplätzen raten?

Wo die Stadtmauer nicht mehr zu sehen ist, könnte da eine in den Boden eingelassene Markierung oder Ähnliches etwas gegen die oft empfundene Zerrissenheit des Stadtbildes bewirken?

4. Stadtgang
Entlang der Stadtmauer von der Alexanderstraße zum Wilhelminenplatz

Station 6 | Schulstraße
Plan 4.6 *Birmarckbrunnen*

Schulstraße/Ludwigsplatz – Wiederaufbau mit Flair
Am Ende des Kapellplatzes gelangen wir rechts zur Kirchstraße, die mit einer Fußgängerunterführung unterquert wird. Wir befinden uns jetzt in der Schulstraße. Auch hier wurde 1944 alles zerstört. Der jetzt wieder aufgebaute Straßenzug steht unter Ensembleschutz. Die Nachkriegsbauten nehmen die Konturen der klassizistischen Bebauung aus der Zeit Georg Mollers recht gut auf. Die Kolonnaden auf der Nordseite der Straße sind ein gelungenes Beispiel für die Wiederaufbaupläne Karl Grubers. Die Schulstraße gehört nicht zur Fußgängerzone und ist doch eine Einkaufsstraße mit Flair. Das Besondere ist hier, dass es fast ausschließlich inhabergeführte Geschäfte gibt. Wir befinden uns jetzt außerhalb des früheren Stadtmauerrings. Die Mauer müssen wir uns hinter den Häusern auf der Nordseite vorstellen. Georg Moller hat mit dieser Straße eine Tangente an die Altstadt gelegt, die ihren Anfang am Ludwigsplatz hat. Auch dieser Platz ist eine Schöpfung Mollers. Er bindet mit seinen fünf Straßen die Altstadt mit der Neustadt zusammen. Schon zu Mollers Zeiten war dies ein Geschäftszentrum. Platz und Straßen sind mit Bäumen bestanden. Der Bismarckbrunnen auf dem Platz hat den Krieg überstanden. Die Brunnenanlage stammt von Friedrich Pützer, der zahlreiche stadtbildprägende Bauten (u.a. Pauluskirche, Hauptbahnhof) in Darmstadt hinterlassen hat. Das mit Wasser gefüllte Brunnenbecken soll in der Brandnacht 1944 etlichen Menschen das Leben gerettet haben.

Zukunftsfragen:

Was macht die Aufenthaltsqualität in der Schulstraße und auf dem Ludwigsplatz aus?

Was würden Sie ändern wollen?

Wie wirken die Häuserfassaden, besonders diejenigen auf dem Platz, auf Sie?

Hätten Sie Lust, auch hier einmal aufzuräumen? Was müsste weg? Was sollte hinzukommen?

4. Stadtgang
Entlang der Stadtmauer von der Alexanderstraße zum Wilhelminenplatz

Wilhelminenplatz – einst Ausgang des Promenadenrings Georg Mollers

Wir verlassen den Ludwigsplatz über die Elisabethenstraße. An der Kreuzung mit der Wilhelminenstraße folgen wir Letzterer bergauf. Wir gelangen auf den grünen Wilhelminenplatz mit Denkmal und Brunnen zur Erinnerung an die Großherzogin Alice. Diese war die zweite Tochter der Queen Victoria, sozial sehr engagierte Gemahlin des Großherzogs Ludwig IV. (Reiterstandbild Friedensplatz) und sie war die Mutter des letzten Großherzogs Ernst Ludwig (Gründer der Mathildenhöhe).

Vor uns erhebt sich die katholische St. Ludwigskirche, von Moller im Anklang an das Pantheon in Rom errichtet. Rechter Hand blicken wir über einen sehr urban wirkenden Platz auf die Fassade des Staatstheaters. Zu Mollers Zeiten Anfang des 19. Jahrhunderts war von hier aus der Blick noch frei in die Landschaft. Es gab keine Häuser, sondern einen Botanischen Garten. Von der Kirche St. Ludwig aus talabwärts ließ Moller seinen Promenadenring anlegen, der die von ihm geplante Neustadt umgab. An der Landgraf-Philipps-Anlage, dem Steubenplatz oder der Bismarckstraße lädt dieser Ring noch heute zum Flanieren ein. Leider wird dieser Grünzug heute von der Rheinstraße unterbrochen.
Der Ausbau der Bismarckstraße zu einer verkehrsgerechten Straße wird auch an dieser Stelle den Alleencharakter zerstören. Verkehrsplanung und Ästhetik passen offenbar nicht zueinander.

Station 7 | Wilhelminenplatz
Plan 3.4

Zukunftsfragen:

Wäre es wünschenswert, dass der Weg entlang der Stadtmauer oder der Promenadenring Mollers markiert würden, so dass auch Ortsunkundige diese Wege finden und das Grün der Stadt genießen könnten?

Wenn Sie bedenken, welche Geschichte die Stadt mit ihren Wegen und Straßen hat, was hätten Sie dann gern?

Sollte es mehr Informationstafeln und Markierungen geben, die eine Hilfe für das Entdecken der Stadt sein können? Welche Informationen wären für Sie wertvoll?

5. Stadtgang
TU Darmstadt – vom Kantplatz zum Friedensplatz

5

Station 1 | Kantplatz
Plan 5.1 *Maschinenhalle*

Kantplatz und Hochschulstraße – die noch nicht wieder ganz hergestellte Urzelle der Technischen Universität
Beiderseits der Hochschulstraße stehen die roten Klinkerbauten des ältesten Teils der Technischen Universität, früher: der Technischen Hochschule. Die Kriegsschäden an den Gebäuden sind weitgehend behoben. Nur der Turm – ein Werk Friedrich Pützers – hat seine Spitze noch nicht wiederbekommen. Die Hochschulstraße hatte einst Holzpflaster zur Schalldämpfung. In einem Schaukasten ist noch ein Rest davon zu sehen. Am von Studentinnen und Studenten belebten Kantplatz baut die TUD gerade ein neues Institutsgebäude. Gegenüber steht die imposante ehemalige Maschinenhalle (Architekt Georg Wickop), jetzt ein Hörsaalgebäude.

Auf der Ostseite des Platzes hat eine Buchhandlung einem Bistro Platz gemacht, das weiter den Namen der Buchhandlung, Wellnitz, führt – ein kultureller Wandel im Zeitalter des Internets. Nach Süden präsentiert die Magdalenenstraße ein beeindruckendes Ensemble aus Renaissancegiebeln auf der einen und Universitätsgebäuden auf der anderen Seite.

Zukunftsfragen:

Wie erleben Sie die Aufenthaltsqualität dieses Bereichs? Was ist störend? Was sollte geändert werden?

Was gibt dem Platz seine Atmosphäre?

Die neue Universitäts- und Landesbibliothek – Versuch der Herstellung eines öffentlichen Platzes im Innern des TU-Campus
Das Zentrum des TU-Campus in der Stadtmitte ist ein Platz, der auf der einen Seite von dem imposanten Neubau der Universitäts- und Landesbibliothek und auf der gegenüberliegenden Seite von dem niedrigen Bau der Mensa geprägt wird. Eine dritte Seite des Quadrats hin zur Magdalenenstraße besteht aus den Fassaden älterer Institutsgebäude. Die vierte Seite ist relativ offen. Im Vordergrund ist das Oberteil des Audimax und dahinter das Welcome-Hotel zu sehen. In der

5. Stadtgang
TU Darmstadt - vom Kantplatz zum Friedensplatz

Mitte des Platzes ist eine eindrucksvolle Skulptur des Karlsruher Bildhauers Franz Bernhard aufgestellt. Das Stadtzentrum mit dem Langen Ludwig ist im Hintergrund auch im Blick. Dass dieser Platz als Zentrum gedacht ist, signalisieren bereits zwei Skulpturen, die hier Aufstellung gefunden haben. Vor der Mensa gibt es eine Anzahl von Sitzgelegenheiten im Freien. Eine breite Freitreppe führt in den Herrngarten hinab.

Zukunftsfragen:

Wie wirkt dieser noch relativ junge Platz auf Sie?

Wollen Sie sich hier aufhalten oder sind Sie froh, wenn sie ihn überquert haben?

Ist der Platz schon fertig?

Welche Wünsche sind noch offen?

Laufen eigentlich auch Bürgerinnen und Bürger hier entlang oder ist die TU Darmstadt hier unter sich?

Karo 5 – Entrée der TUD im Dialog mit Mollerbau (altes Hoftheater) und dem Landesmuseum

Zwischen Audimax rechts und TU-Verwaltungsbau links führt uns eine breite, zum Teil zweiteilige Freitreppe auf den Karolinenplatz hinab. Vor dem Verwaltungsbau sehen wir jetzt das Empfangsgebäude der TUD, offiziell "Karo 5" (Karolinenplatz Nr. 5), im Volksmund "Tankstelle" genannt. Das Dach des Baus ist weit vorgezogen, daher der Name. Die Architekten begründeten diese Form damit, dass sie den Dialog mit dem Bau des alten Hoftheaters, heute Staatsarchiv und Haus der Geschichte, aufnehmen wollten. Der Portikus des Mollerbaus habe dieselben Abmessungen wie "Karo 5".

**Station 3 | Karo 5
Plan 5.3**

Der Karolinenplatz ist eine große gepflasterte Freifläche, die von Gebäuden der TU Darmstadt, dem Welcome-Hotel, dem Mollerbau, dem Hessischen Landesmuseum und jenseits der Bundesstraße 26 vom Komplex des Residenzschlosses begrenzt ist. Die Bundesstraße (Zeughausstraße) hat mit ihren drei Spuren lebhaften Einbahnverkehr, der allerdings am Rande

5. Stadtgang
TU Darmstadt – vom Kantplatz zum Friedensplatz

der großen Fläche – etwa auf der Außengastronomie des Bistros Moller – nicht so störend wirkt, selbst wenn man vor dem Hotel im Freien sitzt. Es ist schade, dass der Platz wegen des Höhenunterschieds durch fünf Stufen nicht ganz einsichtig ist. Der Platz ist in seiner Gesamtheit von einer Tiefgarage unterbaut. Der Autoverkehr in der Zeughausstraße und die Fußgänger auf der Platzfläche belassen dem Platz dennoch eine gewisse Großzügigkeit. Das Brunnenbecken in der Nähe des Landesmuseums ist schon lange trocken gefallen.

Zukunftsfragen:

Soll alles frei gehalten werden für Veranstaltungen wie Heinerfest, Flohmärkte usw.?

Welche Anmutung vermittelt dieser Platz? Ist er herrschaftlich oder eher öde?
Sollte etwas hinzugefügt werden? Gibt es Überflüssiges?

Station 4 | Schlossgraben
Plan **1.5**

Der Schlossgraben – ein Pärkchen im Verborgenen
Wir überqueren die Bundesstraße, gehen über die Brücke auf den nördlichen Schlosseingang zu. Am Ende der Brücke gibt es linker Hand eine kleine Pforte, durch die wir sowohl in das Wallhaus der Philosophen als auch in den Schlossgraben gelangen können. Der Schlossgraben – einst mit Wasser gefüllt – diente später als Botanischer Garten. Nach langer Zeit der Brache hat die TU Darmstadt, Hausherrin des Schlosses, hier begonnen, einen kleinen Park anzulegen. Noch ist nur ein Teil fertig. Aber es gibt in Erinnerung an den früheren Botanischen Garten allerlei schöne Bepflanzungen und auch einen Teich mit Springbrunnen. Da wir uns weit unter dem Niveau der Straße befinden, merken wir hier nicht viel vom Straßenverkehr. Der Schlossgraben bietet Besucherinnen und Besuchern Ruhebänke.

Zukunftsfragen:

Bleiben hier noch Wünsche offen?

5. Stadtgang
TU Darmstadt - vom Kantplatz zum Friedensplatz

Die Schlossbastion – ein Ort zum Verweilen

Wenn wir das Treppchen hoch zurück auf die Grabenbrücke gehen, unterqueren wir links durch einen Tunnel die Schlossbastion. Gleich am Ende des Tunnels können wir rechts über eine weitere Treppe auf den Wall der Bastion gelangen. Wenn wir uns oben nach rechts halten, kommen wir in einen baumbestandenen Platz. Hier gibt es sommertags eine von Studierenden betriebene kleine Gastronomie. Das Areal ist recht weitläufig. Auch hier merken wir vom Autoverkehr der Bundesstraße recht wenig. Wir sind etliche Meter über dem Verkehrsgeschehen. Auf der einen Seite sehen wir die recht abwechslungsreichen Fassaden der Schlossbauten. Drehen wir uns um, haben wir einen guten Überblick über die nähere Umgebung mit dem Kongresszentrum darmstadtium, Karo 5, altem Hoftheater, Herrngarten und Landesmuseum. Hier oben sind beim Stadtfest, dem Heinerfest, die Wein- und Sektstände angesiedelt. Zu normalen Zeiten verirren sich hierher wenige Menschen. Man muss hierher wollen. Die Laufwege liegen woanders.

Station 5 | Schlossbastion
Plan **5.4**

Zukunftsfragen:

Woran mag es sonst noch liegen, dass die Bastion recht wenig wahrgenommen wird?

Spielt es eine Rolle, dass die Renovierungsarbeiten am Schloss noch andauern und damit etwas Unwirtlichkeit vermitteln?

Gibt es eigentlich für Ortsunkundige Hinweisschilder?

Der Glockenhof im Stadtschloss – der Schlosskomplex nur für Insider?

Wenn wir von der Bastion hinabsteigen, gelangen wir rechts herum in den Schlosshof mit dem Kirchenbau (links). Wir durchqueren ihn und kommen in den Hof mit dem Glockenbau. Oben im Türmchen befindet sich ein Glockenspiel, das alle halbe Stunde ertönt, zur jeweils vollen Stunde ein geistliches Lied, zur halben Stunde ein Volkslied. Das Programm wechselt im Laufe des Jahres. Das Glockenspiel ist auch außer-

Station 6 | Glockenhof
Plan **1.6**

5. Stadtgang
TU Darmstadt - vom Kantplatz zum Friedensplatz

halb des Schlosses zu hören. Es ist bei den Darmstädterinnen und Darmstädtern sehr beliebt.

In diesem Hof stoßen die verschiedenen Bauphasen des Schlosses mit Renaissance und Barock aufeinander. Die TU Darmstadt ist Hausherrin des Schlosses und auch die wesentliche Nutzerin. Kürzlich ist das Deutsche Polen-Institut eingezogen. Auch das Schlossmuseum nutzt etliche Räume. Z. Zt. wird der gesamte Schlosskomplex durch die TU Darmstadt restauriert. Die Kriegsschäden wurden oft nur notdürftig beseitigt. Zahlreiche Räume stehen noch leer und warten auf eine neue Nutzung. Vielleicht sind deshalb an keinem Eingang Hinweise angebracht, wo was im Schloss zu finden ist. Es entsteht der Eindruck, dass das Schloss nur etwas für Insider, also für Universitätsangehörige ist.

Zukunftsfragen:

Wie wirken die Schlosshöfe auf Sie?

Was ließe sich Ihrer Meinung nach mit diesen Baulichkeiten noch machen?

Was würde eine breitere Öffentlichkeit interessieren?

Was wäre hilfreich, um Außenstehenden das Schloss zu erschließen?

Station 7 | Friedensplatz
Plan 1.3 *vor dem Umbau*

Der Friedensplatz – hat sich noch nicht von den Eingriffen der letzten Jahrzehnte erholt

Wenn wir das Schloss nach Westen hin, also vom Glockenbau weg, verlassen, schauen wir die Achse der Rheinstraße entlang und sehen in einiger Entfernung das Ludwigsmonument auf dem Luisenplatz. Rechts am Schlossgraben entlang auf das Landesmuseum zu erstreckt sich der Friedensplatz. Er wird noch auf einige Zeit Baustelle sein. Der Platz diente einst als Paradeplatz. Ende des 19. Jahrhunderts wurde in seiner Mitte eine Anlage mit dem Reiterdenkmal des Großherzogs Ludwigs IV. (1837–1892) gestaltet. Mit zunehmendem Autoverkehr entstand ein Parkplatz. In den 60er Jahren des vergangenen Jahrhunderts wurde unter dem Platz eine Tiefgarage gebaut, die auf ihrer Oberseite mit bepflanzten Betonbehältern und mit einem Spielplatz ausgestattet wurde. Der Belag und die Gestaltungselemente wurden mit der Zeit unansehnlich. So wurde seit der Jahrhundertwende über eine Neuanlage diskutiert. Es gab wechselnde Entwürfe und Beschlüsse. Konzeptionelle und technische Probleme – Verwendungszweck des Platzes und Tragfähigkeit der Decke der Tiefgarage – ließen immer wieder alles über den Haufen werfen. 2017 wurde ernsthaft mit Sanierung und Umbau begonnen.

Der Platz soll jetzt im Wesentlichen eine Freifläche sein und damit den Charakter des alten Paradeplatzes ein wenig aufnehmen. Verschiedene Pflasterungen sind vorgesehen. Jetzt ist natürlich nicht mehr an Paraden gedacht, sondern an größere Veranstaltungen wie das Heinerfest oder das Schlossgrabenfest. Für diese Volksfeste sind Plätze möglichst ohne irgendwelche Ein- und Aufbauten erwünscht. Auf der Westseite des Platzes soll es eine Reihe von Podesten mit Baumbepflanzung geben. Eine Erhöhung ist notwendig, da die Decke der Tiefgarage nicht genügend Tiefe für die Anpflanzung von Bäumen bietet. Noch kann man sich nicht vorstellen, wie der Platz zukünftig wirken und wie er angenommen werden wird. Einen Spielplatz wie bei der vorherigen Gestaltung wird es nicht mehr geben, der als Treffpunkt von Eltern und Kindern recht beliebt war.

Zukunftsfragen:

Was gehört für Sie zu so einem zentralen Platz?

Worauf sollte geachtet werden, wenn Gebäude wie das Schloss und das Landesmuseum ihn begrenzen?

Was wäre wichtig, damit Sie sich gern auf diesem Platz aufhalten oder ihn gern überqueren würden?

Der Platz gehört zu dem Reigen von Plätzen rund ums Schloss. Was sollte deshalb bedacht werden?

Dank

Wir bedanken uns sehr herzlich bei allen, die beim Zustandekommen dieses Buches mitgewirkt haben.

Da ist zunächst der Arbeitskreis Kulturelle Mitte Darmstadt, der sich aus der Themengruppe StadtGestalt der Lokalen Agenda21 Darmstadt und der Werkbundakademie Darmstadt gebildet hat. Seine Mitglieder haben in den verschiedenen Phasen nicht nur kritisch Anteil genommen, sondern auch vorläufige Manuskripte gelesen und Stellung genommen. Das gilt besonders für Karl-Theodor Kanka, der beharrlich auf die wesentlichen Punkte hingewiesen hat. Andreas Neuhann hat mit einigen seltenen historischen Bildern die Belange der Grünplanung unterstützt.

Die Architekten Prof. Anke Mensing und Hans-Henning Heinz haben aus den Textentwürfen für die einzelnen Themen eine schlüssige Konzeption des Stadtplan-Faltblatts DA+ „Kulturelle Mitte Darmstadt" (2014) gestaltet und damit Anstoß und Grundlagen für diese weiterführende Publikation gegeben.

Um die Finanzierung dieses Projekt haben sich besonders Jula Kim Sieber und Georgios Kontos aus dem Vorstand der Werkbundakademie bei einigen für Darmstadt engagierten Stiftungen erfolgreich eingesetzt.

Von Universitäts- und Hochschulseite haben wir durch umfangreiche planerische und wissenschaftliche Beiträge besondere Unterstützung erhalten. Prof. Jörg Dettmar, TU Darmstadt, FB Architektur, Entwerfen und Freiraumplanung und Prof. Dr. Constanze Petrow, Hochschule Geisenheim University, Forschungszentrum Landschaftsarchitektur und urbaner Gartenbau, haben ihre Studentinnen und Studenten angeregt, sich im Sommersemester 2016 mit dem Thema Kulturelle Mitte Darmstadt zu befassen. Aufgrund von Begehungen und Befragung von Passanten haben sie außerordentlich anregende Entwürfe für verschiedene wichtige Lokalitäten der Kulturellen Mitte erarbeitet. Einige davon sind in diesem Buch enthalten. Prof. Martin Knöll und seine Mitarbeiter an der TU Darmstadt, FB Architektur, Forschungsgruppe Urban Health Games haben den Luisenplatz hinsichtlich Bewegungsabläufen, Sicherheit und Gesundheit untersucht, ein oft übersehenes Element in der Planung. Ihnen und allen Beteiligten sei hier besonders gedankt.

Dr. Carsten Schaber, seinerzeit TU Darmstadt, FB Architektur, Entwerfen und Stadtplanung, hat umfangreiche Recherchen beigetragen. So entstand ein Überblick welche Institutionen und Personen sich seit den 1950er Jahren planerisch und öffentlichkeitswirksam mit den Problemen und Möglichkeiten der Innenstadtentwicklung bereits befasst haben.

Wir sind Oberbürgermeister Jochen Partsch für sein Grußwort dankbar, das wir als Ermutigung für unsere Arbeit betrachten. Die Fachbeiträge der Pressestelle des Regierungspräsidenten, von Jochen Krehbiehl (Stadtplanungsamt), Anke Jansen (City Marketing) und Dr. Manfred Efinger, Kanzler der TU Darmstadt, erweitern diese Schrift aus ihrer jeweiligen Sicht mit zusätzlichen Aspekten. Wir sehen diese Fachbeiträge auch als Anerkennung unserer Bemühungen, kulturelle Qualitäten und urbane Chancen der Innenstadt insgesamt in den Blick zu nehmen.

Die Ausstellung der Fotografien der 11. Darmstädter Stadtfotografin Anna Lehmann-Brauns zur Kulturellen Mitte Darmstadt vom 4. Februar bis 15. April 2018 im Kunstforum der TU Darmstadt hat Julia Reichelt unter dem Titel „Der Blick von außen" kuratiert und zu einem öffentlichen Ereignis werden lassen. Den Katalog dazu hat Jula Kim Sieber in ständiger Absprache mit der Fotografin und dem Frankfurter Gutleut-Verlag besorgt.

Für diese Publikation übernehmen wir mit Erlaubnis von Anna Lehmann-Brauns eine Reihe ihrer Fotografien, die in einem besonderen, spannungsvollen Kontrast zur Kulturellen Mitte Darmstadt stehen und auf fotografisch kunstvolle Weise an die urbane Wirklichkeit erinnern.

Wissenschaftsstadt Darmstadt

KURT & LILO WERNER STIFTUNG Darmstadt

Jubiläumsstiftung der Sparkasse Darmstadt

hessische kultur stiftung

Autoren

Friedhelm Kühn
*1947, Studium des Wirtschaftsingenieurwesens an der TH Darmstadt, langjährige Tätigkeit in der Investitionsgüterindustrie, seit 1994 in der Baumaterialbranche. Besonderes Merkmal der letzten zwanzig Berufsjahre war die enge Zusammenarbeit mit Planern und Architekten, die den Blick für die Fragen der Stadtarchitektur und der Stadtgestaltung schärfte. 2008, Gründung einer Bürgergruppe im Rahmen der lokalen Agenda21 der Stadt Darmstadt, die sich seitdem begleitend kritisch mit Fragen der Gestaltung im öffentlichen Raum der Stadt Darmstadt auseinandersetzt und mit eigenen Beiträgen Stellung bezieht. Seit 2010 enge Zusammenarbeit mit der Werkbundakademie, aus deren Aktionen die Arbeit an Perspektiven für die Kulturelle Mitte Darmstadt hervorgegangen ist.

PD und Pfr. em. Dr. Wolfgang Lück
lebt im Ruhestand und war im Gemeindepfarramt und in der Erwachsenenbildung tätig. Im Zusammenhang mit religiöser Bildung Veröffentlichungen zum Kirchenbau, u.a.: Das Bild in der Kirche des Wortes. Eine Einführung in die Bilderwelt evangelischer Kirchen, Münster 2001; 100 Jahre moderner Kirchenbau in Südhessen: Jugendstil, Heimatstil, Traditionalismus, in: JHKV 57/2006, 211–254; Georg Mollers protestantische Kirchbauten in Hessen–Darmstadt im Kontext klassizistischen Kirchenbaus in Deutschland, in: JHKV 62/2011, 173–224.

Jochen Rahe
*1943, Studium der Soziologie, Germanistik und Kunstgeschichte in München, DAAD-Stipendium für Stadt- und Regionalplanung an der LSE in London. Aufbau Frankfurter Forum für Stadtentwicklung im Auftrag der Architektenkammer Hessen, ebenso Aufbau Weiterbildung für Architekten; freiberuflich Büro für Sozialplanung in München und Frankfurt am Main; Geschäftsführung Deutscher Werkbund e.V. in Darmstadt und Frankfurt am Main; Aufbau Designzentrum Bremen im Auftrag des Bremer Wirtschaftssenators. Leitung Sachbuchlektorat Piper Verlag München. Publizistische und verlegerische Arbeit für Architektur und Design (Verlag Jochen Rahe).

Werkbundakademie Darmstadt

In Folge des Deutschen Werkbundtags 1998 in Darmstadt wurde die Idee einer Werkbundakademie geboren, die auf eine Initiative des Deutscher Werkbund e.V. zurückzuführen ist. Mit der Gründung der Werkbundakademie Darmstadt e.V. am 1. November 2000 wurde diese Idee in die Tat umgesetzt und seitdem fördert die Akademie Kunst und Kultur mit inhaltlicher und organisatorischer Unterstützung. Die Werkbundakademie hat sich u.a. der Idee verschrieben, Wissenschaftlerinnen und Wissenschaftler, Gestaltende und Kunstschaffende mit interessierten Bürgerinnen und Bürgern sowie Institutionen in Dialog zu bringen. Impulse für Diskurse bieten ihre Ausstellungen, Publikationen und Aktivitäten. Sie dienen der Sensibilisierung für Qualität bei der Gestaltung einer humanen Umwelt im Zusammenwirken von Kunst, Technik, Medien, Industrie, Wissenschaft, Handwerk und Handel.

Ein besonderer Schwerpunkt der Akademie liegt in der Auseinandersetzung mit der Stadtentwicklungs- und Kulturgeschichte der Stadt Darmstadt und der Region Rhein-Main. Seit 2001 vergibt die Werkbundakademie in diesem Zusammenhang den Fotografiekunstpreis Darmstädter Stadtfotograf.

Bibliografie Stadtfotografinnen und -fotografen (Auswahl):
Marcus Düdder. Die Technische Universität Darmstadt. Ansichten und Einblicke, 2001. | **Albrecht Haag**. Gehen, fahren, fliegen. Annäherungen an die Stadt aus vier Richtungen, 2002. | **Franziska von Gagern**. Zusammenspiel, 2003. | **Katrin Heyer**. Randwerk. Bilder einer Stadt, 2004. | **Michael Herold**. Stadtmenschen. Begegnungen vor Ort, 2005. | **Kristian Barthen**. Kreativräume. Forschung und Entwicklung in der Engineering Region Rhein-Main-Neckar, 2008. | **Anja Behrens**. Info exchange. Forschung und Entwicklung in der Engineering Region Rhein-Main-Neckar, 2009. | **Alexander Romey**. Demografie. Demografische Entwicklung in der Engineering Region Rhein-Main-Neckar, 2010. | **Anastasia Hermann**. Gemeinschaftliches Wohnen, Hg. Bettina Rudhof, mit Texten von Hannelore Skroblies und Dieter Jetter, Xenia Diehl und Dr. Kirsten Mensch, Egbert Haug-Zapp, Stefanie Rook und Hans Dieter Rook, Alexander Grünenwald, jovis Verlag Berlin 2013. | **Waldemar Salesski**. Georg Moller (1784–1852). Bauten und Projekte des großherzoglichen Baumeisters in Hessen-Darmstadt. Mit Texten von Michael Groblewski, Wolfgang Lück, Helge Svenshon, jovis Verlag Berlin 2015. | **Anna Lehmann-Brauns**. Der Blick von außen, Hg. Jula Kim Sieber, gutleut verlag Frankfurt 2018 | **Anna Lehmann-Brauns**. Kulturelle Mitte Darmstadt – Ein kritischer Stadtführer, Hg. Werkbundakademie Darmstadt e.V. in Zusammenarbeit mit Lokale Agenda21 Darmstadt und Themengruppe StadtGestalt, jovis Verlag Berlin 2018.

Die Publikationen von 2001 bis 2010 wurden durchgehend von unserem Mitglied Kai Krippner, Grafikdesigner mit Büros in Darmstadt und Bad Homberg, konzipiert und gestaltet. Kai Krippner verstarb 2011. Wir werden seine engagierte Mitarbeit und kollegiale Beratung immer in Erinnerung behalten.
Die drei im jovis Verlag erschienen Publikationen gestaltete Martina Voegtler, Offenbach am Main, Kommunkationsdesignerin und Mitglied im Deutschen Werkbund.

Themengruppe StadtGestalt

Im Jahr 2008 bildete sich eine Gruppe von Bürgerinnen und Bürgern, die sich kritisch mit der Gestaltung von Bauvorhaben im öffentlichen Raum auseinandersetzen wollte. Die Initiative organisierte sich im Rahmen der lokalen Agenda21 der Stadt Darmstadt. In den vergangenen Jahren hat die Themengruppe StadtGestalt immer wieder Stellung bezogen, Beurteilungen abgegeben und Wünsche zu Gestaltungsfragen geäußert. Ziel war Beiträge zur Aufwertung der Innenstadt zu leisten. 2010 entstand in Zusammenarbeit mit der Werkbundakademie Darmstadt die Initiative, die Kulturelle Mitte Darmstadt zum Thema eines öffentlichen Diskurses zu machen. Ein Jahr später wurden erste Gedanken zu Perspektiven der Kulturellen Mitte Darmstadt entwickelt und präsentiert.

Aus der weiteren Zusammenarbeit mit unabhängigen Bürgerinnen und Bürgern und Fachleuten verschiedenster Disziplinen entstand der Arbeitskreis Kulturelle Mitte Darmstadt, der 2014 einen Faltplan mit wichtigen topografischen Schwerpunkten vorlegte. Darin wurden ausgewählte Potenziale und Wünsche zur gestalterischen Verbesserung benannt.

Impressum

© 2019 by jovis Verlag GmbH
Das Copyright für die Texte liegt bei den Autoren.
Das Copyright für die Abbildungen in den Textbeiträgen liegt bei den Autoren.
Das Copyright für die Abbildungen im Teil II liegt bei Anna Lehmann-Brauns.
Alle Rechte vorbehalten.

Visuelles Konzept, Gestaltung und Satz: Martina Voegtler DWB
für punkt komma strich design – büro für visuelle kommunikation, Offenbach
Druck und Bindung: GRASPO CZ, a. s., Zlín

Bibliografische Information der Deutschen Nationalbibliothek
Die Deutsche Nationalbibliothek verzeichnet diese Publikation in der Deutschen Nationalbibliografie; detaillierte bibliografische Daten sind im Internet über http://dnb.d-nb.de abrufbar.

jovis Verlag GmbH
Kurfürstenstraße 15/16
10785 Berlin

www.jovis.de

jovis-Bücher sind weltweit im ausgewählten Buchhandel erhältlich. Informationen zu unserem internationalen Vertrieb erhalten Sie von Ihrem Buchhändler oder unter www.jovis.de.

ISBN 978-3-86859-517-8